LES
JEUNES-FRANCE

OUVRAGES DU MÊME AUTEUR

DANS LA BIBLIOTHÈQUE-CHARPENTIER

à 3 fr. 50 chaque volume

POÉSIES COMPLÈTES (1830-1872)....................	2 vol.
MADEMOISELLE DE MAUPIN.........................	1 vol.
LE CAPITAINE FRACASSE............................	2 vol.
LE ROMAN DE LA MOMIE............................	1 vol.
SPIRITE, nouvelle fantastique......................	1 vol.
VOYAGE EN RUSSIE.................................	1 vol.
VOYAGE EN ESPAGNE (Tras los montes).............	1 vol.
VOYAGE EN ITALIE.................................	1 vol.
ROMANS ET CONTES................................	1 vol.
NOUVELLES..	1 vol.
TABLEAUX DE SIÉGE. — Paris, 1870-1871............	1 vol.
ÉMAUX ET CAMÉES. Edition définitive, ornée d'un Portrait à l'eau-forte, par *J. Jacquemart*......................	1 vol.
THÉATRE (Mystère, Comédies et Ballets).............	1 vol.
LES JEUNES FRANCE...............................	1 vol.
HISTOIRE DU ROMANTISME, suivie de NOTICES ROMANTIQUES et d'une Etude sur les PROGRÈS DE LA POÉSIE FRANÇAISE (1830-1868)......................................	1 vol.
PORTRAITS CONTEMPORAINS (littérateurs, peintres, sculpteurs, artistes dramatiques), avec un portrait de Th. Gautier, d'après une gravure à l'eau-forte par lui-même, vers 1833................................	1 vol.
L'ORIENT..	1 vol.

THÉOPHILE GAUTIER

LES

JEUNES-FRANCE

ROMANS GOGUENARDS

> Moins un homme qui pense
> Qu'un bœuf qui rumine.
> ANGOLA.

SUIVIS DE

CONTES HUMORISTIQUES

PARIS

G. CHARPENTIER, ÉDITEUR

13, RUE DE GRENELLE-SAINT-GERMAIN, 13

1880

Tous droits réservés.

PRÉFACE

> PIERROT. — Je te dis toujours la même chose, parce que c'est toujours la même chose; et si ce n'était pas toujours la même chose, je ne te dirais pas toujours la même chose.
>
> *Le Festin de Pierre.*

Ceci, en vérité, mon cher monsieur ou ma belle dame, n'est autre chose qu'une préface, et une préface fort longue : je n'ai pas la moindre envie de vous le dissimuler ou de vous en demander pardon. Je ne sais si vous avez la fatuité de ne pas lire les préfaces; mais j'aime à supposer le contraire, pour l'honneur de votre esprit et de votre jugement. Je prétends même que vous me remercierez de vous en avoir fait une; elle vous dispense de deux ou trois contes plus ou moins fantastiques, que vous eussiez eus sans cela, et vous conviendrez, si récalcitrants que vous soyez, que ce n'est pas une mince obligation que vous m'en devez avoir. J'espère que celle-ci tiendra la moitié du volume; j'aurais bien voulu qu'elle le remplît tout entier, mais mon éditeur m'a dit qu'on était encore dans l'habitude de mettre quelque chose après, pour avoir le prétexte de faire une table. C'est une mauvaise habitude; on en reviendra. Qu'est-ce qui empêche de mettre la préface et la table côte à côte, sans le remplissage obligé de roman ou de contes? Il me semble que tout lecteur un peu imaginatif supposerait aisément le milieu, à l'aide du commencement et de la fin : sa fiction vaudrait probablement mieux que la réalité, et d'ailleurs il est plus agréable de faire un roman que de le lire.

Moi, pour mon compte, et je prétends vous convertir à mon système, je ne lis que les préfaces et les tables, les dictionnaires et les catalogues. C'est une précieuse économie de temps et de fatigue : tout est là, les mots et les idées. La préface, c'est le germe ; la table, c'est le fruit : je saute comme inutiles tous les feuillets intermédiaires. Qu'y verrais-je? des phrases et des formes; que m'importe! Aussi, depuis deux ans que j'ai fait cette précieuse découverte, je suis devenu d'une érudition effroyable : je ferais honte à Cluverius, à Saumaise, à dom Calmet, à dom Sanchez et à tous les dom bénédictins du monde; je disserterais, comme Pic de la Mirandole, *de omni re scibili et quibusdam aliis.* Citez-moi quelque chose que je ne sache pas, je vous en défie ; et, pour peu que vous usiez de ma méthode, vous arriverez au même résultat que moi.

Il en est des livres comme des femmes : les uns ont des préfaces, les autres n'en ont pas ; les unes se rendent tout de suite, les autres font une longue résistance; mais tout finit toujours de même... par la fin. Cela est triste et banal ; cependant que diriez-vous d'une femme qui irait se jeter tout d'abord à votre tête ? Vous lui diriez comme le More de Venise à Desdemona :

> . . . . à bas, prostituée !

Cette femme serait une catin sans vergogne : pourquoi voulez-vous donc qu'un livre soit plus effronté qu'une femme, et qu'il se livre à vous sans préliminaire ? Il est vrai que la fille que vous louez six francs n'y fait pas tant de façons, et vous avez acheté le livre vingt sous de plus que la fille. Il est à vous, vous pouvez en user et en abuser ; vous n'accorderez pas même à sa virginité le quart d'heure de grâce, vous le touchez, vous le maniez, vous le traînez de votre table à votre lit, vous rompez sa robe d'innocence, vous déchirez ses pages : pauvre livre !

La préface, c'est la pudeur du livre, c'est sa rougeur, ce sont les demi-aveux, les soupirs étouffés, les coquettes agaceries, c'est tout le charme ; c'est la jeune fille qui reste longtemps à dénouer sa ceinture et à délacer son corset, avant d'entrer au lit où son amoureux l'attend.

Quel est le stupide, quel est l'homme assez peu voluptueux pour lui dire : Dépêche-toi !

D'autant que le corset et la chemise dissimulent souvent une épaule convexe et une gorge concave, d'autant que la préface cache souvent derrière elle un livre grêle et chétif.

O lecteurs du siècle ! ardélions inoccupés qui vivez en courant et prenez à peine le temps de mourir, plaignez-vous donc des préfaces qui contiennent un volume en quelques pages, et qui vous épargnent la peine de parcourir une longue enfilade de chapitres pour arriver à l'idée de l'auteur. La préface de l'auteur, c'est le post-scriptum d'une lettre de femme, sa pensée la plus chère : vous pouvez ne pas lire le reste.

Pourtant, n'allez pas inférer de ce que je viens de dire qu'il y ait une idée dans celle-ci ; je serais désespéré de vous induire en erreur. Je vous jure sur ce qu'il y a de plus sacré, (y a-t-il encore quelque chose de sacré?) je vous jure sur mon âme, à laquelle je ne crois guère ; sur ma mère, à laquelle je crois un peu plus, qu'il n'y a réellement pas plus d'idée dans ma préface que dans un livre quelconque de M. Ballanche ; qu'il n'y a ni mythe, ni allégorie ; que je n'y fonde pas de religion nouvelle comme M. G. Drouineau ; que ce n'est pas une poétique ni quoi que ce soit qui tende à quelque chose : je n'y fais même pas l'apologie de mon ouvrage. Vous voyez bien que ma préface ne ressemble en rien à ses sœurs les autres préfaces.

Seulement je profite de l'occasion pour causer avec vous ; je fais comme ces bavards impitoyables qui vous prennent par un bouton de votre habit, monsieur ; par le bout de votre gant blanc, madame, et vous acculent dans un coin du salon pour se dégorger de toutes les balivernes qu'ils ont amassées pendant un quart d'heure de silence. En honneur, ce n'est pas pour autre chose. Je n'ai pas grand'chose à faire, ni vous non plus, je pense. Je m'en vais donc me raconter à vous de point en point, et vous faire moi-même ma biographie : il n'y aura pas plus de mensonges que dans tout autre... ni moins.

Avant de vous dire ma vie, vous me permettrez d'abord de vous toucher quelque chose des motifs qui m'ont porté à faire noires trois ou quatre cents pages blanches qui ne l'ont pas mérité.

Je suis un homme d'esprit, et j'ai pour amis des gens qui ont tous infiniment d'esprit, autant d'esprit que M. H. Delatouche et M. Loëve-Veimars. Tous ces gens-là ont fait un livre ou même en ont fait deux : il y en a un qui est coupable de trois. Moi, jusqu'à ce jour, je m'étais conservé vierge de toute abomination écrite ou imprimée, et chacun était libre de me croire autant de talent qu'il lui plaisait. Je jouissais dans un certain monde d'une assez honnête gloire inédite. J'étais célèbre depuis la cheminée jusqu'au paravent ; je faisais un grand bruit dans quelques pieds carrés.

Alors, quelques officieux sont venus, qui m'ont dit : Il faut faire un livre. Je l'ai fait, mais sans prétention aucune, je vous prie de le croire, comme une chose qui ne mérite pas la peine qu'on s'en défende, comme on demande la croix d'honneur pour ne pas être ridicule, pour être comme tout le monde. Il est indécent aujourd'hui de ne pas avoir fait un livre, un livre de contes tout au moins : j'aimerais autant me présenter dans un salon sans culotte que sans livre. Il est juste de dire que j'avais déjà fait un volume de vers, mais cela ne compte pas : c'est un volume de prose de moins, voilà tout. Ne me méprisez donc pas parce que j'ai fait des contes ; j'ai pris ce parti, parce que c'est ce qu'il y a de moins littéraire au monde : à ma place vous eussiez agi de même, pour avoir le repos. Maintenant que me voilà suffisamment compromis, et que j'ai perdu ma virginale réputation, j'espère que mes bons amis me laisseront tranquille.

Je vous le proteste ici, afin que vous le sachiez, je hais de tout mon cœur ce qui ressemble, de près ou de loin, à un livre : je ne conçois pas à quoi cela sert.

Les gros Plutarque in-folio, témoin celui de Chrysale, ont une utilité évidente : ils servent à mettre en presse, à défaut de rabats, puisqu'on n'en porte plus, les gravures chiffonnées et qui ont pris un mauvais pli ; on peut encore les employer à exhausser les petits enfants qui ne sont pas de taille à manger à table. Quant à nos in-octavo, je veux que le diable m'emporte si l'on peut en tirer parti et si je conçois pourquoi on les fait.

Il a pourtant été un temps où je ne pensais pas ainsi. Je vénérais le livre comme un dieu ; je croyais implicitement à tout ce qui était imprimé ; je croyais à tout, aux épitaphes des cimetières, aux éloges des gazettes, à la vertu des femmes. O temps d'innocence et de candeur !

Je m'amusais comme une portière à lire *les Mystères d'Udolphe, le Château des Pyrénées*, ou tout autre roman d'Anne Radcliffe ; j'avais du plaisir à avoir peur, et je pensais, avec Grey, que le paradis, c'était un roman devant un bon feu.

Que n'ai-je pas lu? J'ai épuisé tous les cabinets du quartier. Que d'amants malheureux, que de femmes persécutées m'ont passé devant les yeux! que de souterrains n'ai-je pas parcourus! Aussi je suis devenu d'une si merveilleuse sagacité, que, dès la première syllabe d'un roman, je sais déjà la fin.

On aura beau dire, *Notre-Dame de Paris* ne vaut pas *le Château des Pyrénées*.

La belle dame élégante que vous avez maintenant, vous, jeune fashionable blasé, ne vaut pas la femme de chambre de votre mère, qui vous a eu il y a dix ans, vous, écolier naïf et tremblant, pauvre chérubin plus timide que celui de Beaumarchais, qui n'osiez pas oser, même avec la fille du jardinier.

Le seul plaisir qu'un livre me procure encore, c'est le frisson du couteau d'ivoire dans ses pages non coupées : c'est une virginité comme une autre, et cela est toujours agréable à prendre. Le bruit des feuilles tombant l'une sur l'autre invite immanquablement au sommeil, et le sommeil est, après la mort, la meilleure chose de la vie.

Je vous ai promis de vous conter mon histoire ; ce sera bientôt fait. J'ai été nourri par ma mère, et sevré à quinze mois ; puis j'ai eu un accessit de je ne sais quoi en rhétorique : voilà les événements les plus marquants de ma vie. Je n'ai pas fait un seul voyage : je n'ai vu la mer que dans les marines de Vernet ; je ne connais d'autres montagnes que Montmartre. Je n'ai jamais vu se lever le soleil ; je ne suis pas en état de distinguer le blé de l'avoine. Quoique né sur les frontières de l'Espagne, je suis un Parisien complet, badaud, flâneur, s'étonnant de tout, et ne se croyant plus en Europe dès qu'il a passé la barrière. Les arbres des Tuileries et des boulevards sont mes forêts ; la Seine, mon Océan. Du reste, je vous avouerai franchement que je me soucie assez peu de tout cela ; je préfère le tableau à l'objet qu'il représente, et je serais bien capable de m'écrier, comme madame de Staël devant le lac de Genève : Oh ! le ruisseau de la rue Saint-Honoré !

Je ne comprends pas quel plaisir champêtre peut valoir celui de regarder les caricatures au vitrage de Martinet ou de Susse, et je ne trouve pas le soleil de beaucoup supérieur au gaz. Une fois, quelques-uns de mes amis sont venus me chercher, et m'ont emmené, avec leurs maîtresses, je ne sais où, sur les limites du monde, comme j'imagine, car nous restâmes trois heures en voiture. On dîna sur l'herbe : ces dames et ces messieurs eurent l'air d'y prendre un grand plaisir ; quant à moi, je me souhaitais ailleurs. Des faucheux avec leurs pattes grêles arpentaient sans façon les assiettes, les mouches tombaient dans nos verres, les chenilles nous grimpaient aux jambes. J'avais un superbe pantalon de coutil blanc, je me relevai avec une indécente plaque verte au derrière. Je touchai par mégarde je ne sais quelles herbes : c'étaient des orties, il me vint des cloches ; je manquai me casser le cou en sautant un fossé ; j'eus le lendemain une bonne et belle courbature : cela s'appelle une partie de plaisir !

Je déteste la campagne : toujours des arbres, de la terre, du gazon ! Qu'est-ce que cela me fait? C'est très-pittoresque, d'accord, mais c'est ennuyeux à crever.

Le murmure des ruisseaux, le ramage des oiseaux, et tout l'orchestre de l'églogue et de l'idylle ne me font aucun plaisir ; je dirais volontiers, comme Deburau au rossignol : Tais-toi, vilaine bête !

Ma vie a été la plus commune et la plus bourgeoise du monde : pas le plus petit événement n'en coupe la monotonie ; c'est au point que je ne sais jamais l'année, le mois, le jour ou l'heure. En effet, eh ! qu'importe? 1833 ne sera-t-il pas semblable à 1832? hier n'a-t-il pas été comme est aujourd'hui, et comme sera demain? Qu'il soit matin ou soir, n'est-ce pas la même chose? Manger, boire, dormir ; dormir, boire, manger ; aller de son fauteuil à son lit, de son lit à son fauteuil, sans souvenir de la veille, sans projet pour demain ; vivre à l'heure, à la minute, à la seconde, cramponné au moment comme un vieillard qui n'a plus qu'un moment : voilà où j'en suis arrivé, et j'ai vingt ans! Pourtant j'ai un cœur et des passions, j'ai de l'imagination autant et plus qu'un autre, peut-être. Mais, que voulez-vous! je n'ai pas assez d'énergie pour secouer cela ; comme tout vieux garçon, j'ai chez moi une servante-maîtresse qui me domine, et fait de moi ce qu'elle veut : c'est l'habitude.

L'habitude qui vous tient au cachot, dans une chambre ouverte, qui vous fait manger quand vous n'avez pas faim, qui vous éveille quand vous avez encore sommeil, qui tire, comme avec un fil, votre bras et votre jambe, qui fait mouvoir sous vous vos pieds malgré vous, qui vous traîne par les cheveux dans un endroit où vous vous ennuyez mortellement, qui vous remet entre les doigts le livre que vous savez par cœur.

Je n'ai jamais tué de sergent de ville, je n'ai jamais eu affaire aux gendarmes et aux gardes municipaux, je n'ai pas été à Sainte-Pélagie, je ne me suis jamais suicidé par désespoir d'amour ou tout autre raison, je n'ai signé aucune protestation, je n'ai eu ni duels ni maîtresses.

J'ai bien eu quelquefois un tiers ou un quart de femme, comme l'on a un tiers ou un quart de vaudeville, mais cela ne compte pas, et ne vaut pas la peine d'être mentionné.

Je n'ai chez moi ni pipe, ni poignard, ni quoi que ce soit qui ait du caractère.

Je suis le personnage du monde le plus uni et le moins remarquable; je n'ai rien d'artiste dans mon galbe, rien d'artiste dans ma mise : il est impossible d'être plus bourgeois que je ne le suis. Vous m'avez vu cent fois, et ne me reconnaîtriez pas.

Mon mérite littéraire est très-mince, et je suis trop paresseux pour le faire valoir. Je n'ai pas ajouté à mon prénom une désinence en *us*, je n'ai pas échangé mon nom de tailleur et de bottier contre un nom moyen âge et sonore. Ni mes vers, ni ma prose, ni moi, n'avons un seul poil de barbe. Aussi beaucoup de gens ne veulent-ils pas croire que je suis réellement un génie, à me voir si bénin, si paterne, si peu insolent, si comme le premier venu, comme vous ou tout autre. Je ne tutoie et n'appelle par son nom de baptême aucun des illustres du jour, je n'ai aucune pièce refusée ou tombée à aucun théâtre, je n'ai encore ruiné aucun libraire. Vous voyez que ma modestie est fondée, et que je n'ai pas de quoi faire le fier. Aucun journal, en parlant pour la première fois de moi, ne m'a désigné, ainsi qu'il se pratique, le célèbre M. un tel. Je pourrais mourir demain que, excepté ma mère qui pleurerait, il ne resterait aucune trace de mon passage sur la terre. Mon épitaphe serait bientôt faite : Né — mort.

Je ne suis rien, je ne fais rien ; je ne vis pas, je végète ; je ne suis pas un homme, je suis une huître.

J'ai en horreur la locomotion, et j'ai bien souvent porté envie au crapaud, qui reste des années entières sous le même pavé, les pattes collées à son ventre, ses grands yeux d'or immobiles, enfoncé dans je ne sais quelles rêveries de crapaud qui doivent bien avoir leur charme, et dont il devrait bien nous faire un livre.

Je partage l'avis des Orientaux : il faut être chien ou Français pour courir les rues quand on peut rester assis bien à son aise chez soi. N'était la circoncision, je me ferais Turc : je serais, certes, un excellent pacha. Par vingt-cinq degrés de chaleur, je suis capable de porter autant de caftans, de châles et de fourrures qu'Ali, ou Rhegleb, ou tout autre. Les pachas aiment les tigres, moi j'aime les chats : les chats sont les tigres des pauvres diables.

Hormis les chats, je n'aime rien, je n'ai envie de rien ; je n'ai qu'un sentiment et qu'une idée, c'est que j'ai froid et que je m'ennuie.

Aussi je me chauffe à me géographier les jambes, je brûle mes pantoufles, mes volets sont doubles, mes rideaux doubles, mes portes rembourrées. Ma chambre est un four, je cuis ; mais, malheureusement, il est plus difficile de se préserver de l'ennui que du froid.

Quoi faire ? Rêver ? On ne peut toujours rêver. Lire ? J'ai dit que je savais tout. Quoi donc ?

Je n'ai jamais pu apprendre à jouer aux cartes ni aux dames, et encore moins aux échecs ; je n'ai pu m'élever à la hauteur du casse-tête chinois ; c'est pourquoi, n'étant bon à rien, je me suis mis à faire des vers. Je n'ai guère eu plus de plaisir à les aligner que vous à les lire... si vous les avez lus.

Je vous jure, en tous cas, que c'est un piètre divertissement, et que vous feriez bien d'en chercher un autre.

On m'a dit plusieurs fois qu'il faudrait faire quelque chose, penser à mon avenir. Le mot n'est-il pas ridicule dans notre bouche, à nous qui ne sommes pas sûrs d'une heure ? Qu'il faudrait prendre un état, ne fût-ce que pour avoir un titre et une étiquette, comme un bocal d'apothicaire. Que je ne pouvais pas n'être rien, que cela ne s'était jamais vu ; que ceux qui n'étaient rien, en effet, cherchaient à se souffler eux-mêmes et à se faire quelque chose. A quoi j'ai répondu que cela serait rare et curieux de pouvoir et ne pas vouloir, et de fermer la porte au nez de la Fortune qui viendrait y frapper d'elle-même.

D'ailleurs, il n'y a que trois états possibles dans une civilisation aussi avancée que la nôtre : voleur, journaliste ou mouchard : je n'ai ni les moyens physiques, ni les moyens intellectuels qu'exigent ces trois genres d'industrie. J'aurais assez aimé être voleur, c'est de la philosophie éclectique ; mais on a trop de mal, comme disait feu Martainville. Je ne pense pas que j'eusse pu faire un mouchard remarquable, je suis trop distrait, j'ai la vue très-basse et l'ouïe un peu dure. Ensuite, depuis que les honnêtes gens s'en mêlent, le métier ne va plus. Pour journaliste, j'aurais peut-être réussi, avec beaucoup de travail, à ne pas faire tache dans *les Petites-Affiches*, ou même dans la plus célèbre de nos revues. Mais je déclare formellement que je ne résisterais pas à plusieurs vaudevilles consécutifs, et que pour rien au monde je ne me battrais en duel, ayant naturellement peur des coups autant et plus que tout autre.

Dans cette perplexité grande, et pour céder à de fréquentes importunités, j'ai suivi une grande quantité de représentations de *l'Auberge des Adrets*, pour me choisir un état parmi ceux que se donnent chaque soir Frédérick et Serres : dans leur nomenclature variée, je n'ai rien trouvé qui me convînt. Nourrisseur de vers à soie, philhellène, fabricant de clyssoirs et de seringues à musique, professeur de philosophie, chef suprême de la religion saint-simonienne, répétiteur des chiens savants pour les langues mortes, tous ces états-là réclament des connaissances spéciales que je n'ai pas, et que je suis incapable d'acquérir. Ainsi, n'étant bon à rien, pas même à être dieu, je fais des préfaces et des contes fantastiques; cela n'est pas si bien que rien, mais c'est presque aussi bien, et c'est quasi synonyme.

Je ne sais pas si cela vient de mon caractère, qui tourne un peu à l'hypocondrie, ou de ma position dans le monde, mais je n'ai jamais pu croire et m'intéresser sérieusement à quelque chose, et je pourrais retourner à mon usage le vers de Térence :

Homo sum; nil a me humani alienum puto

Par suite de ma concentration dans mon *ego*, cette idée m'est venue, maintes fois, que j'étais seul au milieu de la création; que le ciel, les astres, la terre, les maisons, les forêts, n'étaient que des décorations, des coulisses barbouillées à la brosse, que le mystérieux machiniste disposait autour de moi pour m'empêcher de voir les murs poudreux et pleins de toiles d'araignées de ce théâtre qu'on appelle le monde; que les hommes qui se meuvent autour de moi ne sont là que comme les confidents des tragédies, pour dire : *Seigneur*, et couper de quelques répliques mes interminables monologues.

Quant à mes opinions politiques, elle sont de la plus grande simplicité. Après de profondes réflexions sur le renversement des trônes, les changements de dynastie, je suis arrivé à ceci — 0.

Qu'est-ce qu'une révolution? Des gens qui se tirent des coups de fusil dans une rue : cela casse beaucoup de carreaux; il n'y a guère que les vitriers qui y trouvent du profit. Le vent emporte la fumée; ceux qui restent dessus mettent les autres dessous; l'herbe vient là plus belle le printemps qui suit : un héros fait pousser d'excellents petits pois.

On change, aux bâtons des mairies, les loques qu'on nomme drapeau. La guillotine, cette grande prostituée, prend au cou, avec ses bras rouges, ceux que le plomb épargnés, le bourreau continue le soldat, s'il y a lieu, ou bien le premier drôle venu grimpe furtivement au trône et s'assoit dans la place vide. Et l'on n'en continue pas moins d'avoir la peste, de payer ses dettes, d'aller voir des opéras-comiques, sous celui-là comme sous l'autre. C'était bien la peine de remuer tant d'honnêtes pavés qui n'en pouvaient mais !

Quant à mon opinion sur l'art, je pense que c'est une jonglerie pure, et je suis parfaitement de l'avis d'Arnal: « Cela s'appelle des artistes! Ces baladins sont-ils fiers! » En fait d'artistes, je n'estime que les acrobates. Il faut véritablement dix fois plus d'art pour danser sur la corde lâche que pour faire cent poëmes épiques et vingt charretées de tragédies en cinq actes et en vers.

Quant à ce qui est de la morale, rien ne m'a paru plus insignifiant que les vices de l'homme, si ce n'est la vertu de la femme.

Lecteur, vous me savez maintenant sur le bout du doigt. Voilà ce que je suis, ou plutôt ce que j'étais il y a trois mois, car je suis fort changé depuis quelque temps.

Deux ou trois de mes camarades, voyant que je devenais tout à fait ours et maniaque, se sont emparés de moi et se sont mis à me former : ils ont fait de moi un Jeune-France accompli. J'ai un pseudonyme très-long et une moustache fort courte; j'ai une raie dans les cheveux, à la Raphaël. Mon tailleur m'a fait un gilet... délirant. Je parle art pendant beaucoup de temps sans ravaler ma salive, et j'appelle bourgeois tous ceux qui ont un col de chemise. Le cigare ne me fait plus tousser ni pleurer, et je commence à fumer dans une pipe, assez crânement et sans trop vomir. Avant-hier, je me suis grisé d'une manière tout à fait byronnienne ; j'en ai encore mal à la tête : de plus, j'ai fait acquisition d'une mignonne petite dague en acier de Toscane, pas plus longue qu'un aiguillon de guêpe, avec quoi je trouerai tout doucettement votre peau blanchette, ma belle dame, dans les accès de jalousie italienne que j'aurai quand vous serez ma maîtresse, ce qui arrivera indubitablement bientôt. On m'a présenté dans plusieurs salons, par-devant plusieurs coteries, depuis le bleu de ciel le plus clair jusqu'à l'indigo le plus foncé. Là, j'ai entendu infiniment de cinquièmes actes, et encore plus d'élégies sur le malheur d'être abandonnée par son ou ses amants. J'en ai moi-même récité un nombre incalculable. Je me culotte, comme disent mes dignes amis, et il paraît que je deviens un homme à la mode. Mes deux cornacs prétendent même que j'ai eu plusieurs bonnes fortunes : soit, puisqu'on est convenu d'appeler cela ainsi.

Comme je suis naturellement olivâtre et fort pâle, les dames me trouvent d'un satanique et d'un désillusionné adorable; les petites filles se disent entre elles que je dois avoir beaucoup souffert du cœur : du cœur, peu, mais de l'estomac, passablement.

Je suis décidé à exploiter cette bonne opinion qu'on a de moi. Je veux être le personnage cumulatif de toutes les variétés de don Juan, comme Bonaparte l'a été de tous les conquérants.

Les trois mille noms charmants seront dépassés de beaucoup. Le don Juan de Molière n'est qu'un Céladon auprès de moi; celui de Byron un misérable cokeney; le Zaffye d'Eugène Sue est innocent comme une rosière. J'ai préparé, pour y inscrire mes triomphes, un livre blanc beaucoup plus gros que celui de Joconde et du prince Lombard; j'ai fait emplette de quelques rames de papier à lettres azuré, de bâtons de cire rose et aventurine, pour répondre aux billets doux qu'on m'écrira. Je n'ai pas oublié une échelle de soie : l'échelle de soie est de première importance, car je n'entrerai plus maintenant dans les maisons que par les fenêtres.

Personne ne me résistera : j'aurai mille scélératesses

charmantes et inédites, mille roueries si machiavéliques, je serai si fatal et si vague, j'aurai l'air si ange déchu, si volcan, si échevelé, qu'il n'y aura pas moyen de ne pas se rendre. Votre femme elle-même, mon cher lecteur, votre maîtresse, si vous avez l'une ou l'autre, ou même les deux, ne pourront s'empêcher de dire, en joignant les mains : Pauvre jeune homme !

Que je sois damné si, dans six mois, je ne suis pas le fat le plus intolérable qu'il y ait d'ici à bien loin.

Il ne me manque vraiment que d'être bâtard pour que je sois parfait. Au diable les vers, au diable la prose ! je suis un viveur maintenant, je ne suis plus l'hypocondre qui, en fourgonnant son feu entre ses deux chats, faisait un tas de sottes rêvasseries à propos de tout et de rien. Avant qu'il soit longtemps, je prétends me faire un matelas de toutes les boucles blondes ou brunes dont mes beautés m'auront fait le sacrifice. Vous verrez, vous verrez ! D'un amour à l'autre, je vous écrirai, pour me reposer, de belles histoires adultérines, de beaux drames d'alcôve, auprès desquels *Antony* sera tout à fait enfantin et Florian. Pourtant je venais tout à l'heure d'envoyer les vers et la prose au diable ! ce que c'est que les mauvaises habitudes : on y revient toujours. Sur ce, monsieur, je vous salue avec tout le respect que l'on doit à un honnête lecteur. Madame, je vous baise les mains, et dépose mes hommages à vos pieds.

LES JEUNES-FRANCE

LES
JEUNES-FRANCE

SOUS LA TABLE

DIALOGUE BACHIQUE

SUR PLUSIEURS QUESTIONS DE HAUTE MORALE

Qu'est-ce que la vertu? Rien, moins que rien, un mot
A rayer de la langue. Il faudrait être sot
Comme un provincial débarqué par le coche,
Pour y croire. Un filou, la main dans votre poche,
Concourra pour le prix Monthyon. Chaude encor
D'adultères baisers payés au poids de l'or,
Votre femme dira : Je suis honnête femme.
Mentez, pillez, tuez, soyez un homme infâme,
Ne croyez pas en Dieu, vous serez marguillier;
Et, quand vous serez mort, un joyeux héritier,
Ponctuant chaque mot de larmes ridicules,
Fera, sur votre tombe, en lettres majuscules,
Écrire : Bon ami, bon père, bon époux,
Excellent citoyen, et regretté de tous.
La vertu! c'était bon quand on était dans l'arche.
La mode en est passée, et le siècle qui marche
Laisse au bord du chemin, ainsi que des haillons,
Toutes les vieilles lois des vieilles nations.
Donc, sans nous soucier de la morale antique,
Nous tous, enfants perdus de cet âge critique,

> Au bruit sourd du passé qui s'écroule au néant,
> Dansons gaîment au bord de l'abîme béant.
> Voici le punch qui bout et siffle dans la coupe :
> Que la bande joyeuse autour du bol se groupe !
> En avant les viveurs ! Usons bien nos beaux ans ;
> Faisons les lords Byrons et les petits dons Juans ;
> Fumons notre cigare, embrassons nos maîtresses ;
> Enivrons-nous, amis, de toutes les ivresses,
> Jusqu'à ce que la Mort, cette vieille catin,
> Nous tire par la manche au sortir d'un festin,
> Et, nous amadouant de sa voix douce et fausse,
> Nous fasse aller cuver notre vin dans la fosse.
>
> La Farce du Monde. *Moralité.*

Il pouvait bien être deux heures du matin. La chandelle, non mouchée, avait un pied de nez ; le feu était presque éteint.

Mon ami Théodore, accoudé sur sa table avec une désinvolture toute bachique, fumait une pipe courte et noire noblement culottée, un digne brûle-gueule, à faire envie à un caporal de la vieille garde.

De temps en temps il déposait sa pipe, et se donnait gravement à boire par-dessus l'épaule, ou à côté de la bouche, ou se versait d'une bouteille vide, ou laissait tomber son verre plein ; bref, notre ami Théodore était complétement ivre.

Et cela n'eût paru étonnant à personne, à voir la longue file

> De bouteilles sur cu
> Qui disaient, sans goulot : Nous avons trop vécu.

A moins qu'il n'en eût jeté le contenu par la fenêtre, ce qui est peu probable, il devait mathématiquement et logiquement être ivre-mort. Il y aurait eu de quoi griser un tambour-major et deux sonneurs, et notre ami Théodore était seul.

Je l'avoue en rougissant, il était seul, malgré le célèbre adage : Celui qui boit seul est indigne de vivre. Adage si religieusement suivi dans tout État un peu civilisé.

Il était seul, c'est-à-dire il le paraissait ; car un soupir profond, parti de dessous la table, vint révéler tout à coup un compagnon chaviré, et rendre plus facile à expliquer le nombre formidable de flacons vides ou brisés qui encombraient le guéridon et la table.

Théodore laissa tomber de haut, et avec un air d'ineffable pitié, un regard incertain et hébété sur la masse informe qui se remuait dans l'ombre, et aspira bruyamment une gorgée de fumée.

— Oh ! Théodore, ton chien de carreau est dur comme un cœur de femme ; tends-moi la main, que je me relève et que je boive : j'ai soif.

— Si tu veux, je vais te passer ton verre, répondit Théodore, sentant dans sa conscience qu'il était au-dessus de ses forces de relever son camarade. Peut-on se soûler comme cela !... Fi, l'ivrogne, ajouta-t-il par manière de réflexion.

— Ame dénaturée, reprit avec un sérieux comique la voix d'en-bas, tu ne veux pas me relever ? Mettez donc après cela des lampions sur la tête aux gens, de peur que les voitures ne les écrasent, quand ils tombent aux coins des bornes pour avoir oublié de tremper leur vin ce jour-là : on ne m'y reprendra plus. Ingrat !

Théodore, sensiblement ému et attendri par ce touchant souvenir, se décida à tenter la périlleuse opération de remettre son ami sur sa chaise ; mais le succès ne couronna pas cette pieuse entreprise ; il fit le plongeon entre la table et le banc, et disparut.

Ce fut pendant quelques minutes des grognements sourds et étouffés ; car Théodore était précisément tombé sur l'estomac de son estimable camarade, et il lui pesait plus qu'un remords ; cependant, après des efforts inouïs, ils parvinrent à se mettre dans une position un peu moins incommode, et le calme se rétablit.

Après un silence assez long :

— Hélas ! fit Roderick.

— Qu'as-tu, mon cher ami ! dit Théodore avec toute l'effusion caractéristique des ivrognes.

— Je suis bien malheureux !

— Est-ce que ta maîtresse t'a planté là ?

— Au contraire, mon ami, la pauvre femme n'est pas capable de cela ; c'est bien, pour mon malheur, la plus vertueuse créature qui soit.

— Voilà un singulier reproche.

— On voit bien que tu as le bonheur, toi, d'avoir pour maîtresse une catin.

— Singulier bonheur !

— Certainement, mais tu n'es pas à même de le comprendre ; tu n'as jamais eu que des filles ou des femmes entretenues, ou tout au plus des grisettes. Tu n'es jamais descendu jusqu'à l'honnête femme.

tu ne sais pas ce qui en est. Par honnête femme, je n'entends pas, ce qu'on entend généralement par là, une femme qui a un mari, un cachemire, qui loge au premier, et ne se permet guère qu'un amant à la fois.

— Qu'est-ce donc alors? dit l'autre en se soulevant sur le coude avec une stupéfaction profonde.

— Ce n'est pas même celle qui n'a pas d'amant du tout.

— Humph! fit Théodore comme un homme dont la conviction est tout à fait troublée.

— O mon ami! j'en suis mortifié pour toi, tu es un âne, et tu ne seras probablement pas autre chose d'ici à bien longtemps.

A cet endroit de son apostrophe, Roderick fit un hoquet hasardeux, et s'interrompit un instant; mais il reprit bientôt le fil de son discours avec une grâce toute particulière, en imitant l'accent de Frédérick dans l'*Auberge des Adrets* :

— Tu n'entends rien absolument à la triture des affaires, et tu ne possèdes pas le moindre rudiment de métaphysique; ta philosophie est diablement en arrière, et je suis fâché de le dire, avec de belles dispositions, tu ne parviendras jamais à rien.

Théodore soupira.

— Qu'est-ce que la vertu, Théodore?

— Que sais-je?

— Ceci est du Montaigne, et c'est ce que tu as dit de plus raisonnable depuis que tu abuses de la langue que Dieu t'a donnée. Brutus définit la vertu un nom.

1.

En vérité, si ce n'est qu'un nom, jamais cinq lettres ne se sont donné rendez-vous dans deux misérables syllabes pour former un mot plus insignifiant. Du reste, s'il est permis à quelqu'un qui n'est pas vaudevilliste de faire un pitoyable calembour, la vertu n'est pas un nom, mais un non indéfiniment prolongé.

Théodore, effaré, souffla par ses narines comme un hippopotame, et redoubla d'attention.

Roderick continua :

— Oui, mon ami, la vertu est essentiellement négative. Être vertueux, qu'est-ce autre chose que dire non à tout ce qui est agréable dans cette vie, qu'une lutte absurde avec les penchants et les passions naturelles, que le triomphe de l'hypocrisie et du mensonge sur la vérité? Quand les États reposaient sur des fictions, il y avait besoin de vertus fictives, sans quoi ils n'auraient pu vivre; mais, dans un siècle aussi positif, sous une monarchie constitutionnelle, entourée d'institutions républicaines, il est indécent et de mauvais ton d'être vertueux : il n'y a que les forçats qui le soient. Quant aux femmes honnêtes, la race en est perdue ; elles sont toutes au Père-Lachaise ou ailleurs : les épitaphes en font foi.

— Mais il me semble que tu as dit tout à l'heure, Roderick, que ta maîtresse était vertueuse?

— Benêt! quand on dit que toutes les femmes sont des catins, il est toujours sous-entendu qu'on excepte sa mère et sa maîtresse : ainsi, ton observation n'a pas le sens commun.

— Pourtant, répliqua timidement Théodore, j'ai fait cet hiver la cour à une femme pendant quinze jours, et je ne l'ai pas eue.

— Si tu lui avais fait la cour seize jours au lieu de quinze, le résultat eût peut-être été tout différent. Tu t'es en allé au moment où elle t'allait céder par amour ou par ennui; car l'ennui est au moins de moitié dans les conquêtes que nous faisons. D'ailleurs, bien que ton gilet soit d'une coupe irréprochable, et que tu fasses siffler ta cravache assez fashionablement, tu n'es encore qu'un médiocre don Juan, et tu n'entends rien au fin des choses; tu n'es guère capable que de faire de la corruption de seconde main; tu entres assez effrontément dans les âmes dont la serrure est forcée, mais tu ne sais pas forcer toi-même la serrure; il faut un voleur plus adroit que toi pour ouvrir la porte et enlever le trésor. Que ce soit avec une clef ou un rossignol que l'on l'ouvre, peu importe; mais, toi, tu n'es pas en état de trouver la clef véritable, ou d'en forger une fausse. Cette femme, dont tu me parlais, était peut-être dans ce cas. Sans doute, elle m'aurait cédé à moi ou à un autre. Ton exemple ne prouve rien; tout est relatif. Je n'ai pas voulu dire qu'une femme était catin pour tout le monde, j'ai seulement voulu dire qu'elle n'était pas vertueuse pour tout le monde, ce qui est bien différent. Une femme qui serait vertueuse pour tous et à tous les instants, serait une monstruosité : ces monstruosités-là sont rares, fort heureusement.

— Ma tante Gryselde, interrompit Théodore, était certainement une honnête femme.

— Mon digne ami, je ne sais pas à quoi ton père et ta mère pensaient en te faisant, mais certainement ils pensaient à autre chose : ils ont manqué ta cervelle. Ta tante Gryselde, que tu cites, était bossue, rousse, borgne et brèche-dent ; elle n'a pas dû être beaucoup sollicitée, ce qui ne prouve pas qu'elle n'ait sollicité elle-même, car l'âne regimbe, et la chair est plus éloquente que l'esprit.

— Tu es donc matérialiste, ô Roderick ?

— Je le suis, tous les hommes d'esprit le sont ; c'est plus sûr. Tu devrais bien l'être aussi, car il est bien évident qu'il existe cent et quelques livres de chair qu'on nomme Théodore, et l'existence de son esprit est au moins problématique, à entendre la sotte conversation que nous menons ensemble.

Je ne veux pas faire ici du Byron, cela est aussi usé que du Florian ; mais tu me permettras de te faire part de quelques réflexions : y a-t-il dans le monde une femme qui n'ait jamais failli, je ne dis pas en action, il y en a, mais en pensée ? je ne le crois pas. Tu vas me trouver singulier, mais je veux être coupé par rouelles comme une betterave, si je n'aimerais pas mieux une femme qui aurait failli corporellement qu'une qui aurait failli spirituellement. L'une a ses sens pour excuse, l'autre n'en a pas ; en un mot, j'épouserais plus volontiers une fille qui aurait été violée qu'une qui aurait résisté à un amant aimé. Je préfère, tout matérialiste que je suis, la virginité de l'âme à celle du corps. A bien fouiller la vertu des femmes, il ne reste à l'analyse que des vices, l'orgueil et la peur. Quelle est la femme qui, sûre du secret, aura la force de résister? aucune; c'est ce qui explique pourquoi les prêtres avaient tant de femmes autrefois. Quelle est la femme qui, arrivée au bout de sa carrière, ne se soit pas repentie d'avoir été vertueuse? quelle est la femme qui n'a pas souhaité d'être homme?

Il y a des femmes qui restent vertueuses pour se donner le plaisir de déchirer celles qui ne le sont pas : celles-ci par la crainte qu'elles ont de celles-là ; d'autres par nonchalance ou faute d'occasions ; d'autres enfin par impuissance ou froideur naturelle, parce qu'elles n'ont ni cœur, ni entrailles, parce qu'elles ne sentent ni ne comprennent rien : ce sont les pires de toutes et les plus communes.

Au fond, il n'y a guère que le moyen de corruption qui varie ; elles sont toutes corruptibles. Une cède parce que son orgueil est flatté, parce que vous êtes pair de France, que vous êtes duc, que vous avez une célébrité quelconque ; une parce qu'elle aime les parures, les diamants et les plumes ; l'autre, pour tout autre motif, pour avoir quelqu'un à qui parler, à qui donner le bras ; c'est un grand hasard quand il y en a une qui cède par amour : ce sont là les vertueuses, à mon sens.

Celle qui tient encore à cent mille francs, céderait à deux cents. Il y a là-dessus un trait historique d'un courtisan à une reine que je ne vous dirai pas, car vous le savez comme moi, et qui est d'une grande vérité. Il n'y a pas de différence de la femme qui se livre pour un million à la fille qui se prostitue pour cent sous.

Cette femme est vertueuse, c'est bien, je veux le croire ; qui vous dit qu'il faut lui en avoir d'obligation ? Un coup de sonnette, une porte ouverte brusquement, sont peut-être la seule cause de cette vertu intacte dont elle fait tant d'étalage.

Un bon verrou bien tiré, et une porte dérobée en cas d'accident, il n'y a pas de vertu avec cela.

Et puis, chaque femme comme chaque homme a son idéal ; on meurt quelquefois en le cherchant. Un an de vie de plus, on l'aurait trouvé ; alors, dites-moi, que serait devenue la vertu ?

Quelquefois on le rencontre, on l'épouse : ceci est légal, il n'y a rien à dire, mais ce n'est qu'une heureuse position, et cette femme favorisée du sort, placée autrement, eût sans aucun doute agi différemment. Chaque âme, chaque corps a son pôle où il tend à travers tout comme la boussole au nord ; il ne faut pas faire rebrousser l'aiguille. La femme que j'assiégerais deux ans sans succès, se livrerait à toi au bout d'un mois. Alors le niais repoussé va crier sur les toits qu'il a trouvé une vertu ; voilà comme les réputations se font. Il a trouvé une place prise : voilà tout.

Je ne connais rien de bouffon comme les causes de plusieurs choses graves. Si l'on se rendait compte de certaines résistances désespérées, il y aurait vraiment de quoi rire.

O mon enfant! moi qui te parle en ce moment, j'ai été un soir sur le point de croire à la vertu; c'est une histoire qu'il faut que je te conte pour ton instruction particulière : ouvre donc tes oreilles, et tâche de ne pas trop dormir.

— Et en quoi consiste la vertu des hommes! dit d'un air profond Théodore, profitant de l'instant où Roderick reprenait haleine après sa longue tirade.

— La vertu des hommes n'est pas faite de la même chose; mais ce n'est pas là qu'est la question, et tu n'éviteras pas mon histoire.

Théodore baissa la tête avec résignation.

— Cordieu! la langue me pèle, dit Roderick en attirant à lui une bouteille à moitié pleine. Il en but quelques gorgées, et la passa à son camarade.

— Merci, dit son acolyte d'un air de reconnaissance bien sentie.

— Donc, c'était un soir, comme je l'ai déjà donné à entendre. Je revenais de je ne sais où, et j'allais au même endroit. Je marchais machinalement les mains dans mes poches, le chapeau sur l'oreille, un cigare de la Havane, non, c'était un cigare turc, à la bouche, si avancé, qu'il me roussissait les moustaches; j'avais, je crois, ma redingote à brandebourgs.

— Ne pourrais-tu pas supprimer tous ces détails et venir au fait? dit Théodore d'un ton désespéré.

— Non, certainement. Les détails sont tout ; sans détails, il n'y a pas d'histoire. D'ailleurs, c'est de la couleur locale, et cela donne de la physionomie, répondit dogmatiquement Roderick, — et un pantalon blanc à pied, poursuivit-il, reprenant sa description au point où il l'avait laissée.

— Une vraie tenue de garçon perruquier ou de souteneur de filles, grogna sourdement Théodore.

— Hein ? fit Roderick ; un hein magistral, aussi terrible que celui de mademoiselle Georges dans *Lucrèce Borgia*.

Théodore se tut.

— J'allais comptant les pavés, et je n'aurais pas levé les yeux pour l'empire de Trébizonde ; je les levai cependant pour moins. Au bord d'un pavé, j'aperçus un talon, puis au-dessus de ce talon, une jambe assez bien faite, emprisonnée dans un bas de coton bien tiré. Quoiqu'il fît crotté, il n'y avait pas une seule mouche de boue sur le bas, ce qui me fit conclure qu'il appartenait, ainsi que la jambe, à une Parisienne de race. Par-dessus le bas il y avait une jarretière blanche et rouge, une jolie jarretière, sur ma foi ! Ici Roderick poussa un grand soupir, et s'arrêta comme n'étant pas maître de son émotion.

— Et qu'y avait-il au-dessus de la jarretière ? demanda Théodore avec une anxiété risible.

— Il y avait quelque chose apparemment, à moins que ce ne fût une jambe qui se promenât toute seule comme la jambe du mécanicien allemand.

— Et quoi encore?

— Je ne regarde jamais les femmes passé la jarretière? répondit Roderick d'une voix flûtée. Je ne suis pas bégueule; mais il faut des mœurs, tonnerre de Dieu! poursuivit-il en rentrant dans son ton naturel. Je te confierai cependant que sur cette jambe il y avait une grisette.

C'était une jolie petite créature toute mignonne, toute proprette, tirée à quatre épingles. Son bonnet, sur le haut de sa tête, prêt à sauter par-dessus les moulins; ses cheveux à l'anglaise, un peu défrisés, le nez au vent, l'œil en coulisse, la bouche en cœur; avec cela une robe de stof, un tablier de marceline et un gant à peu près neuf, auquel il ne manquait guère que le pouce: une délicieuse poupée à vous rendre fou d'amour, au moins pendant une heure.

Je pressai le pas : entendant sonner les talons de mes bottes à côté d'elle, lle accéléra sa marche; elle trottait, trottait comme une perdrix, et j'avais beau me fendre comme un compas, je ne pouvais l'atteindre : une voiture, qui lui barra le passage, me permit enfin de l'accoster.

— N'êtes-vous pas, lui dis-je en la saluant, mademoiselle Angelina, qui travaille chez madame C***?

— Non, répondit-elle en tournant vers moi ses beaux yeux étonnés et avec la plus savante naïveté. Je m'appelle Rosette, et je ne travaille pas chez la femme que vous venez de nommer.

— Rosette, c'est un joli nom !

— Un peu commun : j'aimerais mieux m'appeler Wilhelmine ou Fœdora, c'est plus distingué ; mais je ne suis pas la demoiselle que vous cherchez. Si c'était un effet de votre bonté de me laisser continuer mon chemin seule ; un monsieur qui suit une jeune personne, cela fait jaser.

Mais, sans obtempérer à sa demande, je lui pris le bras, et je continuai ainsi :

— Mademoiselle, je suis heureux de m'être trompé : l'erreur est toute à mon profit. Angelina est bien jolie, mais...

— Bien jolie ! c'est comme on veut ; je la connais, nous avons été amies ensemble : elle a le nez furieusement rouge pour son âge. Après tout, elle n'est pas jeune ; elle dit vingt-six ans, mais elle en a bien vingt-huit ou vingt-neuf même ; elle a du son plein la figure, elle veut faire la grosse, mais on sait ce que c'est ? et puis ce genre qu'elle a : si ça ne fait pas pitié !

— Sais-tu, mon cher ami, que ton histoire est outrageusement ennuyeuse ? interrompit Théodore ; elle ne pèche pas par la nouveauté. Je pourrais t'en raconter comme cela autant qu'il y a de jours dans l'année, et puis c'est d'un Paul de Kock !

— C'est précisément ce qui en fait le mérite ; maintenant, une histoire simple et qui peut arriver, n'est-ce pas ce qu'il y a de plus extraordinaire ? Cependant, en considération de ce que tu es ivre, et qu'un homme ivre a autant de droits aux égards qu'une femme enceinte, je consens à passer le reste de ma conversation avec Rosette, me réservant, toutefois, de te le dire plus tard. D'ailleurs, si le commencement est Paul de Kock, ce que je nierai jusqu'au fagot inclusivement, la fin est aussi satanique qu'on puisse le désirer.

— Voyons la fin.

— Tout à l'heure ; si je mettais la fin au commencement, le commencement serait la fin, et on ne peut pas conter une histoire comme on lit une ligne d'hébreu, ou comme une dévote sort d'une église, à l'envers.

Bref, nous arrivâmes bras dessus, bras dessous, devant ma porte, parfaitement amis et anciennes connaissances. Je frappai : Rosette fit un mouvement de surprise, quand je me reculai pour la laisser entrer, puis elle entra sans trop de façons et en sautillant comme un pinson. Elle eut seulement la précaution de me faire monter l'escalier devant elle, précaution qui indique une expérience bien éprouvée, vu ses dix-sept ans, et que je recommande fort à toutes les dames et demoiselles quelconques, qui, pour suppléer au manque de rondeur de certaines parties, portent ce que madame de Genlis appelle, tout crûment, un polisson, et que nous appelons une tournure.

Je me fis apporter une bouteille de vin d'Espagne, quelques biscuits et deux verres : car si le *in vino veritas* est applicable à l'homme, il est encore plus juste pour la femme. Je trouve que c'est une excellente méthode d'éprouver les caractères par le vin ; c'est une coupelle qui ne trompe guère : je n'y manque jamais. Je ne voudrais pas prendre pour maîtresse une femme que je n'aurais pas vu soûle : avec une bouteille ou deux, on entre plus avant dans une âme que par dix ans de fréquentation. La brute apparaît alors dans toute sa candeur, le fard tombe au vice ; on oublie de cacher l'ulcère sous le manteau, on jette le manteau, on ôte le corset, on ôte tout. Je ne conçois pas comment les scélérats osent boire une goutte de vin. Moi, qui suis ingrisable — notez que c'était sous la table que notre digne narrateur Roderick avançait cette audacieuse assertion — j'observe, j'anatomise, je fais de la psychologie, je promène mon scalpel à droite et à gauche, et c'est ainsi que j'ai acquis cette profonde connaissance du cœur humain que chacun admire en moi, et qui me rend supérieur à toi et à un tas d'animaux de ton espèce.

La petite s'en vint s'asseoir tout bellement sur mon genou, et becqueter dans mon verre ; elle était tout à fait apprivoisée. C'était charmant ! Je me souviens que nous prîmes un massepain chacun par un bout, nos bouches avançaient l'une vers l'autre à mesure que le massepain diminuait, enfin elles se touchèrent. Ce fut un beau baiser, je te jure, un beau baiser sonore et éclatant comme les prudes n'osent pas les donner, car cela fait du bruit et l'on peut l'entendre, un bon et franc baiser français avec ce mignard clapotement de lèvres comme au temps de la Régence, et qu'on aurait bien dû restaurer plutôt que tant d'autres choses.

La petite, trouvant cela drôle, le répéta plusieurs fois, et se prit à rire de ce rire argentin et grêle particulier aux grisettes et aux grandes dames. Je lui fis boire plusieurs verres coup sur coup, et elle commença à entrer en gaieté : ses joues se rosaient comme de la tisane de Champagne, son œil s'allongeait comme une amande, sa tête se couchait sur son épaule, et elle chantonnait tout en babillant une chanson de Béranger, dont elle me battait la mesure sur les os des jambes avec ses jolis petits pieds. La trouvant à point, je commençai à lui baiser le col et les épaules : elle me laissait faire. J'ai chaud, dit-elle en passant ses mains sur son front; et elle jeta par-dessus sa tête le fichu qui gênait mes caresses. Jusque-là tout allait on ne peut mieux. Je posai mes lèvres sur sa gorge à moitié découverte: elle ne fit pas encore de résistance.

— Mais je ne vois pas trop dans tout cela quel est le motif qui a manqué te faire croire à la vertu un soir durant, ô Roderick, mon ami très-cher !

— Si tu ne m'avais interrompu, stupide béotien que tu es, tu le saurais il y a longtemps. J'essayai plus : alors ce fut un combat dont tu n'as pas d'idées; elle me coulait entre les doigts comme une anguille, et il y avait dans sa physionomie une impression d'effroi si vraie, si énergique, qu'il était impossible de le croire joué ; elle tournait ses yeux avec un air d'angoisse, elle se tordait les mains, et me repoussait opiniâtrément : je n'avais jamais vu une aussi vigoureuse défense.

— Où diable la vertu va-t-elle se nicher !

— Cela dura une grande heure au moins. A la fin, épuisée de fatigue, elle tomba sur le bord de mon lit. J'en eus presque pitié, et je fus tenté de la laisser ; mais, faisant réflexion que c'était d'une pitié de cette espèce que les femmes vous ont le moins d'obligations, et ne voulant pas qu'elle me prît pour un imbécile, je revins à l'assaut, et me servant d'un petit poignard que je porte toujours sur moi, je coupai le lacet de sa robe, et je parvins à l'en dépouiller. Je vis alors qu'elle manquait d'une chose indispensable.

— Peut-être, dit Théodore, n'avait-elle qu'un sein, comme la courtisane vénitienne dont parle J.-J. Rousseau ?

— Je te certifie qu'elle en avait bien deux.

— Peut-être était-elle comme la femme de Thomas Sévin, dont il est question dans Marot ?

— Aucunement : c'est une charmante et complète créature, seulement elle n'avait pas...

— Quoi donc ?

— Elle n'avait pas de chemise.

— Oh ! fit Théodore.

— Pauvre ange ! ajouta Roderick ; tu penses bien que je lui donnai de quoi en acheter.

— Voilà un drôle de dénoûment.

La morale de celle-ci est différente de celle de

la caricature de Charlet; mais elle n'est pas à mépriser, mes beaux jeunes mélancoliques, qui faites la cour aux femmes.

O vous, qui attaquez une vertu, faites attention aux phases de la lune; tâchez de savoir s'il y a longtemps ou non que votre déesse a pris un bain; tâchez de savoir si elle n'a pas de trous à ses bas ce jour-là, cela est plus important que vous ne croyez. Si par hasard elle a remplacé sa jarretière perdue par une ficelle, je vous conseille, en ami, de vous tenir tranquille, car fussiez-vous plus gémissant que la colombe au nid, fussiez-vous Lovelace ou Richelieu, vous perdriez vos peines.

— Il me semble, Roderick, que nous devrions bien tâcher de nous remettre sur nos chaises.

— Pourquoi? restons par terre puisque nous y sommes: beaucoup de gens devraient suivre notre exemple: le monde n'en irait que mieux.

— Soit, reprit l'autre; d'ailleurs, cela est plus bachique et plus dévergondé, cela a plus de caractère. Mais il me semble que tu avais commencé une doléance sur ta maîtresse trop vertueuse, et la conversation a furieusement dérivé depuis.

— Mon ami, tu ne peux te faire une idée des tourments que j'endure, ne les ayant jamais éprouvés par toi-même. Ma maîtresse, comme j'ai dit, est la personne la plus confite en vertu qu'il y ait dans toute la chrétienté. Je ne me souviens pas de lui avoir entendu dire oui à quelque chose. Certainement, c'est une belle fille; ses cheveux sont blonds et de la plus belle nuance, elle a les yeux grands et doux, un front uni, un nez droit, sa bouche est irréprochable, ses dents sont blanches comme de la porcelaine. Mais je me suis surpris vingt fois à la souhaiter moins parfaite ou autrement, j'aurais voulu un signe, un point noir sur cette peau si claire et si fraîche, un méplat plus capricieux dans ces lignes calmes et correctes ; j'aurais voul pouvoir allumer une paillette dans cet œil d'antilope, retrousser les coins de cette bouche antique, faire palpiter et vivre un peu ces longs cheveux si bien nattés et si bien peignés. C'était peine perdue ; autant aurait valu pour moi serrer dans mes bras une des statues des Tuileries, ou tâcher d'animer un mannequin.

Ce n'est pas qu'elle ne m'aime pas, il y aurait de l'espoir ; elle m'aime autant qu'elle peut aimer quelqu'un ou quelque chose. Je lui serais infidèle ou je mourrais, je suis sûr que cela lui ferait de la peine et qu'elle pleurerait ; mais c'est tout, elle ne ferait pas une démarche pour me ramener, elle ne s'arracherait pas un seul de ses cheveux : c'est un caractère froid, un tempérament lymphatique qui ne s'émeut de rien, qui ne prend plaisir à rien, qui se laisse aller à vivre, mais qui ne vit pas par lui-même, quelque chose de morne et d'indolent qui est beau et se fait aimer, mais ne peut prendre sur soi de montrer de l'amour ; une syrène glaciale, plus à craindre que la plus chaude courtisane, car avec elle on n'est jamais satisfait :

vous vous livrez tout entier, et elle ne livre rien.

Mon pauvre Théodore, tu ne sais pas combien on est malheureux d'aimer quelqu'un qui n'a pas de vice ; ce sont les vices de nos amis et de nos maîtresses qui nous attachent à eux, car il nous donnent le moyen de les flatter et de leur être agréable ; vous vous faites le valet et le pourvoyeur d'un de leurs vices, vous vous rendez nécessaire, et c'est ainsi que se nouent les amitiés les plus solides.

Votre maîtresse est gourmande, elle aime les pâtisseries délicates et les vins les plus recherchés ; vous satisfaites ses goûts, un souper fin ajoute à l'attrait d'un rendez-vous ; elle est coquette, les bijoux, les chapeaux d'Herbault, ces mille riens charmants, hochets des grands enfants, qui valent si peu et coûtent si cher, vous fournissent mille occasions de lui prouver votre amour.

Elle aime les bals, les soirées, le spectacle, la musique ; bénissez le ciel ! menez-la au bal, aux Italiens, à l'Opéra, partout. Vous aurez le bonheur de la voir heureuse, et c'en est un grand, un très-grand.

Quant à Georgina, elle est incapable de distinguer une truffe d'une pomme de terre, et du vin de Tokay d'avec du vin de Brie.

Elle dit que le bal la fatigue, elle n'a pas vingt ans ; que les soirées l'ennuient ; la musique ne lui semble que du bruit, et elle ne prend aucun intérêt au spectacle ; quant à sa mise, elle est d'une rigidité de quakeresse.

— Ah çà ! c'est donc une idiote que ta Georgina ?

— Non, elle est ainsi ; c'est un esprit droit et fin, mais sans élan, prosaïque comme la vertu, car il n'y a que le vice qui soit poétique. Supprimez l'adultère, l'inceste, le meurtre, adieu les drames, adieu les poëmes et les romans ! l'histoire des gens vertueux tient une ligne, les règnes des bons rois tiennent une page.

Aussi je souffre avec elle mort et martyre. J'ai beau chercher, je ne puis trouver de point impressionnable ; chez elle, rien ne répond. Je ne sais comment lui faire plaisir : elle est si froide, si prude, si chaste, si dédaigneuse et si polie en même temps! Je ne l'ai jamais vue ni rire, ni bâiller ; je ne lui ai jamais entendu dire une sottise, elle n'en fait pas plus qu'elle n'en dit, elle est d'une perfection désespérante.

Dans ces moments où tous les yeux sont baignés de larmes, où le cœur semble vouloir s'élancer hors de la poitrine, ni cris, ni soupirs, ni étreintes forcenées : on dirait qu'il ne s'agit pas d'elle. Elle vous regarde toujours avec son œil calme et bleu ; son sein ne bat pas sous le vôtre une pulsation de plus ; elle ne rougit, ni ne pâlit. Si elle vous parle, c'est avec sa voix claire et perlée, elle vous dit : Vous et Monsieur, et vous demande ce que vous avez. Une fois, après toute une nuit passée ensemble, lorsqu'à l'instant de m'en aller je voulus lui donner mon baiser d'adieu, elle me dit très-gravement, en relevant du doigt la dentelle quelque peu chiffonnée de son bonnet ? — Roderick, ne pourriez-vous pas m'aimer sans cela ?

Si jamais j'ai eu franchement envie de jeter quelqu'un par la fenêtre, c'est ma divinité, quand elle me fit cette belle observation.

Jamais je n'ai pu la prendre en faute : j'ai eu beau l'épier, la guetter ; je lui ai cherché querelle de mille manières, mais sans aucun succès. J'ai souvent essayé de me brouiller avec elle pour me raccommoder ensuite, impossible !

Elle vivrait bien, même avec son mari.

J'ai cent fois résolu de la planter là ; mais encore faut-il une espèce de motif pour rompre, et je n'en ai pas ; quand j'en aurais, ce serait encore la même chose : elle me rend malheureux, elle me fait damner ; mais je l'aime, peut-être même à cause de cela.

La seule chose qui m'étonne, c'est que j'aie pu parvenir à être son amant ; je dois cela à sa nonchalance et à mon opiniâtreté plutôt qu'à son amour. Peut-être Dieu l'a-t-il permis, de peur qu'elle ne se pétrifiât tout à fait. Si je n'étais pas là pour la harceler et la tenir continuellement en haleine, la chose arriverait immanquablement avant qu'il soit peu. *Oimè povero !* Au diable les femmes !

— Moi, ma maîtresse est tout le contraire de la tienne ; c'est du salpêtre, du vif-argent ; elle va, elle vient, elle n'est jamais en repos et n'y laisse personne. Le vin, le jeu, la table, les chevaux, elle aime tout. Elle est brune et petite, elle mettrait un cent-suisse sur les dents ; la moindre caresse la fait tomber en spasme, et elle veut qu'on la caresse toujours ;

elle est ardente, jalouse, impérieuse, se prend de dispute au moindre mot, et fait aller un homme comme un cheval de fiacre ; et c'est ma maîtresse, à moi le doux, le flegmatique, le posé. *Oimè povero!* Je suis aussi en droit de me plaindre que toi. Au diable les femmes !

— As-tu jamais entendu, reprit Roderick après un intervalle, le *Miserere* dans la chapelle Sixtine, le jour de la Passion?

— Oui, répondit Théodore, je l'ai entendu ; ces voix de soprano sont d'un effet admirable.

— Si nous changions notre voix de basse pour un contralto ; que t'en semble, mon cher ami?

— Tu es ivre, Roderick ! Changeons plutôt de maîtresse : à moi ta blonde, à toi ma brune.

— Tope ! c'est dit.

Les deux amis se tournèrent le dos, et ronflèrent profondément.

Un mois après l'échange fait, ils se retrouvèrent sous la même table, et eurent une grande conversation qui finit comme celle-ci : *Oimè povero !* Au diable les femmes !

A dater de cette époque, ils se grisèrent tous les jours, et s'en trouvèrent on ne peut mieux.

ONUPHRIUS

ou

LES VEXATIONS FANTASTIQUES

D'UN ADMIRATEUR D'HOFFMANN

> Croyoit que nues feussent paelles d'arin, et que vessies feussent lanternes.
> *Gargantua*, liv. I, ch. xi.

— Kling, kling, kling ! — Pas de réponse. — Est-ce qu'il n'y serait pas ? dit la jeune fille.

Elle tira une seconde fois le cordon de la sonnette ; aucun bruit ne se fit entendre dans l'appartement : il n'y avait personne.

— C'est étrange !

Elle se mordit la lèvre, une rougeur de dépit passa de sa joue à son front ; elle se mit à descendre les escaliers un à un, bien lentement, comme à regret, retournant la tête pour voir si la porte fatale s'ouvrait. — Rien.

Au détour de la rue, elle aperçut de loin Onuphrius, qui marchait du côté du soleil, avec l'air le plus inoccupé du monde, s'arrêtant à chaque carreau, regardant les chiens se battre et les polissons jouer au palet, lisant les inscriptions de la muraille, épelant les enseignes, comme un homme qui a une heure devant lui et n'a aucun besoin de se presser.

Quand il fut auprès d'elle, l'ébahissement lui fit écarquiller les prunelles : il ne comptait guère la trouver là.

— Quoi ! c'est vous, déjà ! — Quelle heure est-il donc ?

— Déjà ! le mot est galant. Quant à l'heure, vous devriez la savoir, et ce n'est guère à moi à vous l'apprendre, répondit d'un ton boudeur la jeune fille, tout en prenant son bras ; il est onze heures et demie.

— Impossible, fit Onuphrius. Je viens de passer devant Saint-Paul, il n'était que dix heures ; il n'y a pas cinq minutes j'en mettrais la main au feu ; je parie.

— Ne mettez rien du tout et ne pariez pas, vous perdriez.

Onuphrius s'entêta ; comme l'Église n'était qu'à une cinquantaine de pas, Jacintha, pour le convaincre, voulut bien aller jusque-là avec lui. Onuphrius était triomphant. Quand ils furent devant le portail : — Eh bien ! lui dit Jacintha.

On eût mis le soleil ou la lune en place du cadran qu'il n'eût pas été plus stupéfait. Il était onze heures et demie passées ; il tira son lorgnon, en essuya le verre avec son mouchoir, se frotta les yeux pour s'éclaircir la vue; l'aiguille aînée allait rejoindre sa petite sœur sur l'X de midi.

— Midi ! murmura-t-il entre ses dents; il faut que quelque diablotin se soit amusé à pousser ces aiguilles; c'est bien dix heures que j'ai vu !

Jacintha était bonne ; elle n'insista pas, et reprit avec lui le chemin de son atelier, car Onuphrius était peintre, et, en ce moment, faisait son portrait. Elle s'assit dans la pose convenue. Onuphrius alla chercher sa toile, qui était tournée au mur, et la mit sur son chevalet.

Au-dessus de la petite bouche de Jacintha, une main inconnue avait dessiné une paire de moustaches qui eussent fait honneur à un tambour-major. La colère de notre artiste, en voyant son esquisse ainsi barbouillée, n'est pas difficile à imaginer ; il aurait crevé la toile sans les exhortations de Jacintha. Il effaça donc comme il put ces insignes virils, non sans jurer plus d'une fois après le drôle qui avait fait cette belle équipée ; mais, quand il voulut se remettre à peindre, ses pinceaux, quoiqu'il les eût trempés dans l'huile, étaient si roides et si hérissés, qu'il ne put s'en servir. Il fut obligé d'en envoyer chercher d'autres : en attendant qu'ils fussent arrivés, il se mit à faire sur sa palette plusieurs tons qui lui manquaient.

Autre tribulation. Les vessies étaient dures comme si elles eussent renfermé des balles de plomb; il avait beau les presser, il ne pouvait en faire sortir la couleur ; ou bien elles éclataient tout d'un coup comme de petites bombes, crachant à droite, à gauche, l'ocre, la laque ou le bitume.

S'il eût été seul, je crois qu'en dépit du premier commandement du Décalogue, il aurait attesté le nom du Seigneur plus d'une fois. Il se contint, les pinceaux arrivèrent, il se mit à l'œuvre ; pendant une heure environ tout alla bien.

Le sang commençait à courir sous les chairs, les contours se dessinaient, les formes se modelaient, la lumière se débrouillait de l'ombre, une moitié de la toile vivait déjà.

Les yeux surtout étaient admirables ; l'arc des sourcils était parfaitement bien indiqué, et se fondait moelleusement vers les tempes en tons bleuâtres et veloutés ; l'ombre des cils adoucissait merveilleusement bien l'éclatante blancheur de la cornée, la prunelle regardait bien, l'iris et la pupille ne laissaient rien à désirer ; il n'y manquait plus que ce petit diamant de lumière, cette paillette de jour que les peintres nomment point visuel.

Pour l'enchâsser dans son disque de jais (Jacintha avait les yeux noirs), il prit le plus fin, le plus mignon de ses pinceaux, trois poils pris à la queue d'une martre zibeline.

Il le trempa vers le sommet de sa palette dans le blanc d'argent qui s'élevait, à côté des ocres et des terres de Sienne, comme un piton couvert de neige à côté de rochers noirs.

Vous eussiez dit, à voir trembler le point brillant

au bout du pinceau, une gouttelette de rosée au bout d'une aiguille; il allait le déposer sur la prunelle, quand un coup violent dans le coude fit dévier sa main, porter le point blanc dans les sourcils, et traîner le parement de son habit sur la joue encore fraîche qu'il venait de terminer. Il se détourna si brusquement à cette nouvelle catastrophe, que son escabeau roula à dix pas. Il ne vit personne. Si quelqu'un se fût trouvé là par hasard, il l'aurait certainement tué.

— C'est vraiment inconcevable! dit-il en lui-même tout troublé; Jacintha, je ne me sens pas en train; nous ne ferons plus rien aujourd'hui.

Jacintha, se leva pour sortir.

Onuphrius voulut la retenir; il lui passa le bras autour du corps. La robe de Jacintha était blanche; les doigts d'Onuphrius, qui n'avait pas songé à les essuyer, y firent un arc-en-ciel.

— Maladroit! dit la petite, comme vous m'avez arrangée! et ma tante qui ne veut pas que je vienne vous voir seule, qu'est-ce qu'elle va dire?

— Tu changeras de robe, elle n'en verra rien.

Et il l'embrassa. Jacintha ne s'y opposa pas.

— Que faites-vous demain? dit-elle après un silence.

— Moi, rien; et vous?

— Je vais dîner avec ma tante chez le vieux M. de***, que vous connaissez, et j'y passerai peut-être la soirée.

— J'y serai, dit Onuphrius; vous pouvez compter sur moi.

3.

— Ne venez pas plus tard que six heures; vous savez, ma tante est poltronne, et si nous ne trouvons pas chez M. de*** quelque galant chevalier pour nous reconduire, elle s'en ira avant la nuit tombée.

— Bon, j'y serai à cinq. A demain, Jacintha, à demain.

Et il se penchait sur la rampe pour regarder la svelte jeune fille qui s'en allait. Les derniers plis de sa robe disparurent sous l'arcade, et il rentra.

Avant d'aller plus loin, quelques mots sur Onuphrius. C'était un jeune homme de vingt à vingt-deux ans, quoique au premier abord il parût en avoir davantage. On distinguait ensuite à travers ses traits blêmes et fatigués quelque chose d'enfantin et de peu arrêté, quelques formes de transition de l'adolescence à la virilité. Ainsi tout le haut de la tête était grave et réfléchi comme un front de vieillard, tandis que la bouche était à peine noircie à ses coins d'une ombre bleuâtre, et qu'un sourire jeune errait sur deux lèvres d'un rose assez vif qui contrastait étrangement avec la pâleur des joues et du reste de la physionomie.

Ainsi fait, Onuphrius ne pouvait manquer d'avoir l'air assez singulier, mais sa bizarrerie naturelle était encore augmentée par sa mise et sa coiffure. Ses cheveux, séparés sur le front comme des cheveux de femme, descendaient symétriquement le long de ses tempes jusqu'à ses épaules, sans frisure aucune, aplatis et lustrés à la mode gothique, comme on en voit aux anges de Giotto et de Cimabuë.

Une ample simarre de couleur obscure tombait à plis roides et droits autour de son corps souple et mince, d'une manière toute dantesque. Il est vrai de dire qu'il ne sortait pas encore avec ce costume ; mais c'était la hardiesse plutôt que l'envie qui lui manquait ; car je n'ai pas besoin de vous le dire, Onuphrius était Jeune-France et romantique forcené.

Dans la rue, et il n'y allait pas souvent, pour ne pas être obligé de se souiller de l'ignoble accoutrement bourgeois, ses mouvements étaient heurtés, saccadés ; ses gestes anguleux, comme s'ils eussent été produits par des ressorts d'acier ; sa démarche incertaine, entrecoupée d'élans subits, de zigzags, ou suspendue tout à coup ; ce qui, aux yeux de bien des gens, le faisait passer pour un fou ou du moins pour un original, ce qui ne vaut guère mieux.

Onuphrius ne l'ignorait pas, et c'était peut-être ce qui lui faisait éviter ce qu'on nomme le monde et donnait à sa conversation un ton d'humeur et de causticité qui ne ressemblait pas mal à de la vengeance ; aussi, quand il était forcé de sortir de sa retraite, n'importe pour quel motif, il apportait dans la société une gaucherie sans timidité, une absence de toute forme convenue, un dédain si parfait de ce qu'on y admire, qu'au bout de quelques minutes, avec trois ou quatre syllabes, il avait trouvé moyen de se faire une meute d'ennemis acharnés.

Ce n'est pas qu'il ne fût très-aimable lorsqu'il voulait, mais il ne le voulait pas souvent, et il ré-

pondait à ses amis qui lui en faisaient des reproches :
A quoi bon ? Car il avait des amis ; pas beaucoup,
deux ou trois au plus, mais qui l'aimaient de tout
l'amour que lui refusaient les autres, qui l'aimaient
comme des gens qui ont une injustice à réparer. —
A quoi bon? ceux qui sont dignes de moi et me com_
prennent ne s'arrêtent pas à cette écorce noueuse :
ils savent que la perle est cachée dans une coquille
grossière ; les sots qui ne savent pas sont rebutés et
s'éloignent : où est le mal ? Pour un fou, ce n'était
pas trop mal raisonné.

Onuphrius, comme je l'ai déjà dit, était peintre,
il était de plus poëte ; il n'y avait guère moyen que
sa cervelle en réchappât, et ce qui n'avait pas peu
contribué à l'entretenir dans cette exaltation fébrile,
dont Jacintha n'était par toujours maîtresse, c'é-
taient ses lectures. Il ne lisait que des légendes
merveilleuses et d'anciens romans de chevalerie,
des poésies mystiques, des traités de cabale, des
ballades allemandes, des livres de sorcellerie et de
démonographie ; avec cela il se faisait, au milieu
du monde réel bourdonnant autour de lui, un monde
d'extase et de vision où il était donné à bien peu
d'entrer. Du détail le plus commun et le plus positif,
par l'habitude qu'il avait de chercher le côté surnaturel, il savait faire jaillir quelque chose de fantastique et d'inattendu. Vous l'auriez mis dans une
chambre carrée et blanchie à la chaux sur toutes
ses parois, et vitrée de carreaux dépolis, il aurait été
capable de voir quelque apparition étrange tout aussi

bien que dans un intérieur de Rembrandt inondé d'ombres et illuminé de fauves lueurs, tant les yeux de son âme et de son corps avaient la faculté de déranger les lignes les plus droites et de rendre compliquées les choses les plus simples, à peu près comme les miroirs courbes ou à facettes qui trahissent les objets qui leur sont présentés, et les font paraître grotesques ou terribles.

Aussi Hoffmann et Jean-Paul le trouvèrent admirablement disposé; ils achevèrent à eux deux ce que les légendaires avaient commencé. L'imagination d'Onuphrius s'échauffa et se déprava de plus en plus, ses compositions peintes et écrites s'en ressentirent, la griffe ou la queue du diable y perçait toujours par quelque endroit, et sur la toile, à côté de la tête suave et pure de Jacintha, grimaçait fatalement quelque figure monstrueuse, fille de son cerveau en délire.

Il y avait deux ans qu'il avait fait la connaissance de Jacintha, et c'était à une époque de sa vie où il était si malheureux, que je ne souhaiterais pas d'autre supplice à mon plus fier ennemi; il était dans cette situation atroce où se trouve tout homme qui a inventé quelque chose et qui ne rencontre personne pour y croire. Jacintha crut à ce qu'il disait sur sa parole, car l'œuvre était encore en lui, et il l'aima comme Christophe Colomb dut aimer le premier qui ne lui rit pas au nez lorsqu'il parla du nouveau monde qu'il avait deviné. Jacintha l'aimait comme une mère aime son fils, et il se mêlait à son amour une pitié profonde; car, elle exceptée, qui l'aurait aimé comme il fallait qu'il le fût?

Qui l'eût consolé dans ses malheurs imaginaires, les seuls réels pour lui, qui ne vivait que d'imaginations? Qui l'eût rassuré, soutenu, exhorté? Qui eût calmé cette exaltation maladive qui touchait à la folie par plus d'un point, en la partageant plutôt qu'en la combattant? Personne, à coup sûr.

Et puis lui dire de quelle manière il pourrait la voir, lui donner elle-même les rendez-vous, lui faire mille de ces avances que le monde condamne, l'embrasser de son propre mouvement, lui en fournir l'occasion quand elle la lui voyait chercher, une coquette ne l'eût pas fait; mais elle savait combien tout cela coûtait au pauvre Onuphrius, et elle lui en épargnait la peine.

Aussi peu accoutumé qu'il était à vivre de la vie réelle, il ne savait comment s'y prendre pour mettre son idée en action, et il se faisait des monstres de la moindre chose.

Ses longues méditations, ses voyages dans les mondes métaphysiques ne lui avaient pas laissé le temps de s'occuper de celui-ci. Sa tête avait trente ans, son corps avait six mois; il avait si totalement négligé de dresser sa bête, que, si Jacintha et ses amis n'eussent pris soin de la diriger, elle eût commis d'étranges bévues. En un mot, il fallait vivre pour lui, il lui fallait un intendant pour son corps, comme il en faut aux grands seigneurs pour leurs terres.

Puis, je n'ose l'avouer qu'en tremblant, dans ce siècle d'incrédulité, cela pourrait faire passer mon pauvre ami pour un imbécile : il avait peur. De quoi? Je vous le donne à deviner en cent ; il avait peur du diable, des revenants, des esprits et de mille autres billevesées ; du reste, il se moquait d'un homme, et de deux, comme vous d'un fantôme.

Le soir il ne se fût pas regardé dans une glace pour un empire, de peur d'y voir autre chose que sa propre figure ; il n'eût pas fourré sa main sous son lit pour y prendre ses pantoufles ou quelque autre ustensile, parce qu'il craignait qu'une main froide et moite ne vînt au-devant de la sienne, et ne l'attirât dans la ruelle ; ni jeté les yeux dans les encoignures sombres, tremblant d'y apercevoir de petites têtes de vieilles ratatinées emmanchées sur des manches à balai.

Quand il était seul dans son grand atelier, il voyait tourner autour de lui une ronde fantastique, le conseiller Tusmann, le docteur Tabraccio, le digne Peregrinus Tyss, Crespel avec son violon et sa fille Antonia, l'inconnue de la maison déserte et toute la famille étrange du château de Bohême ; c'était un sabbat complet, et il ne se fût pas fait prier pour avoir peur de son chat comme d'un autre Murr.

Dès que Jacintha fut partie, il s'assit devant sa toile, et se prit à réfléchir sur ce qu'il appelait les événements de la matinée. Le cadran de Saint-Paul, les moustaches, les pinceaux durcis, les vessies crevées, et surtout le point visuel, tout cela se représenta à sa mémoire avec un air fantastique et surnaturel ; il se creusa la tête pour y trouver une explication plausible ; il bâtit là-dessus un volume in-octavo de suppositions les plus extravagantes, les plus invraisemblables qui soient jamais entrées dans un cerveau malade. Après avoir longtemps cherché, ce qu'il rencontra de mieux, c'est que la chose était tout à fait inexplicable... à moins que ce ne fût le diable en personne... Cette idée, dont il se moqua d'abord lui-même, prit racine dans son esprit, et lui semblant moins ridicule à mesure qu'il se familiarisait avec elle, il finit par en être convaincu.

Qu'y avait-il au fond de déraisonnable dans cette supposition? L'existence du diable est prouvée par les autorités les plus respectables, tout comme celle de Dieu. C'est même un article de foi, et Onuphrius, pour s'empêcher d'en douter, compulsa sur les registres de sa vaste mémoire tous les endroits des auteurs profanes ou sacrés dans lesquels on traite de cette matière importante.

Le diable rôde autour de l'homme ; Jésus lui-même n'a pas été à l'abri de ses embûches ; la tentation de saint Antoine est populaire ; Martin Luther fut aussi tourmenté par Satan, et, pour s'en débarrasser, fut obligé de lui jeter son écritoire à la tête. On voit encore la tache d'encre sur le mur de la cellule.

Il se rappela toutes les histoires d'obsessions, depuis le possédé de la Bible jusqu'aux religieuses de

Loudun ; tous les livres de sorcellerie qu'il avait lus : Bodin, Delrio, Le Loyer, Bordelon, le *Monde invisible* de Bekker, l'*Infernalia*, les *Farfadets* de M. de Berbiguier de Terre-Neuve du Thym, le *Grand et le Petit Albert*, et tout ce qui lui parut obscur devint clair comme le jour : c'était le diable qui avait fait avancer l'aiguille, qui avait mis des moustaches à son portrait, changé le crin de ses brosses en fil d'archal et rempli ses vessies de poudre fulminante. Le coup dans le coude s'expliquait tout naturellement ; mais quel intérêt Belzébuth pouvait-il avoir à le persécuter ? Était-ce pour avoir son âme ? ce n'est pas la manière dont il s'y prend ; enfin il se rappela qu'il avait fait, il n'y a pas bien longtemps, un tableau de saint Dunstan tenant le Diable par le nez avec des pincettes rouges ; il ne douta pas que ce ne fût pour avoir été représenté par lui dans une position aussi humiliante que le diable lui faisait ces petites niches. Le jour tombait, de longues ombres bizarres se découpaient sur le plancher de l'atelier. Cette idée grandissant dans sa tête, le frisson commençait à lui courir le long du dos, et la peur l'aurait bientôt pris, si un de ses amis n'eût fait, en entrant, diversion à toutes ses visions cornues. Il sortit avec lui, et comme personne au monde n'était plus impressionnable, et que son ami était gai, un essaim de pensées folâtres eut bientôt chassé ces rêveries lugubres. Il oublia totalement ce qui était arrivé, ou, s'il s'en ressouvenait, il riait tout bas en lui-même. Le lendemain il se remit à l'œuvre. Il travailla trois ou quatre heures avec acharnement. Quoique Jacintha fût absente, ses traits étaient si profondément gravés dans son cœur, qu'il n'avait pas besoin d'elle pour terminer son portrait. Il était presque fini, il n'y avait plus que deux ou trois dernières touches à poser, et la signature à mettre, quand une petite peluche, qui dansait avec ses frères les atomes dans un beau rayon jaune, par une fantaisie inexplicable, quitta tout à coup sa lumineuse salle de bal, se dirigea en se dandinant vers la toile d'Onuphrius, et vint s'abattre sur un rehaut, qu'il venait de poser.

Onuphrius retourna son pinceau, et avec le manche, l'enleva le plus délicatement possible. Cependant il ne put le faire si légèrement qu'il ne découvrît le champ de la toile en emportant un peu de couleur. Il refit une teinte pour réparer le dommage : la teinte était trop foncée, et faisait tache ; il ne put rétablir l'harmonie qu'en remaniant tout le morceau ; mais, en le faisant, il perdit son contour, et le nez devint aquilin, de presque à la Roxelane qu'il était, ce qui changea tout à fait le caractère de la tête ; ce n'était plus Jacintha, mais bien une de ses amies avec qui elle s'était brouillée, parce qu'Onuhrius la trouvait jolie.

L'idée du Diable revint à Onuphrius à cette métamorphose étrange ; mais, en regardant plus attentivement, il vit que ce n'était qu'un jeu de son imagination, et comme la journée s'avançait, il se leva et sortit pour rejoindre sa maîtresse chez M. de ***.

Le cheval allait comme le vent : bientôt Onuphrius vit poindre au dos de la colline la maison de M. de***, blanche entre les marronniers. Comme la grande route faisait un détour, il la quitta pour un chemin de traverse, un chemin creux qu'il connaissait très-bien, où tout enfant il venait cueillir des mûres et chasser aux hannetons.

Il était à peu près au milieu quand il se trouva derrière une charrette à foin, que les détours du sentier l'avaient empêché d'apercevoir. Le chemin était si étroit, la charrette si large, qu'il était impossible de passer devant : il remit son cheval au pas, espérant que la route, en s'élargissant, lui permettrait un peu plus loin de le faire. Son espérance fut trompée ; c'était comme un mur qui reculait imperceptiblement. Il voulut retourner sur ses pas, une autre charrette de foin le suivait par derrière et le faisait prisonnier. Il eut un instant la pensée d'escalader les bords du ravin, mais ils étaient à pic et couronnés d'une haie vive ; il fallut donc se résigner : le temps coulait, les minutes lui semblaient des éternités, sa fureur était au comble, ses artères palpitaient, son front était perlé de sueur.

Une horloge à la voix fêlée, celle du village voisin, sonna six heures ; aussitôt qu'elle eut fini, celle du château, dans un ton différent, sonna à son tour ; puis une autre, puis une autre encore ; toutes les horloges de la banlieue d'abord successivement, ensuite toutes à la fois. C'était un tutti de cloches, un concerto de timbres flûtés, ronflants, glapissants, criards, un carillon à vous fendre la tête. Les idées d'Onuphrius se confondirent, le vertige le prit. Les clochers s'inclinaient sur le chemin creux pour le regarder passer, ils le montraient au doigt, lui faisaient la nique et lui tendaient par dérision leurs cadrans dont les aiguilles étaient perpendiculaires. Les cloches lui tiraient la langue et lui faisaient la grimace, sonnant toujours les six coups maudits. Cela dura longtemps, six heures sonnèrent ce jour-là jusqu'à sept.

Enfin, la voiture déboucha dans la plaine. Onuphrius enfonça ses éperons dans le ventre de son cheval : le jour tombait, on eût dit que sa monture comprenait combien il lui était important d'arriver. Ses pieds touchaient à peine la terre, et, sans les aigrettes d'étincelles qui jaillissaient de loin en loin de quelque caillou heurté, on eût pu croire qu'elle volait. Bientôt une blanche écume enveloppa comme une housse d'argent son poitrail d'ébène : il était plus de sept heures quand Onuphrius arriva. Jacintha était partie. M. de *** lui fit les plus grandes politesses, se mit à causer littérature avec lui, et finit par lui proposer une partie de dames.

Onuphrius ne put faire autrement que d'accepter, quoique toute espèce de jeux, et en particulier celui-là, l'ennuyât mortellement. On apporta le damier. M. de*** prit les noires, Onuphrius les blanches : la partie commença. Les joueurs étaient à peu près de même force ; il se passa quelque temps avant que la balance penchât d'un côté ou de l'autre.

Tout à coup elle tourna du côté du vieux gentilhomme; ses pions avançaient avec une inconcevable rapidité, sans qu'Onuphrius, malgré tous les efforts qu'il faisait, pût y apporter aucun obstacle. Préoccupé qu'il était d'idées diaboliques, cela ne lui parut pas naturel; il redoubla donc d'attention, et finit par découvrir, à côté du doigt dont il se servait pour remuer ses pions, un autre doigt maigre, noueux, terminé par une griffe (que d'abord il avait pris pour l'ombre du sien), qui poussait ses dames sur la ligne blanche, tandis que celles de son adversaires défilaient processionnellement sur la ligne noire. Il devint pâle, ses cheveux se hérissèrent sur sa tête. Cependant il remit ses pions en place, et continua de jouer. Il se persuada que ce n'était que l'ombre, et, pour s'en convaincre, il changea la bougie de place : l'ombre passa de l'autre côté, et se projeta en sens inverse; mais le doigt à griffe resta ferme à son poste, déplaçant les dames d'Onuphrius, et employant tous les moyens pour le faire perdre.

D'ailleurs, il n'y avait aucun doute à avoir, le doigt était orné d'un gros rubis. Onuphrius n'avait pas de bague.

— Pardieu! c'est trop fort! s'écria-t-il en donnant un grand coup de poing dans le damier et en se levant brusquement; vieux scélérat! vieux gredin!

M. de ***, qui le connaissait d'enfance et qui attribuait cette algarade au dépit d'avoir perdu, se mit à rire aux éclats et à lui offrir d'ironiques consolations. La colère et la terreur se disputaient l'âme d'Onuphrius : il prit son chapeau et sortit.

La nuit était si noire qu'il fut obligé de mettre son cheval au pas. A peine une étoile passait-elle çà et là le nez hors de sa mantille de nuages ; les arbres de la route avaient l'air de grands spectres tendant les bras ; de temps en temps un feu follet traversait le chemin, le vent ricanait dans les branches d'une façon singulière. L'heure s'avançait, et Onuphrius n'arrivait pas ; cependant les fers de son cheval sonnant sur le pavé montraient qu'il ne s'était pas fourvoyé.

Une rafale déchira le brouillard, la lune reparut ; mais, au lieu d'être ronde, elle était ovale. Onuphrius, en la considérant plus attentivement, vit qu'elle avait un serre-tête de taffetas noir, et qu'elle s'était mis de la farine sur les joues ; ses traits se dessinèrent plus distinctement, et il reconnut à n'en pouvoir douter, la figure blême et allongée de son ami intime Jean-Gaspard Debureau, le grand paillasse des Funambules, qui le regardait avec une expression indéfinissable de malice et de bonhomie.

Le ciel clignait aussi ses yeux bleus aux cils d'or, comme s'il eût été d'intelligence ; et, comme à la clarté des étoiles on pouvait distinguer les objets, il entrevit quatre personnages de mauvaise mine, habillés mi-partie rouge et noir, qui portaient quelque chose de blanchâtre par les quatre coins, comme des gens qui changeraient un tapis de place : ils passèrent rapidement à côté de lui, et jetèrent ce qu'ils portaient sous les pieds de son cheval. Onuphrius, malgré sa frayeur, n'eut pas de peine à voir que c'était le chemin qu'il avait déjà parcouru, et que le Diable remettait devant lui pour lui faire pièce. Il piqua des deux ; son cheval fit une ruade et refusa d'avancer autrement qu'au pas ; les quatre démons continuèrent leur manége.

Onuphrius vit que l'un d'eux avait au doigt un rubis pareil à celui du doigt qui l'avait si fort effrayé sur le damier : l'identité du personnage n'était plus douteuse. La terreur d'Onuphrius était si grande, qu'il ne sentait plus, qu'il ne voyait ni n'entendait ; ses dents claquaient comme dans la fièvre, un rire convulsif tordait sa bouche. Une fois, il essaya de dire ses prières et de faire un signe de croix, il ne put en venir à bout. La nuit s'écoula ainsi.

Enfin, une raie bleuâtre se dessina sur le bord du ciel : son cheval huma bruyamment par ses naseaux l'air balsamique du matin, le coq de la ferme voisine fit entendre sa voix grêle et éraillée, les fantômes disparurent, le cheval prit de lui-même le galop, et, au point du jour, Onuphrius se trouva devant la porte de son atelier.

Harassé de fatigue, il se jeta sur un divan et ne tarda pas à s'endormir : son sommeil était agité ; le cauchemar lui avait mis le genou sur l'estomac. Il fit une multitude de rêves incohérents, monstrueux, qui ne contribuèrent pas peu à déranger sa raison déjà ébranlée. En voici un qui l'avait frappé, et qu'il m'a raconté plusieurs fois depuis.

« J'étais dans une chambre qui n'était pas la mienne ni celle d'aucun de mes amis, une chambre où je n'étais jamais venu, et que cependant je connaissais parfaitement bien : les jalousies étaient fermées, les rideaux tirés ; sur la table de nuit une pâle veilleuse jetait sa lueur agonisante. On ne marchait que sur la pointe du pied, le doigt sur la bouche ; des fioles, des tasses encombraient la cheminée. Moi, j'étais au lit comme si j'eusse été malade, et pourtant je ne m'étais jamais mieux porté. Les personnes qui traversaient l'appartement avaient un air triste et affairé qui semblait extraordinaire.

« Jacintha était à la tête de mon lit, qui tenait sa petite main sur mon front, et se penchait vers moi pour écouter si je respirais bien. De temps en temps une larme tombait de ses cils sur mes joues, et elle l'essuyait légèrement avec un baiser.

« Ses larmes me fendaient le cœur, et j'aurais bien voulu la consoler ; mais il m'était impossible de faire le plus petit mouvement, ou d'articuler une seule syllabe : ma langue était clouée à mon palais, mon corps était comme pétrifié.

« Un monsieur vêtu de noir entra, me tâta le pouls, hocha la tête d'un air découragé, et dit tout haut : « C'est fini ! » Alors Jacintha se prit à sangloter, à se tordre les mains, et à donner toutes les démonstrations de la plus violente douleur : tous ceux qui étaient dans la chambre en firent autant. Ce fut un concert de pleurs et de soupirs à apitoyer un roc.

« J'éprouvais un secret plaisir d'être regretté ainsi. On me présenta une glace devant la bouche ; je fis des efforts prodigieux pour la ternir de mon souffle, afin de montrer que je n'étais pas mort : je ne pus en venir à bout. Après cette épreuve on me jeta le drap par-dessus la tête ; j'étais au désespoir, je voyais bien qu'on me croyait trépassé et que l'on allait m'enterrer tout vivant. Tout le monde sortit : il ne resta qu'un prêtre qui marmotta des prières et qui finit par s'endormir.

« Le croque-mort vint qui me prit mesure d'une bière et d'un linceul ; j'essayai encore de me remuer et de parler, ce fut inutile, un pouvoir invincible m'enchaînait : force me fut de me résigner. Je restai ainsi beaucoup de temps en proie aux plus douloureuses réflexions. Le croque-mort revint avec mes derniers vêtements, les derniers de tout homme, la bière et le linceul : il n'y avait plus qu'à m'en accoutrer.

« Il m'entortilla dans le drap, et se mit à me coudre sans précaution comme quelqu'un qui a hâte d'en finir : la pointe de son aiguille m'entrait dans la peau, et me faisait des milliers de piqûres ; ma situation était insupportable. Quand ce fut fait, un de ses camarades me prit par les pieds, lui par la tête, ils me déposèrent dans la boîte ; elle était un peu juste pour moi, de sorte qu'ils furent obligés de me donner de grands coups sur les genoux pour pouvoir enfoncer le couvercle.

« Ils en vinrent à bout à la fin, et l'on planta le premier clou. Cela faisait un bruit horrible. Le marteau rebondissait sur les planches, et j'en sentais le contre-coup. Tant que l'opération dura, je ne perdis pas tout à fait l'espérance ; mais au dernier clou je me sentis défaillir, mon cœur se serra, car je compris qu'il n'y avait plus rien de commun entre le monde et moi : ce dernier clou me rivait au néant pour toujours. Alors seulement je compris toute l'horreur de ma position.

« On m'emporta ; le roulement sourd des roues m'apprit que j'étais dans le corbillard ; car bien que je ne pusse manifester mon existence d'aucune manière, je n'étais privé d'aucun de mes sens. La voiture s'arrêta, on retira le cercueil. J'étais à l'église, j'entendais parfaitement le chant nasillard des prêtres, et je voyais briller à travers les fentes de la bière la lueur jaune des cierges. La messe finie, on partit pour le cimetière ; quand on me descendit dans la fosse, je ramassai toutes mes forces, et je crois que je parvins à pousser un cri ; mais le fracas de la terre qui roulait sur le cercueil le couvrit entièrement : je me trouvais dans une obscurité palpable et compacte, plus noire que celle de la nuit. Du reste, je ne souffrais pas, corporellement du moins ; quant à mes souffrances morales, il faudrait un volume pour les analyser. L'idée que j'allais mourir de faim ou être mangé aux vers sans pouvoir l'empêcher, se présenta la première ; ensuite je pensai aux événements de la veille, à Jacintha, à mon tableau qui aurait eu tant de succès au Salon, à mon drame qui allait être joué, à une partie que j'avais projetée avec mes camarades, à un habit que mon tailleur devait me rapporter ce jour-là; que sais-je, moi? à mille choses dont je n'aurais guère dû m'inquiéter; puis revenant à Jacintha, je réfléchis sur la manière dont elle s'était conduite; je repassai chacun de ses gestes, chacune de ses paroles, dans ma mémoire; je crus me rappeler qu'il y avait quelque chose d'outré et d'affecté dans ses larmes, dont je n'aurais pas dû être la dupe: cela me fit ressouvenir de plusieurs choses que j'avais totalement oubliées; plusieurs détails auxquels je n'avais pas pris garde, considérés sous un nouveau jour, me parurent d'une haute importance; des démonstrations que j'aurais juré sincères me semblèrent louches; il me revint dans l'esprit qu'un jeune homme, un espèce de fat moitié cravate, moitié éperons, lui avait autrefois fait la cour. Un soir, nous jouïons ensemble, Jacintha m'avait appelé du nom de ce jeune homme au lieu du mien, signe certain de préoccupation; d'ailleurs je savais qu'elle en avait parlé favorablement dans le monde à plusieurs reprises, et comme de quelqu'un qui ne lui déplairait pas.

« Cette idée s'empara de moi, ma tête commença à fermenter; je fis des rapprochements, des suppositions, des interprétations: comme on doit bien le penser, elles ne furent pas favorables à Jacintha. Un sentiment inconnu se glissa dans mon cœur, et m'apprit ce que c'était que souffrir ; je devins horriblement jaloux, et je ne doutai pas que ce ne fût Jacintha qui, de concert avec son amant, ne m'eût fait enterrer tout vif pour se débarrasser de moi. Je pensai que peut-être en ce moment même ils riaient à gorge déployée du succès de leur stratagème, et que Jacintha livrait aux baisers de l'autre cette bouche qui m'avait juré tant de fois n'avoir jamais été touchée par d'autres lèvres que les miennes.

« A cette idée, j'entrai dans une fureur telle que je repris la faculté de me mouvoir ; je fis un soubresaut si violent, que je rompis d'un seul coup les coutures de mon linceul. Quand j'eus les jambes et les bras libres, je donnai de grands coups de coudes et de genoux au couvercle de la bière pour le faire sauter et aller tuer mon infidèle aux bras de son lâche et misérable galant. Sanglante dérision, moi, enterré, je voulais donner la mort ! Le poids énorme de la terre qui pesait sur les planches rendit mes efforts inutiles. Épuisé de fatigue, je retombai dans ma première torpeur, mes articulations s'ossifièrent : de nouveau je redevins cadavre. Mon agitation mentale se calma, je jugeai plus sainement les choses : les souvenirs de tout ce que la jeune femme avait fait pour moi, son dévouement, ses soins qui ne s'étaient jamais démentis, eurent bientôt fait évanouir ces ridicules soupçons.

« Ayant usé tous mes sujets de méditation, et ne sachant comment tuer le temps, je me mis à faire des vers ; dans ma triste situation, ils ne pouvaient pas être fort gais : ceux du nocturne Young et du sépulcral Hervey ne sont que des bouffonneries, comparés à ceux-là. J'y dépeignais les sensations d'un homme conservant sous terre toutes les passions qu'il avait eues dessus, et j'intitulai cette rêverie cadavéreuse : *La vie dans la mort*. Un beau titre, sur ma foi ! et ce qui me désespérait, c'était de ne pouvoir les réciter à personne.

« J'avais à peine terminé la dernière strophe, que j'entendis piocher avec ardeur au-dessus de ma tête. Un rayon d'espérance illumina ma nuit. Les coups de pioche se rapprochaient rapidement. La joie que je ressentis ne fut pas de longue durée : les coups de pioche cessèrent. Non, l'on ne peut rendre avec des mots humains l'angoisse abominable que j'éprouvai en ce moment; la mort réelle n'est rien en comparaison. Enfin j'entendis encore du bruit : les fossoyeurs, après s'être reposés, avaient repris leur besogne. J'étais au ciel; je sentais ma délivrance s'approcher. Le dessus du cercueil sauta. Je sentis l'air froid de la nuit. Cela me fit grand bien, car je commençais à étouffer. Cependant mon immobilité continuait ; quoique vivant, j'avais toutes les apparences d'un mort. Deux hommes me saisirent: voyant les coutures du linceul rompues, ils échangèrent en ricanant quelques plaisanteries grossières, me chargèrent sur leurs épaules et m'emportèrent. Tout en marchant ils chantonnaient à demi-voix des couplets obscènes. Cela me fit penser à la scène des fossoyeurs, dans *Hamlet*, et je me dis en moi-même que Shakspeare était un bien grand homme.

« Après m'avoir fait passer par bien des ruelles détournées, ils entrèrent dans une maison que je reconnus pour être celle de mon médecin ; c'était lui qui m'avait fait déterrer afin de savoir de quoi j'étais mort. On me déposa sur une table de marbre. Le docteur entra avec une trousse d'instruments ; il les étala complaisamment sur une commode. A la vue de ces scalpels, de ces bistouris, de ces lancettes, de ces scies d'acier luisantes et polies, j'éprouvai une frayeur horrible, car je compris qu'on allait me disséquer ; mon âme, qui jusque-là n'avait pas abandonné mon corps, n'hésita plus à me quitter : au premier coup de scalpel elle était tout à fait dégagée de ses entraves. Elle aimait mieux subir tous les désagréments d'une intelligence dépossédée de ses moyens de manifestation physique, que de partager avec mon corps ces effroyables tortures. D'ailleurs, il n'y avait plus espérance de le conserver, il allait être mis en pièces, et n'aurait pu servir à grand'chose quand même ce déchiquètement ne l'eût pas tué tout de bon. Ne voulant pas assister au dépècement de sa chère enveloppe, mon âme se hâta de sortir.

« Elle traversa rapidement une enfilade de chambres, et se trouva sur l'escalier. Par habitude, je descendis les marches une à une ; mais j'avais besoin de me retenir, car je me sentais une légèreté merveilleuse. J'avais beau me cramponner au sol, une force invincible m'attirait en haut; c'était comme si j'eusse été attaché à un ballon gonflé de gaz : la terre fuyait mes pieds, je n'y touchais que par l'extrémité des orteils; je dis des orteils, car bien que je ne fusse qu'un pur esprit, j'avais conservé le sentiment des membres que je n'avais plus, à peu près comme un amputé qui souffre de son bras ou de sa jambe absente. Lassé de ces efforts pour rester dans une attitude normale, et, du reste, ayant fait réflexion que mon âme immatérielle ne devait pas se voiturer d'un lieu à l'autre par les mêmes procédés que ma misérable guenille de corps, je me laissai faire à cet ascendant, et je commençai à quitter terre sans pourtant m'élever trop, et me maintenant dans la région moyenne. Bientôt je m'enhardis, et je volai tantôt haut, tantôt bas, comme si je n'eusse fait autre chose de ma vie. Il commençait à faire jour : je montai, je montai, regardant aux vitres des mansardes des grisettes qui se levaient et faisaient leur toilette, me servant des cheminées comme de tubes acoustiques pour entendre ce qu'on disait dans les appartements. Je dois dire que je ne vis rien de bien beau, et que je ne recueillis rien de piquant. M'accoutumant à ces façons d'aller, je planai sans crainte dans l'air libre, au-dessus du brouillard, et je considérai de haut cette immense étendue de toits qu'on prendrait pour une mer figée au moment d'une tempête, ce chaos hérissé de tuyaux, de flèches, de dômes, de pignons, baigné de brume et de fumée, si beau, si pittoresque, que je ne regrettai pas d'avoir perdu mon corps. Le Louvre m'apparut blanc et noir, son fleuve à ses pieds, ses jardins verts à l'autre bout. La foule s'y portait; il y avait exposition : j'entrai. Les murailles flamboyaient diaprées de peintures nouvelles, chamarrées de cadres d'or richement sculptés. Les bourgeois allaient, venaient, se coudoyaient, se marchaient sur les pieds, ouvraient des yeux hébétés, se consultaient les uns les autres comme des gens dont on n'a pas encore fait l'avis, et qui ne savent ce qu'ils doivent penser et dire. Dans la grand'salle, au milieu des tableaux de nos jeunes grands maîtres, Delacroix, Ingres, Decamps, j'aperçus mon tableau, à moi : la foule se serrait autour, c'était un rugissement d'admiration ; ceux qui étaient derrière et ne voyaient rien criaient deux fois plus fort : Prodigieux ! prodigieux ! Mon tableau me sembla à moi-même beaucoup mieux qu'auparavant, et je me sentis saisi d'un profond respect pour ma propre personne. Cependant, à toutes ces formules admiratives se mêlait un nom qui n'était pas le mien; je vis qu'il y avait là-dessous quelque supercherie. J'examinai la toile avec attention : un nom en petits caractères rouges était écrit à l'un de ses coins. C'était celui d'un de mes amis qui, me voyant mort, ne s'était pas fait scrupule de s'approprier mon œuvre. Oh ! alors, que je regrettai mon pauvre corps ! Je ne pouvais ni parler, ni écrire ; je n'avais aucun moyen de réclamer ma gloire et de démasquer l'infâme plagiaire. Le cœur navré, je me reti-

rai tristement pour ne pas assister à ce triomphe
qui m'était dû. Je voulus voir Jacintha. J'allai chez
elle, je ne la trouvai pas ; je la cherchai vainement
dans plusieurs maisons où je pensais qu'elle pourrait être. Ennuyé d'être seul, quoiqu'il fût déjà tard,
l'envie me prit d'aller au spectacle; j'entrai à la
Porte-Saint-Martin, je fis réflexion que mon nouvel
état avait cela d'agréable que je passais partout sans
payer. La pièce finissait, c'était la catastrophe. Dor-
val, l'œil sanglant, noyée de larmes, les lèvres
bleues, les tempes livides, échevelée, à moitié nue,
se tordait sur l'avant-scène à deux pas de la rampe.
Bocage, fatal et silencieux, se tenait debout dans le
fond : tous les mouchoirs étaient en jeu ; les san-
glots brisaient les corsets ; un tonnerre d'applaudissements entrecoupait chaque râle de la tragé-
dienne; le parterre, noir de têtes, houlait comme
une mer ; les loges se penchaient sur les galeries,
les galeries sur le balcon. La toile tomba : je crus
que la salle allait crouler : c'étaient des battements
de mains, des trépignements, des hurlements; **or,**
cette pièce était ma pièce : jugez ! J'étais grand à
toucher le plafond. Le rideau se leva, on jeta à cette
foule le nom de l'auteur.

« Ce n'était pas le mien, c'était le nom de l'ami qui
m'avait déjà volé mon tableau. Les applaudissements redoublèrent. On voulait traîner l'auteur sur
le théâtre : le monstre était dans une loge obscure
avec Jacintha. Quand on proclama son nom, elle
se jeta à son cou, et lui appuya sur la bouche le

baiser le plus enragé que jamais femme ait donné à un homme. Plusieurs personnes la virent ; elle ne rougit même pas : elle était si enivrée, si folle et si fière de son succès, qu'elle se serait, je crois, prostituée à lui dans cette loge et devant tout le monde. Plusieurs voix crièrent : Le voilà ! le voilà ! Le drôle prit un air modeste, et salua profondément. Le lustre, qui s'éteignit, mit fin à cette scène. Je n'essayerai pas de décrire ce qui se passait dans moi ; la jalousie, le mépris, l'indignation, se heurtaient dans mon âme ; c'était un orage d'autant plus furieux que je n'avais aucun moyen de le mettre au dehors : la foule s'écoula, je sortis du théâtre ; j'errai quelque temps dans la rue, ne sachant où aller. La promenade ne me réjouissait guère. Il sifflait une bise piquante : ma pauvre âme, frileuse comme l'était mon corps, grelottait et mourait de froid. Je rencontrai une fenêtre ouverte, j'entrai, résolu de gîter dans cette chambre jusqu'au lendemain. La fenêtre se ferma sur moi : j'aperçus assis dans une grande bergère à ramages un personnage des plus singuliers. C'était un grand homme, maigre, sec, poudré à frimas, la figure ridée comme une vieille pomme, une énorme paire de besicles à cheval sur un maître-nez, baisant presque le menton. Une petite estafilade transversale, semblable à une ouverture de tirelire, enfouie sous une infinité de plis et de poils roides comme des soies de sanglier, représentait tant bien que mal ce que nous appellerons une bouche, faute d'autre terme. Un antique habit noir, limé jusqu'à la corde, blanc sur toutes les coutures, une veste d'étoffe changeante, une culotte courte, des bas chinés et des souliers à boucles : voilà pour le costume. A mon arrivée, ce digne personnage se leva, et alla prendre dans une armoire deux brosses faites d'une manière spéciale : je n'en pus deviner d'abord l'usage ; il en prit une dans chaque main, et se mit à parcourir la chambre avec une agilité surprenante comme s'il poursuivait quelqu'un, et choquant ses brosses l'une contre l'autre du côté des barbes ; je compris alors que c'était le fameux M. Berbiguier de Terre-Neuve du Thym, qui faisait la chasse aux farfadets ; j'étais fort inquiet de ce qui allait arriver, il semblait que cet hétéroclite individu eût la faculté de voir l'invisible, il me suivait exactement, et j'avais toutes les peines du monde à lui échapper. Enfin, il m'accula dans une encoignure, il brandit ses deux fatales brosses, des millions de dards me criblèrent l'âme, chaque crin faisait un trou, la douleur était insoutenable : oubliant que je n'avais ni langue, ni poitrine, je fis de merveilleux efforts pour crier ; et... »

Onuphrius en était là de son rêve lorsque j'entrai dans l'atelier : il criait effectivement à pleine gorge ; je le secouai, il se frotta les yeux et me regarda d'un air hébété ; enfin il me reconnut, et me raconta, ne sachant trop s'il avait veillé ou dormi, la série de ses tribulations que l'on vient de lire ; ce n'était pas, hélas ! les dernières qu'il devait éprouver réellement ou non. Depuis cette nuit fatale, il resta dans un état d'hallucination presque perpétuel qui ne lui permettait pas de distinguer ses rêveries d'avec le vrai. Pendant qu'il dormait, Jacintha avait envoyé chercher le portrait ; elle aurait bien voulu y aller elle-même, mais sa robe tachée l'avait trahie auprès de sa tante, dont elle n'avait pu tromper la surveillance.

Onuphrius, on ne peut plus désappointé de ce contre-temps, se jeta dans un fauteuil, et, les coudes sur la table, se prit tristement à réfléchir ; ses regards flottaient devant lui sans se fixer particulièrement sur rien : le hasard fit qu'ils tombèrent sur une grande glace de Venise à bordure de cristal, qui garnissait le fond de l'atelier ; aucun rayon de jour ne venait s'y briser, aucun objet ne s'y réfléchissait assez exactement pour que l'on pût en apercevoir les contours : cela faisait un espace vide dans la muraille, une fenêtre ouverte sur le néant, d'où l'esprit pouvait plonger dans les mondes imaginaires. Les prunelles d'Onuphrius fouillaient ce prisme profond et sombre, comme pour en faire jaillir quelque apparition. Il se pencha, il vit son reflet double, il pensa que c'était une illusion d'optique ; mais, en examinant plus attentivement, il trouva que le second reflet ne lui ressemblait en aucune façon ; il crut que quelqu'un était entré dans l'atelier sans qu'il l'eût entendu : il se retourna. Personne. L'ombre continuait cependant à se projeter dans la glace, c'était un homme pâle, ayant au doigt un gros rubis, pareil au mystérieux rubis qui avait joué un rôle dans les fantasmagories de la nuit précédente. Onuphrius commençait à se sentir mal à l'aise. Tout à coup le reflet sortit de la glace, descendit dans la chambre, vint droit à lui, le força à s'asseoir, et, malgré sa résistance, lui enleva le dessus de la tête comme on ferait de la calotte d'un pâté. L'opération finie, il mit le morceau dans sa poche, et s'en retourna par où il était venu. Onuphrius, avant de le perdre tout à fait de vue dans les profondeurs de la glace, apercevait encore à une distance incommensurable son rubis qui brillait comme une comète. Du reste, cette espèce de trépan ne lui avait fait aucun mal. Seulement, au bout de quelques minutes, il entendit un bourdonnement étrange au-dessus de sa tête; il leva les yeux, et vit que c'étaient ses idées qui, n'étant plus contenues par la voûte du crâne, s'échappaient en désordre comme des oiseaux dont on ouvre la cage. Chaque idéal de femme qu'il avait rêvé sortit avec son costume, son parler, son attitude (nous devons dire à la louange d'Onuphrius qu'elles avaient l'air de sœurs jumelles de Jacintha), les héroïnes des romans qu'il avait projetés; chacune de ces dames avait son cortége d'amants, les unes en cotte armoriée du moyen âge, les autres en chapeaux et en robe de dix-huit cent trente-deux. Les types qu'il avait créés grandioses, grotesques ou monstrueux, les esquisses de ses tableaux à faire, de toute nation et de tout temps, ses idées métaphysiques sous la forme de petites bulles de savon, les réminiscences de ses lectures, tout cela sortit pendant une heure au moins : l'atelier en était plein. Ces dames et ces messieurs se promenaient en long et en large sans se gêner le moins du monde, causant, riant, se disputant, comme s'ils eussent été chez eux.

Onuphrius, abasourdi, ne sachant où se mettre, ne trouva rien de mieux à faire que de leur céder la place ; lorsqu'il passa sous la porte, le concierge lui remit deux lettres ; deux lettres de femmes, bleues, ambrées, l'écriture petite, le pli long, le cachet rose.

La première était de Jacintha, elle était conçue ainsi :

« Monsieur, vous pouvez bien avoir mademoiselle de*** pour maîtresse si cela vous fait plaisir ; quant à moi, je ne veux plus l'être, tout mon regret est de l'avoir été. Vous m'obligerez beaucoup de ne pas chercher à me revoir. »

Onuphrius était anéanti ; il comprit que c'était la maudite ressemblance du portrait qui était cause de tout ; ne se sentant pas coupable, il espéra qu'avec le temps tout s'éclaircirait à son avantage. La seconde lettre était une invitation de soirée.

— Bon ! dit-il, j'irai, cela me distraira un peu et dissipera toutes ces vapeurs noires. L'heure vint ; il s'habilla, la toilette fut longue ; comme tous les artistes (quand ils ne sont pas sales à faire peur), Onuphrius était recherché dans sa mise, non que ce fût un fashionable, mais il cherchait à donner à nos pitoyables vêtements un galbe pittoresque, une tournure moins prosaïque. Il se modelait sur un beau Van Dyck qu'il avait dans son atelier, et vraiment il y ressemblait à s'y méprendre. On eût dit le portrait descendu du cadre ou la réflexion de la peinture dans un miroir.

Il y avait beaucoup de monde ; pour arriver à la maîtresse de la maison il lui fallut fendre un flot de femmes, et ce ne fut pas sans froisser plus d'une dentelle, aplatir plus d'une manche, noircir plus d'un soulier, qu'il y put parvenir ; après avoir échangé les deux ou trois banalités d'usage, il tourna sur ses talons, et se mit à chercher quelque figure amie dans toute cette cohue. Ne trouvant personne de connaissance, il s'établit dans une causeuse à l'embrasure d'une croisée, d'où, à demi caché par les rideaux, il pouvait voir sans être vu, car depuis la fantastique évaporation de ses idées, il ne se souciait pas d'entrer en conversation ; il se croyait stupide quoiqu'il n'en fût rien ; le contact du monde l'avait remis dans la réalité.

La soirée était des plus brillantes. Un coup d'œil magnifique ! cela reluisait, chatoyait, scintillait ; cela bourdonnait, papillonnait, tourbillonnait. Des gazes comme des ailes d'abeilles, des tulles, des crêpes, des blondes, lamés, côtelés, ondés, découpés, déchiquetés à jour ; toiles d'araignée, air filé, brouillard tissu ; de l'or et de l'argent, de la soie et du velours, des paillettes, du clinquant, des fleurs, des plumes, des diamants et des perles ; tous les écrins vidés, le luxe de tous les mondes à contribution. Un beau tableau, sur ma foi! les girandoles de cristal étincelaient comme des étoiles ; des gerbes de lumière, des iris prismatiques s'échappaient des pierreries ; les épaules des femmes, lustrées, satinées, trempées d'une molle sueur, semblaient des agates ou des onyx dans l'eau ; les yeux papillottaient, les gorges battaient la campagne, les mains s'étreignaient, les têtes penchaient, les écharpes allaient au vent, c'était le beau moment; la musique étouffée par les voix, les voix par le frôlement des petits pieds sur le parquet et le frou frou des robes, tout cela formait une harmonie de fête, un bruissement joyeux à enivrer le plus mélancolique, à rendre fou tout autre qu'un fou.

Pour Onuphrius, il n'y prenait pas garde, il songeait à Jacintha.

Tout à coup son œil s'alluma, il avait vu quelque chose d'extraordinaire : un jeune homme qui venait d'entrer; il pouvait avoir vingt-cinq ans, un frac noir, le pantalon pareil, un gilet de velours rouge taillé en pourpoint, des gants blancs, un binocle d'or, des cheveux en brosse, une barbe rousse à la Saint-Mégrin, il n'y avait là rien d'étrange, plusieurs merveilleux avaient le même costume ; ses traits étaient parfaitement réguliers, son profil fin et correct eût fait envie à plus d'une petite-maîtresse, mais il y avait tant d'ironie dans cette bouche pâle et mince, dont les coins fuyaient perpétuellement sous l'ombre de leurs moustaches fauves, tant de méchanceté dans cette prunelle qui flamboyait à travers la glace du lorgnon comme l'œil d'un vampire, qu'il était impossible de ne pas le distinguer entre mille.

Il se déganta. Lord Byron ou Bonaparte se fussent honorés de sa petite main aux doigts ronds et effilés, si frêle, si blanche, si transparente, qu'on eût craint de la briser en la serrant; il portait un gros anneau à l'index, le chaton était le fatal rubis; il brillait d'un éclat si vif, qu'il vous forçait à baisser les yeux.

Un frisson courut dans les cheveux d'Onuphrius.

La lumière des candélabres devint blafarde et verte; les yeux des femmes et les diamants s'éteignirent; le rubis radieux étincelait seul au milieu du salon obscurci comme un soleil dans la brume.

L'enivrement de la fête, la folie du bal étaient au plus haut degré; personne, Onuphrius excepté, ne fit attention à cette circonstance; ce singulier personnage se glissait comme une ombre entre les groupes, disant un mot à celui-ci, donnant une poignée de main à celui-là, saluant les femmes avec un air de respect dérisoire et de galanterie exagérée qui faisait rougir les unes et mordre les lèvres aux autres; on eût dit que son regard de lynx et de loup-cervier plongeait au profond de leur cœur; un satanique dédain perçait dans ses moindres mouvements, un imperceptible clignement d'œil, un pli du front, l'ondulation des sourcils, la proéminence que conservait toujours sa lèvre inférieure, même dans son détestable demi-sourire, tout trahissait en lui, malgré la politesse de ses manières et l'humilité de ses discours, des pensées d'orgueil qu'il aurait voulu réprimer.

Onuphrius, qui le couvait des yeux, ne savait que penser; s'il n'eût pas été en si nombreuse compagnie, il aurait eu grand'peur.

Il s'imagina même un instant reconnaître le personnage qui lui avait enlevé le dessus de la tête; mais il se convainquit bientôt que c'était une erreur. Plusieurs personnes s'approchèrent, la conversation s'engagea; la persuasion où il était qu'il n'avait plus d'idées les lui ôtait effectivement; inférieur à lui-même, il était au niveau des autres; on le trouva charmant et beaucoup plus spirituel qu'à l'ordinaire. Le tourbillon emporta ses interlocuteurs, il resta seul; ses idées prirent un autre cours; il oublia le bal, l'inconnu, le bruit lui-même et tout; il était à cent lieues.

Un doigt se posa sur son épaule, il tressaillit comme s'il se fût réveillé en sursaut. Il vit devant lui madame de ***, qui depuis un quart d'heure se tenait debout sans pouvoir attirer son attention.

— Eh bien! monsieur, à quoi pensez-vous donc? A moi, peut-être?

— A rien, je vous jure.

Il se leva, madame de*** prit son bras; ils firent quelques tours. Après plusieurs propos:

— J'ai une grâce à vous demander.

— Parlez, vous savez bien que je ne suis pas cruel surtout avec vous.

— Récitez à ces dames la pièce de vers que vous m'avez dite l'autre jour, je leur en ai parlé, elles meurent d'envie de l'entendre.

A cette proposition, le front d'Onuphrius se rembrunit, il répondit par un *non* bien accentué ; madame de*** insista comme les femmes savent insister. Onuphrius résista autant qu'il le fallait pour se justifier à ses propres yeux de ce qu'il appelait une faiblesse, et finit par céder, quoique d'assez mauvaise grâce.

Madame de ***, triomphante, le tenant par le bout du doigt pour qu'il ne pût s'esquiver, l'amena au milieu du cercle, et lui lâcha la main ; la main tomba comme si elle eût été morte. Onuphrius, décontenancé, promenait autour de lui des regards mornes et effarés comme un taureau sauvage que le picador vient de lancer dans le cirque. Le dandy à barbe rouge était là, retroussant ses moustaches et considérant Onuphrius d'un air de méchanceté satisfaite. Pour faire cesser cette situation pénible, madame de *** lui fit signe de commencer. Il exposa le sujet de sa pièce, et en dit le titre d'une voix assez mal assurée. Le bourdonnement cessa, les chuchotements se turent, on se disposa à écouter, un grand silence se fit.

Onuphrius était debout, la main sur le dos d'un fauteuil qui lui servait comme de tribune. Le dandy vint se placer tout à côté, si près qu'il le touchait ;

quand il vit qu'Onuphrius allait ouvrir la bouche, il tira de sa poche une spatule d'argent et un réseau de gaze, emmanché à l'un de ses bouts d'une petite baguette d'ébène ; la spatule était chargée d'une substance mousseuse et rosâtre, assez semblable à la crème qui remplit les meringues, qu'Onuphrius reconnut aussitôt pour des vers de Dorat, de Boufflers, de Bernis et de M. le chevalier de Pezay, réduits à l'état de bouillie ou de gélatine. Le réseau était vide.

Onuphrius, craignant que le dandy ne lui jouât quelque tour, changea le fauteuil de place, et s'assit dedans ; l'homme aux yeux verts vint se planter juste derrière lui ; ne pouvant plus reculer, Onuphrius commença. A peine la dernière syllabe du premier vers s'était-elle envolée de sa lèvre, que le dandy, allongeant son réseau avec une dextérité merveilleuse, la saisit au vol, et l'intercepta avant que le son eût le temps de parvenir à l'oreille de l'assemblée ; et puis, brandissant sa spatule, il lui fourra dans la bouche une cuillerée de son insipide mélange. Onuphrius eût bien voulu s'arrêter ou se sauver ; mais une chaîne magique le clouait au fauteuil. Il lui fallut continuer et cracher cette odieuse mixture en friperies mythologiques et en madrigaux quintessenciés. Le manége se renouvelait à chaque vers ; personne, cependant, n'avait l'air de s'en apercevoir.

Les pensées neuves, les belles rimes d'Onuphrius, diaprées de mille couleurs romantiques, se débatlaient et sautelaient dans la résille comme des poissons dans un filet ou des papillons sous un mouchoir.

Le pauvre poëte était à la torture, des gouttes de sueur ruisselaient de ses tempes. Quand tout fut fini, le dandy prit délicatement les rimes et les pensées d'Onuphrius par les ailes et les serra dans son portefeuille.

— Bien, très-bien, dirent quelques hommes poëtes ou artistes en se rapprochant d'Onuphrius, un délicieux pastiche, un admirable pastel, du Watteau tout pur, de la régence à s'y tromper, des mouches, de la poudre et du fard, comment diable as-tu fait pour grimer ainsi ta poésie? C'est d'un rococo admirable; bravo, bravo, d'honneur, une plaisanterie fort spirituelle! Quelques dames l'entourèrent et dirent aussi : Délicieux? en ricanant d'une manière à montrer qu'elles étaient au-dessus de semblables bagatelles quoique au fond du cœur elles trouvassent cela charmant et se fussent très-fort accommodées d'une pareille poésie pour leur consommation particulière.

— Vous êtes tous des brigands ! s'écria Onuphrius d'une voix de tonnerre en renversant sur le plateau le verre d'eau sucrée qu'on lui présentait. C'est un coup monté, une mystification complète; vous m'avez fait venir ici pour être le jouet du Diable, oui, de Satan en personne, ajouta-t-il en désignant du doigt le fashionable à gilet écarlate.

Après cette algarade, il enfonça son chapeau sur ses yeux et sortit sans saluer.

— Vraiment, dit le jeune homme en refourrant sous les basques de son habit une demie-aune de queue velue qui venait de s'échapper et qui se déroulait en frétillant, me prendre pour le diable, l'invention est plaisante ! Décidément, ce pauvre Onuphrius est fou. Me ferez-vous l'honneur de danser cette contredanse avec moi, mademoiselle ? reprit-il, un instant après, en baisant la main d'une angélique créature de quinze ans, blonde et nacrée, un idéal de Lawrence.

— Oh ! mon Dieu, oui, dit la jeune fille avec son sourire ingénu, levant ses longues paupières soyeuses laissant nager vers lui ses beaux yeux couleur du ciel.

Au mot Dieu, un long jet sulfureux s'échappa du rubis, la pâleur du réprouvé doubla ; la jeune fille n'en vit rien ; et quand elle l'aurait vu ? elle l'aimait !

Quand Onuphrius fut dans la rue, il se mit à courir de toutes ses forces ; il avait la fièvre, il délirait, il parcourut au hasard une infinité de ruelles et de passages. Le ciel était orageux, les girouettes grinçaient, les volets battaient les murs, les marteaux des portes retentissaient, les vitrages s'éteignaient successivement ; le roulement des voitures se perdait dans le lointain, quelques piétons attardés longeaient les maisons, quelques filles de joie traînaient leurs robes de gaze dans la boue ; les réverbères, bercés par le vent, jetaient des lueurs rouges et échevelées sur les ruisseaux gonflés de

pluie ; les oreilles d'Onuphrius tintaient ; toutes les
rumeurs étouffées de la nuit, le ronflement d'une
ville qui dort, l'aboi d'un chien, le miaulement d'un
matou, le son de la goutte d'eau tombant du toit, le
quart sonnant à l'horloge gothique, les lamentations
de la bise, tous ces bruits du silence agitaient con-
vulsivement ses fibres, tendues à rompre par les
événements de la soirée. Chaque lanterne était un
œil sanglant qui l'espionnait ; il croyait voir grouil-
ler dans l'ombre des formes sans nom, pulluler sous
ses pieds des reptiles immondes ; il entendait des
ricanements diaboliques, des chuchotements mystérieux. Les maisons valsaient autour de lui ; le pavé
ondait, le ciel s'abaissait comme une coupole dont
on aurait brisé les colonnes ; les nuages couraient,
couraient, couraient, comme si le Diable les eût
emportés ; une grande cocarde tricolore avait remplacé la lune. Les rues et les ruelles s'en allaient
bras dessus bras dessous, caquetant comme de
vieilles portières ; il en passa beaucoup de la sorte.
La maison de madame de *** passa. On sortait du bal,
il y avait encombrement à la porte ; on jurait, on
appelait les équipages. Le jeune homme au réseau
descendit ; il donnait le bras à une dame ; cette
dame n'était autre que Jacintha ; le marchepied de
la voiture s'abaissa, le dandy lui présenta la main ;
ils montèrent ; la fureur d'Onuphrius était au comble ; décidé à éclaircir cette affaire, il croisa ses
bras sur sa poitrine, et se planta au milieu du chemin. Le cocher fit claquer son fouet, une myriade

d'étincelles jaillit du pied des chevaux. Ils partirent au galop ; le cocher cria : Gare ! il ne se dérangea pas : les chevaux étaient lancés trop fort pour qu'on pût les retenir. Jacintha poussa un cri ; Onuphrius crut que c'était fait de lui ; mais chevaux, cocher, voiture, n'étaient qu'une vapeur que son corps divisa comme l'arche d'un pont fait d'une masse d'eau qui se rejoint ensuite. Les morceaux du fantastique équipage se réunirent à quelques pas derrière lui, et la voiture continua à rouler comme s'il ne fût rien arrivé. Onuphrius, atterré, la suivit des yeux : il entrevit Jacintha, qui, ayant levé le store, le regardait d'un air triste et doux, et le dandy à barbe rouge qui riait comme une hyène ; un angle de la rue l'empêcha d'en voir davantage ; inondé de sueur, pantelant, crotté jusqu'à l'échine, pâle, harassé de fatigue et vieilli de dix ans, Onuphrius regagna péniblement le logis. Il faisait grand jour comme la veille ; en mettant le pied sur le seuil il tomba évanoui. Il ne sortit de sa pâmoison qu'au bout d'une heure ; une fièvre furieuse y succéda. Sachant Onuphrius en danger, Jacintha oublia bien vite sa jalousie et sa promesse de ne plus le voir ; elle vint s'établir au chevet de son lit, et lui prodigua les soins et les caresses les plus tendres. Il ne la reconnaissait pas ; huit jours se passèrent ainsi ; la fièvre diminua ; son corps se rétablit, mais non pas sa raison ; il s'imaginait que le Diable lui avait escamoté son corps, se fondant sur ce qu'il n'avait rien senti lorsque la voiture lui avait passé dessus.

L'histoire de Pierre Schlemil, dont le diable avait pris l'ombre ; celle de la nuit de Saint-Sylvestre, où un homme perd son reflet, lui revinrent en mémoire ; il s'obstinait à ne pas voir son image dans les glaces et son ombre sur le plancher, chose toute naturelle, puisqu'il n'était qu'une substance impalpable ; on avait beau le frapper, le pincer, pour lui démontrer le contraire, il était dans un état de somnambulisme et de catalepsie qui ne lui permettait pas de sentir même les baisers de Jacintha.

La lumière s'était éteinte dans la lampe ; cette belle imagination, surexcitée par des moyens factices, s'était usée en de vaines débauches ; à force d'être spectateur de son existence, Onuphrius avait oublié celle des autres, et les liens qui le rattachaient au monde s'étaient brisés un à un.

Sorti de l'arche du réel, il s'était lancé dans les profondeurs nébuleuses de la fantaisie et de la métaphysique ; mais il n'avait pu revenir avec le rameau d'olive ; il n'avait pas rencontré la terre sèche où poser le pied et n'avait pas su retrouver le chemin par où il était venu ; il ne put, quand le vertige le prit d'être si haut et si loin, redescendre comme il l'aurait souhaité, et renouer avec le monde positif. Il eût été capable, sans cette tendance funeste, d'être le plus grand des poëtes ; il ne fut que le plus singulier des fous. Pour avoir trop regardé sa vie à la loupe, car son fantastique, il le prenait presque toujours dans les événements ordinaires, il lui arriva ce qui arrive à ces gens qui aperçoivent, à l'aide du microscope, des vers dans les aliments les plus sains, des serpents dans les liqueurs les plus limpides. Ils n'osent plus manger ; la chose la plus naturelle, grossie par son imagination, lui paraissait monstrueuse.

M. le docteur Esquirol fit, l'année passée, un tableau statistique de la folie.

Fous par amour.	Hommes	2	Femmes	60
— par dévotion.	—	6	—	20
— par politique.	—	48	—	3
— perte de fortune.	—	27	—	24
Pour cause inconnue.	—	1		

Celui-là, c'est notre pauvre ami.

Et Jacintha ? Ma foi elle pleura quinze jours, fut triste quinze autres, et, au bout d'un mois, elle prit plusieurs amants, cinq ou six, je crois, pour faire la monnaie d'Onuphrius ; un an après, elle l'avait totalement oublié, et ne se souvenait même plus de son nom. N'est-ce pas, lecteur, que cette fin est bien commune pour une histoire extraordinaire ? Prenez-la ou laissez-la, je me couperais la gorge plutôt que de mentir d'une syllabe.

DANIEL JOVARD

ou

LA CONVERSION D'UN CLASSIQUE

> Quel saint transport m'agite, et quel est mon délire !
> Un souffle a fait vibrer les cordes de ma lyre ;
> O Muses, chastes sœurs, et toi, grand Apollon,
> Daignez guider mes pas dans le sacré vallon !
> Soutenez mon essor, faites couler ma veine,
> Je veux boire à longs traits les eaux de l'Hyppocrène,
> Et, couché sur leurs bords, au pied des myrtes verts,
> Occuper les échos à redire mes vers.
> Daniel Jovard, *avant sa conversion.*

> Par l'enfer ! je me sens un immense désir
> De broyer sous mes dents sa chair, et de saisir,
> Avec quelque lambeau de sa peau bleue et verte,
> Son cœur demi-pourri dans sa poitrine ouverte.
> Le *même* Daniel Jovard, *après sa conversion.*

J'ai connu et je connais encore un digne jeune homme, nommé de son nom Daniel Jovard, et non autrement, ce dont il est bien fâché ; car, pour peu qu'on prononce à la gasconne *b* pour *v*, ces deux infortunées syllabes produisent une épithète assez peu flatteuse.

Le père qui lui transmit ce malheureux nom était quincaillier, et tenait boutique dans une des rues étroites qui se dégorgent dans la rue Saint-Denis. Comme il avait amassé un petit pécule à vendre du fil d'archal pour les sonnettes et des sonnettes pour le fil d'archal, comme il était parvenu en outre, au grade de sergent dans la garde nationale d'alors, et qu'il menaçait de devenir électeur, il crut qu'il était de sa dignité d'homme établi, de sergent en fonction et d'électeur en expectative, de faire donner, comme il appelait cela, la plus brilllante (trois *lll*) éducation au petit Daniel Jovard, héritier présomptif de tant de prérogatives avenues ou à venir.

Il est vrai qu'il était difficile de trouver quelque chose de plus prodigieux, au dire de ses père et mère, que le jeune Daniel Jovard. Nous, qui ne le voyons pas comme eux au prisme favorable de la paternité, nous dirons que c'était un gros garçon joufflu, bon enfant dans la plus large étendue du mot, que ses ennemis auraient été embarrassés de calomnier, et dont ses amis auraient eu grand'peine à faire l'éloge. Il n'était ni laid ni beau, il avait deux yeux avec des sourcils par-dessus, le nez au milieu de la figure, la bouche dessous et le menton ensuite ; il avait deux oreilles ni plus ni moins, des cheveux d'une couleur quelconque. Dire qu'il avait bonne tournure, ce serait mentir ; dire qu'il avait mauvaise tournure, ce serait mentir aussi. Il n'avait pas de tournure à lui, il avait celle de tout le monde : c'était le représentant de la foule, le type du nontype, et rien n'était plus facile que de le prendre pour un autre.

Son costume n'avait rien de remarquable, rien d'accrochant l'œil; il lui servait seulement à n'être pas nu. D'élégance, de grâce et de fashion, il n'en faut pas parler; ce sont lettres closes dans cette partie du monde non encore civilisé qu'on appelle rue Saint-Denis.

Il portait une cravate blanche de mousseline, un col de chemise qui lui guillotinait majestueusement les oreilles de son double triangle de toile empesée, un gilet de poil de chèvre jaune serin coupé à châle, un chapeau plus large du haut que du bas, un habit bleu barbeau, un pantalon gris de fer laissant voir les chevilles, des souliers lacés et des gants de peau de daim. Pour ses bas, je dois avouer qu'ils étaient bleus, et si l'on s'étonnait du choix de cette teinte, je dirais sans détour que c'étaient les bas de son trousseau de collége qu'il finissait d'user.

Il avait une montre au bout d'une chaîne de métal, au lieu d'avoir comme doit faire tout bon viveur, au bout d'une élégante tresse de soie, une reconnaissance du Mont-de-Piété figurant la montre engagée.

Toutes ses classes, il les avait faites les unes après les autres; il avait, selon l'usage, doublé sa rhétorique, il avait fait autant de pensums, donné et reçu autant de coups de poing qu'un autre. Je vous le peindrai en un mot : il était fort en thème; du latin et du grec, il n'en savait pas plus que vous et moi, et en outre, il savait assez mal le français.

Vous voyez que c'était un personnage de haute espérance que le jeune Daniel Jovard.

Avec de l'étude et du travail, il aurait pu devenir un charmant commis voyageur et un délicieux second clerc d'avoué.

Il était voltairien en diable, de même que monsieur son père, l'homme établi, le sergent, l'électeur, le propriétaire. Il avait lu en cachette au collège *la Pucelle* et *la Guerre des Dieux*, *les Ruines* de Volney et autres livres semblables : c'est pourquoi il était esprit fort comme M. de Jouy, et prêtrophobe comme M. Fontan. *Le Constitutionnel* n'avait pas plus peur que lui des jésuites en robe courte ou longue ; il en voyait partout. En littérature, il était aussi avancé qu'en politique et en religion. Il ne disait pas M. Nicolas Boileau, mais Boileau tout court ; il vous aurait sérieusement affirmé que les romantiques avaient dansé autour du buste de Racine après le succès d'*Hernani*; s'il avait pris du tabac, il l'aurait infailliblement pris dans une tabatière Touquet ; il trouvait que guerrier était une fort bonne rime à laurier et s'accommodait assez de gloire, suivi ou précédé de victoire ; en sa qualité de Français né malin, il aimait principalement le vaudeville et l'opéra-comique, genre national, comme disent les feuilletons : il aimait fort aussi le gigot à l'ail et la tragédie en cinq actes.

Il faisait beau, les dimanches soir, l'entendre tonner dans l'arrière-boutique de M. Jovard, contre les corrupteurs du goût, les novateurs rétrogrades (Daniel Jovard florissait en 1828), les Welches, les Vandales, les Goths, Ostrogoths, Visigoths, etc., qui voulaient nous ramener à la barbarie, à la féodalité, et changer la langue des grands maîtres pour un jargon hybride et inintelligible ; il faisait encore bien plus beau voir la mine ébahie de son père et de sa mère, du voisin et de la voisine.

Cet excellent Daniel Jovard ! il aurait plutôt nié l'existence de Montmartre que celle du Parnasse ; il aurait plutôt nié la virginité de sa petite cousine, dont, suivant l'usage, il était fort épris, que la virginité d'une seule des neuf Muses. Bon jeune homme ! je ne sais pas à quoi il ne croyait pas, tout esprit fort qu'il était. Il est vrai qu'il ne croyait pas en Dieu ; mais, en revanche, il croyait à Jupiter, en M. Arnault et en M. Baour mêmement ; il croyait au quatrain du marquis de Saint-Aulaire, à la jeunesse des ingénuités du théâtre, aux conversions de M. Jay, il croyait jusqu'aux promesses des arracheurs de dents et des porte-couronnes.

Il était impossible d'être plus fossile et antédiluvien qu'il ne l'était. S'il avait fait un livre, et qu'il lui eût accolé une préface, il aurait demandé pardon à genoux au public de la liberté grande, il eût dit ces faibles essais, ces vagues esquisses, ces timides préludes ; car, outre les croyances que nous venons de mentionner, il croyait encore au public et à la postérité.

Pour terminer cette longue analyse psychologique

et donner une idée complète de l'homme, nous dirons qu'il chantait fort joliment *Fleuve du Tage* et *Femme sensible*, qu'il déclamait le récit de Théramène aussi bien que la barbe de M. Desmousseaux, qu'il dessinait avec un grand succès le nez du Jupiter olympien, et jouait très-agréablement au loto.

Dans ces occupations charmantes et patriarcales, les jours de M. Daniel Jovard, tissus de soie et d'or (vieux style), s'écoulaient semblables l'un à l'autre; il n'avait ni vague à l'âme, ni passion d'homme dans sa poitrine d'homme; il n'avait pas encore demandé de genoux de femme pour poser son front de génie. Il mangeait, buvait, dormait, digérait, et s'acquittait classiquement de toutes les fonctions de la vie : personne n'aurait pu pressentir, sous cette écorce grossière, le grand homme futur.

Mais une étincelle suffit pour mettre le feu à une barrique de poudre; le jeune Achille s'éveilla à la vue d'une épée : voici comment s'éveilla le génie de l'illustre Daniel Jovard.

Il était allé voir aux Français, pour se former le goût et s'épurer la diction, je ne sais plus quelle pièce; c'est-à-dire je sais fort bien laquelle, mais je ne le dirai pas, de peur de désigner trop exactement les personnages, et il était assis, lui trentième, sur une des banquettes du parterre, replié en lui-même et attentif comme un provincial.

Dans l'entr'acte, ayant essuyé soigneusement sa grosse lorgnette paternelle, recouverte de chagrin et cerclée de corne fondue, il se mit à passer en revue les rares spectateurs disséminés çà et là dans les loges et les galeries.

A l'avant-scène, un jeune merveilleux, agitant avec nonchalance un binocle d'or émaillé, se prélassait et se pavanait sans se soucier aucunement de toutes les lorgnettes braquées sur lui.

Sa mise était des plus excentriques et des plus recherchées. Un habit de coupe singulière, hardiment débraillé et doublé de velours, laissait voir un gilet d'une couleur éclatante, et taillé en manière de pourpoint ; un pantalon noir collant dessinait exactement ses hanches ; une chaîne d'or, pareille à un ordre de chevalerie, chatoyait sur sa poitrine ; sa tête sortait immédiatement de sa cravate de satin, sans le liséré blanc, de rigueur à cette époque.

On aurait dit un portrait de François Porbus. Les cheveux rasés à la Henri III, la barbe en éventail, les sourcils troussés vers la tempe, la main longue et blanche, avec une large chevalière ouvrée à la gothique, rien n'y manquait, l'illusion était des plus complètes.

Après avoir longtemps hésité, tant cet accoutrement lui donnait une physionomie différente de celle qu'il lui avait connue jadis, Daniel Jovard comprit que ce jeune homme fashionable n'était autre que Ferdinand de C***, avec qui il avait été au collège.

Lecteur, je vous vois d'ici faire une moue d'un pied en avant, et crier à l'invraisemblance. Vous di-

7.

rez qu'il est déraisonnable de jucher dans une avant-scène des Français un beau de la nouvelle école, et cela un jour de représentation classique. Vous direz que c'est le besoin de le faire voir à mon héros Daniel Jovard qui m'a fait employer ce ressort forcé. Vous direz plusieurs choses et beaucoup d'autres.

Mais... foi de gentilhomme,
Je m'en soucie autant qu'un poisson d'une pomme.

Car je tiens dans une des pochettes de ma logique, pour vous la jeter au nez, la plus excellente raison qui ait jamais été alléguée par un homme ayant tort.

Voici donc le motif triomphant pour lequel Ferdinand de C*** se trouvait aux Français ce soir-là.

Ferdinand avait pour maîtresse une dona Sol, sous la tutelle *d'un bon seigneur caduc, vénérable et jaloux*, qu'il ne pouvait voir que difficilement et dans de continuelles appréhensions de surprise.

Or, il lui avait donné rendez-vous au Théâtre-Français, comme le lieu le plus solitaire et le moins fréquenté qui fût dans les cinq parties du monde, la Polynésie y comprise ; la terrasse des Feuillants et le bois des marronniers du côté de l'eau, étant si européennement reconnus comme lieux solitaires, que l'on n'y peut faire trois pas sans marcher sur les pieds de quelqu'un, et sans heurter du coude un groupe sentimental.

Je vous assure que je n'ai pas d'autre raison à vous donner que celle-là, et que je n'en chercherai pas une seconde ; vous aurez donc l'extrême obligeance de vous en contenter.

Donc continuons cette véridique et singulière histoire. Le merveilleux sortit pendant l'entr'acte, le très-ordinaire Daniel Jovard sortit aussi ; les merveilleux et les ordinaires, les grands hommes et les cuistres font souvent les mêmes choses. Le hasard fit qu'ils se rencontrèrent au foyer. Daniel Jovard salua Ferdinand le premier, et s'avança vers lui ; quand Ferdinand aperçut ce nouveau paysan du Danube, il hésita un instant, et fut près de pirouetter sur ses talons pour n'être pas obligé de le reconnaître ; mais un regard jeté autour de lui l'ayant assuré de la profonde solitude du foyer, il se résigna, et attendit son ancien camarade de pied ferme ; c'est une des plus belles actions de la vie de Ferdinand de C***.

Après quelques paroles échangées, ils en vinrent naturellement à parler de la pièce qu'on représentait. Daniel Jovard l'admirait bénévolement, et il fut on ne peut pas plus surpris de voir que son ami Ferdinand de C***, en qui il avait toujours eu grande confiance, était d'une opinion tout à fait différente de la sienne.

— Mon très-cher, lui dit-il, c'est plus que faux-toupet, c'est empire, c'est perruque, c'est rococo, c'est pompadour ; il faut être momie ou fossile, membre de l'Institut ou fouille de Pompéi pour trouver du plaisir à de pareilles billevesées. Cela est d'un froid à geler les jets d'eau en l'air ; ces grands dégingandés d'hexamètres qui s'en vont bras dessus bras dessous, comme des invalides qui s'en reviennent de la guinguette, l'un portant l'autre et nous portant le tout, sont vraiment quelque chose de bien torcheculatif, comme dirait Rabelais ; ces grands dadais de substantifs avec leurs adjectifs qui les suivent comme des ombres, ces bégueules de périphrases avec les sous-périphrases qui leur portent la queue ont bonne grâce à venir faire la belle jambe à travers les passions et les situations du drame, et puis ces conjurés qui s'amusent à brailler à tue-tête sous le portique du tyran qui a garde de ne rien entendre, ces princes et ces princesses flanqués chacun de leur confident, ce coup de poignard et ce récit final en beaux vers peignés académiquement, tout cela n'est-il pas étrangement misérable et ennuyeux à faire bâiller les murailles ?

— Et Aristote et Boileau et les bustes ? objecta timidement Daniel Jovard.

— Bah ! ils ont travaillé pour leur temps ; s'ils revenaient au monde aujourd'hui, ils feraient probablement l'inverse de ce qu'ils ont fait ; ils sont morts et enterrés comme Malbrouck et bien d'autres qui les valent, et dont il n'est plus question ; qu'ils dorment comme ils nous font dormir, ce sont de grands hommes, je ne m'y oppose pas. Ils ont pipé les niais de leur époque avec du sucre, ceux de maintenant aiment le poivre ; va pour le poivre : voilà tout le secret des littératures. Trinc ! c'est le mot de la dive bouteille et la résolution de toute chose ; boire, manger, c'est le but ; le reste n'est qu'un moyen : qu'on y arrive par la tragédie ou le drame, n'importe, mais la tragédie n'a plus cours. A cela, tu me diras qu'on peut être savetier ou marchand d'allumettes, que c'est plus honorable et plus sûr ; j'en conviens, mais enfin tout le monde ne peut pas l'être, et puis il faut un apprentissage : l'état d'auteur est le seul pour lequel il n'en faille pas, il suffit de ne guère savoir le français et très-peu l'orthographe. Voulez-vous faire un livre ? prenez plusieurs livres ; ceci diffère essentiellement de la *Cuisinière bourgeoise*, qui dit : Voulez-vous un civet ? prenez un lièvre. Vous détachez un feuillet ici, un feuillet là, vous faites une préface et une post-face, vous prenez un pseudonyme, vous dites que vous êtes mort de consomption ou que vous vous êtes lavé la cervelle avec du plomb, vous servez chaud, et vous escamotez le plus joli petit succès qu'il soit possible de voir. Une chose qu'il faut soigner, ce sont les épigraphes. Vous en mettez en anglais, en allemand, en espagnol, en arabe ; si vous pouvez vous en procurer une en chinois, cela fera un effet merveilleux, et, sans être Panurge, vous vous trouverez insensiblement possesseur d'une mignonne réputation d'érudit et de polyglotte, qu'il ne tiendra qu'à vous d'exploiter. Tout cela te surprend, et tu ouvres des yeux comme des portes cochères. Débonnaire et naïf comme tu l'es, tu croyais bourgeoisement qu'il ne s'agissait que de faire son œuvre avec conscience ; tu n'as pas oublié le « *nonum prematur in annum* » et le « vingt fois sur le métier remettez votre ouvrage » ; ce n'est plus cela : on broche en trois semaines un volume qu'on lit en une heure et qu'on oublie en un quart d'heure. Mais tu rimaillais, à ce qu'il me semble, quand tu étais au collége. Tu dois rimailler encore ; c'est une de ces habitudes qui ne se perdent pas plus que celle du tabac, du jeu et des filles.

Ici M. Daniel Jovard rougit virginalement ; Ferdinand, qui s'en aperçut, continua ainsi :

— Je sais bien qu'il est toujours humiliant de s'entendre accuser de poésie, ou tout au moins de versification, et qu'on n'aime pas à voir dévoiler ses turpitudes. Mais, puisque cela est, il faut tirer parti de ta honte et tâcher de la monnoyer en beaux et bons écus. Nous et les catins, nous vivons sur le public, et notre métier a de grands rapports. Notre but commun est de lui pomper son argent par toutes les cajoleries et les mignardises imaginables ; il y a des paillards pudibonds qui ont besoin qu'on les raccroche, et qui passent et repassent vingt fois devant la porte d'un mauvais lieu sans oser y entrer ; il faut les tirer par la manche et leur dire : Montez. Il y a des lecteurs irrésolus et flottants qui ont besoin d'être relancés chez eux par nos entremetteurs (ce sont les journaux), qui leur vantent la beauté du livre et la nouveauté du genre, et qui les poussent par les épaules dans le lupanar des libraires ; en un mot il faut savoir se faire mousser, et souffler soi-même son ballon...

La sonnette annonça qu'on levait le rideau. Ferdinand jeta sa carte à Daniel Jovard, et s'esquiva en l'invitant à le venir voir. Un instant après, sa déesse vint le rejoindre dans son avant-scène, ils levèrent les stores et... Mais c'est l'histoire de Jovard et non celle de Ferdinand que nous avons promise au lecteur.

Le spectacle fini, Daniel s'en retourna à la boutique paternelle, mais non pas tel qu'il en était sorti. Pauvre jeune homme! il s'en était allé avec une foi et des principes; il revint ébranlé, flottant, mettant en doute ses plus graves convictions.

Il ne dormit pas de la nuit; il se tournait et se retournait comme une carpe sur le gril. Toutes les choses qu'il avait adorées jusqu'à ce jour, il venait de les entendre traiter légèrement et avec dérision; il était exactement dans la même situation qu'un séminariste bien niais et bien dévot, qui aurait entendu un athée disserter sur la religion. Les discours de Ferdinand avait éveillé en lui ces germes hérétiques de révolte et d'incrédulité qui sommeillent au fond de chaque conscience. Comme les enfants à qui l'on fait croire qu'ils naissent dans les feuilles de chou, et dont la jeune imagination se porte aux plus grands excès, quand ils sentent qu'ils ont été la dupe d'une fiction, de classique pudibond qu'il avait été et qu'il était encore la veille, il devint par réaction le plus forcené Jeune-France, le plus endiablé romantique qui ait jamais travaillé sous le lustre d'*Hernani*. Chaque mot de la conversation de Ferdinand avait ouvert de nouvelles perspectives dans son esprit, et, quoiqu'il ne se rendît pas bien compte de ce qu'il voyait à l'horizon, il n'en était pas moins persuadé que c'était le Chanaan poétique, où jusqu'alors il ne lui avait pas été donné d'entrer. Dans la plus grande perplexité d'âme que l'on puisse imaginer, il attendit impatiemment que l'Aurore aux doigts de rose ouvrît les portes de l'Orient ; enfin l'amante de Céphale fit luire un pâle rayon à travers les carreaux jaunes et enfumés de la chambre de notre héros. Pour la première fois de sa vie il était distrait. On servit le déjeuner. Il avala de travers, et jeta d'un seul trait sa tasse de chocolat sur sa côtelette très-sommairement mâchée. Le père et la mère Jovard en furent on ne peut plus étonnés, car la mastication et la digestion étaient les deux choses qui occupaient par-dessus les autres leur illustre progéniture. Le papa sourit d'un air malicieux et goguenard, d'un sourire d'homme établi, de sergent et d'électeur, et conclut à ce que le petit Daniel était décidément amoureux.

O Daniel ! vois comme dès le premier pas tu es avancé dans la carrière ; tu n'es déjà plus compris et te voilà en position d'être poëte élégiaque ! Pour la première fois on a pensé quelque chose de toi, et l'on n'a pas pensé juste. O grand homme ! l'on te croit amoureux d'une passementière ou tout au plus d'une marchande de modes, et c'est de la Gloire que tu es amoureux ! Tu planes déjà au-dessus de ces vils bourgeois de toute la hauteur de ton génie, comme un aigle au-dessus d'une basse-cour ! Tu peux dès à présent t'appeler artiste, il y a maintenant pour toi un *profanum vulgus*.

Dès qu'il pensa qu'il était heure convenable, il dirigea ses pas vers la demeure de son ami. Quoiqu'il fût onze heures, il n'était pas levé, ce qui surprit infiniment notre naïf jeune homme. En l'attendant, il passa en revue l'ameublement de la pièce où il se trouvait; c'étaient des meubles Louis XIII et de forme bizarre, des pots du Japon, des tapisseries à ramage, des armes étrangères, des aquarelles fantastiques représentant des rondes du sabbat et des scènes de Faust, et des infinités d'objets incongrus dont Daniel Jovard n'avait jamais soupçonné l'existence et ne pouvait deviner l'usage; des dagues, des pipes, des narghilés, des blagues à tabac et mille autres momeries; car, à cette époque, Daniel croyait religieusement que les poignards étaient défendus par la police, et qu'il n'y avait que les marins qui pussent fumer sans se compromettre. On le fit entrer. Ferdinand était enveloppé d'une robe de chambre de lampas antique semé de dragons et de mandarins prenant du thé; ses pieds, chaussés de pantoufles brodées de dessins baroques, étaient appuyés sur le marbre blanc de la cheminée, de façon qu'il était assis à peu près sur la tête. Il fumait nonchalamment une petite cigarette espagnole. Après avoir donné une poignée de main à son camarade, il prit quelques brins d'un tabac blond et doré contenu dans une boîte de laque, les entoura d'une feuille de papel qu'il détacha de son carnet, et remit le tout au candide Daniel, qui n'osa pas refuser. Le pauvre Jovard, qui n'avait jamais fumé de sa vie, pleurait comme une cruche revenant de la fontaine, et avalait patriarcalement toute la fumée. Il crachait et éternuait à chaque minute, et l'on eût dit un singe prenant médecine, à voir les plaisantes contorsions qu'il faisait. Quand il eut fini, Ferdinand l'engagea à bisser ; mais il n'y réussit pas, et la conversation revint au sujet de la veille, à la littérature. En ce temps-là on parlait littérature comme on parle aujourd'hui politique, et comme autrefois on parlait pluie et beau temps. Il faut toujours une espèce de sujet, un canevas quelconque pour broder ses idées.

En ce temps-là, on était possédé d'une rage de prosélytisme qui vous aurait fait prêcher jusqu'à votre porteur d'eau, et l'on vit de jeunes hommes employer à disserter le temps d'un rendez-vous qu'ils auraient pu employer à toute autre chose. C'est ce qui explique comment le dandy, le fashionable Ferdinand de C*** ne dédaigna pas user trois ou quatre heures de son précieux temps à catéchiser son ancien et obscur camarade de collége. En quelques phrases, il lui dévoila tous les arcanes du métier, et le fit passer derrière la toile dès la première séance ; il lui apprit à avoir un air moyen âge, il lui enseigna les moyens de se donner de la tournure et du caractère; il lui révéla le sens intime de l'argot en usage cette semaine-là; il lui dit ce que c'était que ficelle, chic, galbe, art, artiste et artistique; il lui apprit ce que voulait dire cartonné, égayé, damné; il lui ouvrit un vaste répertoire de formules admiratives et réprobatives : phosphorescent, transcendantal, pyramidal, stupéfiant, foudroyant, annihilant, et mille autres qu'il serait fastidieux de rapporter ici; il lui fit voir l'échelle ascendante et descendante de l'esprit humain : comment à vingt ans l'on était Jeune-France, Beau jeune mélancolique jusqu'à vingt-cinq ans, et Childe-Harold de vingt-cinq à vingt-huit, pourvu que l'on eût été à Saint-Denis ou à Saint-Cloud; comment ensuite l'on ne comptait plus, et que l'on arrivait par la filière d'épithètes qui suivent : ci-devant, faux-toupet, aile de pigeon, perruque, étrusque, mâchoire, ganache, au dernier degré de la décrépitude, à l'épithète la plus infamante : académicien et membre de l'Institut! ce qui ne manquait pas d'arriver à l'âge de quarante ans environ; — tout cela dans une seule leçon. Oh! le grand maître que c'était que Ferdinand de C***!

Daniel faisait bien quelques objections, mais Ferdinand répondait avec un tel aplomb et une telle volubilité, que, s'il eût voulu vous persuader, mon cher lecteur, que vous n'êtes rien autre chose qu'un imbécile, il en serait venu à bout en moins d'un quart d'heure, en moins de temps que je n'en prends pour l'écrire. Dès cet instant, le jeune Daniel fut travaillé de la plus horrible ambition qui ait jamais dévoré une poitrine humaine.

En entrant chez lui, il trouva son père qui lisait *le Constitutionnel*, et il l'appela garde national! Après une seule leçon, employer garde national comme injure, lui qui avait été élevé dans la patrioterie et la religion de la baïonnette citoyenne, quel immense progrès! quel pas de géant! Il donna un coup de poing dans son tuyau de poêle (son chapeau), jeta son habit à queue de morue, et jura, sur son âme, qu'il ne le remettrait de sa vie ; il monta dans sa chambre, ouvrit sa commode, en tira toutes ses chemises, et leur coupa le col impitoyablement, la guillotine étant une paire de ciseaux de sa mère. Il alluma du feu, brûla son Boileau, son Voltaire et son Racine, tous les vers classiques qu'il avait, les siens comme les autres, et ce n'est que par miracle que ceux qui nous servent d'épigraphe ont échappé à cette combustion générale. Il se cloîtra chez lui, et lut tous les ouvrages nouveaux que Ferdinand lui avait prêtés, en attendant qu'il eût une royale assez confortable pour se présenter à l'univers. La royale se fit attendre six semaines; elle n'était pas encore très-fournie, mais du moins l'intention d'en avoir une était évidente, et cela suffisait. Il s'était fait confectionner, par le tailleur de Ferdinand, un habillement complet dans le dernier goût romantique, et, dès qu'il fut fait, il s'en revêtit avec ferveur, et n'eut rien de plus pressé que de se rendre chez son ami. L'ébahissement fut grand dans toute la longueur de la rue Saint-Denis; l'on n'était pas accoutumé à de pareilles innovations. Daniel avançait majestueusement, accompagné d'une queue de petits polissons criant à la chienlit; mais il n'y faisait seulement pas attention, tant il était déjà cuirassé contre l'opinion, et dédaigneux du public : deuxième progrès !

Il arriva chez Ferdinand qui le félicita du changement opéré en lui. Daniel demanda lui-même un cigare, et le fuma vertueusement jusqu'au bout; après quoi Ferdinand, achevant ce qu'il avait commencé d'une manière triomphale, lui indiqua plusieurs recettes et ficelles pour différents styles, tant en prose qu'en vers. Il lui apprit à faire du rêveur, de l'intime, de l'artiste, du dantesque, du fatal, et tout cela dans la même matinée. Le rêveur, avec une nacelle, un lac, un saule, une harpe, une femme attaquée de consomption et quelques versets de la Bible; l'intime, avec une savate, un pot de chambre, un mur, un carreau cassé, avec son beefsteak brûlé ou toute autre déception morale aussi douloureuse; l'artiste, en ouvrant au hasard le premier catalogue venu, en y prenant des noms de peintres en *i* ou en *o*, et pardessus tout, en appelant Titien, Tiziano, et Véronèse, Paolo Cagliari; le dantesque, au moyen de l'emploi fréquent de donc, de si, de or, de parce que, de c'est pourquoi; le fatal, en fourrant, à toutes les lignes, ah! oh! anathème! malédiction! enfer! ainsi de suite, jusqu'à extinction de chaleur naturelle.

~~et voir~~ aussi comment on s'y prenait pour trouver la rime riche ; il cassa plusieurs vers devant lui, il lui apprit à jeter galamment la jambe d'un alexandrin à la figure de l'alexandrin qui vient après, comme une danseuse d'opéra qui achève sa pirouette dans le nez de la danseuse qui se trémousse derrière elle ; il lui monta une palette flamboyante : noir, rouge, bleu, toutes les couleurs de l'arc-en-ciel, une véritable queue de paon ; il lui fit aussi apprendre par cœur quelques termes d'anatomie, pour parler cadavre un peu proprement, et le renvoya maître passé en la gaie science du romantisme.

Chose horrible à penser ! quelques jours avaient suffi à détruire une conviction de plusieurs années ; mais aussi le moyen de croire à une religion tournée en ridicule, surtout quand l'insulteur parle vite, haut, longtemps et avec esprit, dans un bel appartement et dans un costume incroyable ?

Daniel fit comme les prudes : dès qu'elles ont failli une fois, elles lèvent le masque et deviennent les plus effrontées coquines qu'il soit possible de voir ; il se crut obligé à être d'autant plus romantique qu'il avait été classique, et ce fut lui qui dit ce mot, à jamais mémorable : Ce polisson de Racine, si je le rencontrais, je lui passerais ma cravache à travers le corps ! et cet autre, non moins célèbre : A la guillotine, les classiques ! qu'il cria debout sur une banquette du parterre, à une représentation de *l'Honneur castillan*. Tant il est vrai qu'il était passé, du voltairianisme le plus constitutionnel, à l'hugolâtrie la plus cannibale et la plus féroce.

Jusqu'à ce jour, Daniel Jovard avait eu un front; mais, à peu près comme monsieur Jourdain parlait en prose, sans s'en douter; il n'y avait pas fait la moindre attention. Ce front n'était ni très-haut ni très-bas; c'était tout naïvement un honnête homme de front qui ne pensait pas à autre chose. Daniel résolut de s'en faire un front incommensurable, un front de génie, à l'instar des grands hommes d'alors. Pour cela, il se rasa un pouce ou deux de cheveux, ce qui l'agrandit d'autant, et se dégarnit tout à fait les tempes; au moyen de quoi il se procura un haut de tête aussi gigantesque que l'on pût raisonnablement l'exiger.

Donc comme il avait un front immense, il lui prit une soif, également immense, sinon de réputation, du moins de famosité.

Mais comment jeter au milieu d'un public insouciant et railleur les six lettres ridicules qui formaient son nom patronymique? Daniel, cela allait encore; mais Jovard! quel abominable nom! Signez donc une élégie Jovard! cela aurait bonne mine, il y aurait de quoi décréditer le plus magnifique poëme.

Pendant six mois, il fut en quête d'un pseudonyme; à force de chercher et de se creuser la cervelle, il en trouva un. Le prénom était en us, le nom bourré d'autant de k, de doubles w et autres menues consonnes romantiques, qu'il fut possible d'en faire tenir dans huit syllabes: il aurait fallu, même à un facteur, six jours et six nuits seulement pour l'épeler.

Cette belle opération terminée, il ne s'agissait plus que de l'apprendre au public. Daniel mit tout en œuvre ; mais sa réputation était loin d'aller aussi vite qu'il l'aurait voulu ? un nom a tant de peine à se glisser dans les cervelles, entre tant d'autres noms ! entre le nom d'une maîtresse et celui d'un créancier, entre un projet de bourse et une spéculation sur le sucre ! Le nombre des grands hommes est si formidable, qu'à moins d'avoir une mémoire comme Darius, César ou le Père Ménétrier, il est bien difficile d'en savoir le compte. Je n'aurais jamais fini si je disais toutes les folles idées qui passèrent par la tête fêlée du pauvre Daniel Jovard.

Il eut maintes fois le désir d'écrire son nom sur toutes les murailles, entre les croquis priapiques et les nez de Bouginier, et autres ordures de l'époque, détrônées aujourd'hui par la poire de Philippon.

Quelle envie forcenée il portait à Crédeville, dont le nom était connu de toute la population parisienne, grâce à la signature apposée à l'angle de chaque rue ! Il aurait voulu s'appeler Crédeville, même au prix de l'épithète de voleur, qui l'accompagne imperturbablement.

Il eut l'idée de faire promener le nom si laborieusement forgé sur les épaules et la poitrine de l'homme-affiche, ou de le faire broder sur son propre gilet, en grandes lettres, et cela bien avant les Saint-Simoniens.

Il délibéra quinze jours s'il ne se suiciderait pas, pour faire mettre son nom dans les journaux, et ayant entendu crier dans les rues la condamnation à mort d'un criminel, il eut la tentation d'assassiner quelqu'un pour se faire guillotiner et occuper de lui l'attention publique. Il y résista vertueusement, et sa dague resta vierge, heureusement pour lui et pour nous.

De guerre lasse, il revint à des moyens plus doux et plus ordinaires : il composa une multitude de vers qui parurent dans plusieurs journaux inédits, ce qui avança beaucoup sa réputation.

Il lia connaissance avec plusieurs peintres et sculpteurs de la nouvelle école, et, moyennant quelques déjeuners, quelques écus prêtés, sans intérêts, bien entendu, il se fit peindre, sculpter et lithographier, de face, de profil, de trois quarts, en plafond, à vol d'oiseau, par derrière, dans tous les sens imaginables. Il n'est pas que vous n'ayez vu un de ses portraits au Salon ou derrière le vitrage de quelque marchand de gravures, avec un tout petit masque, le front démesuré, la barbe prolixe, les cheveux en coup de vent, le sourcil en bas, la prunelle en haut, ainsi qu'il est d'usage pour les génies byroniens. Le nom, écrit en caractères capricants et biscornus comme une ligne de cabale ou une rune de l'Edda, vous le fera facilement reconnaître.

Tous les moyens de détourner l'œil sur lui, il les emploie : son chapeau est plus pointu que tous les autres ; il a plus de barbe à lui seul que trois sapeurs, sa renommée croît en raison de sa barbe; vous avez aujourd'hui un gilet rouge, demain il portera un habit écarlate. Regardez-le un peu, je vous prie! il se donne tant de mal pour obtenir un de vos regards, il mendie un coup d'œil comme un autre une place ou une faveur; ne le confondez pas avec la foule, il se jetterait par-dessus le pont. Pour attirer votre attention, il marcherait sur la tête et monterait à cheval à rebours.

Ce qui m'étonne, c'est qu'il n'ait pas encore mis des gants à ses pieds et ses bottes dans ses mains, cela serait pourtant fort remarquable. On le rencontre partout: au bal, au concert, dans l'atelier des peintres, dans le cabinet des poëtes en vogue. Il n'a pas manqué, depuis deux ans, une seule première représentation; on peut l'y voir, sans rien payer par-dessus le prix de sa place, au balcon de droite. où se mettent ordinairement les artistes et les littérateurs : ce spectacle-là vaut souvent l'autre : il est admis dans les coulisses, le souffleur lui dit : Mon cher, et lui donne la main; les figurantes le saluent, la prima donna lui parlera l'année prochaine. Vous voyez qu'il fait son chemin rapidement. Il a un roman en train, un poëme en train; il a lecture pour un drame qu'il ne manquera pas de faire; il va avoir le feuilleton d'un grand journal, et j'apprends qu'un éditeur à la mode est venu pour lui faire des propositions. Son nom est déjà sur tous les catalogues, comme il suit : M.....us Kwpl... un roman ; dans six mois on en mettra le filtre, le premier substantif quelconque qui lui passera par l'idée; ensuite, on mettra en vente la septième édition, sauf à ne jamais faire la première, et, avant qu'il soit peu, grâce aux leçons de Ferdinand, à sa barbe et à son habit, M. Daniel Jovard sera une des plus brillantes étoiles de la nouvelle pléiade qui luit à notre ciel littéraire.

Lecteur, mon doux ami, je t'ai donné ici, en te donnant l'histoire de Daniel Jovard, la manière de devenir illustre, et la recette pour avoir du génie, ou du moins pour s'en passer fort commodément. J'espère que tu m'en auras une reconnaissance égale au service. Il ne tient qu'à toi d'être un grand homme, tu sais comment cela se fait; en vérité, ce n'est pas difficile, et si je ne le suis pas, moi qui te parle, c'est que je ne l'ai pas voulu : j'ai trop d'orgueil pour cela. Si tout ce bavardage ne t'a pas trop impatienté, tourne le feuillet, je vais traiter de la passion dans ses rapports avec les Jeunes-France, sujet fort intéressant, et qui donnera lieu à beaucoup de développements absolument neufs et qui ne sauraient manquer de te plaire.

CELLE-CI ET CELLE-LA

ou

LA JEUNE-FRANCE PASSIONNÉE

> Rosalinde. — Est-il formé de la main de Dieu? Quelle espèce d'homme est-ce? Sa tête est-elle digne d'un chapeau et son menton d'une barbe?
> Célie. — Non ; il n'a qu'une barbe très-courte.
> Rosalinde. — Eh bien? Dieu lui en enverra une plus longue, s'il est reconnaissant envers le ciel.
> *Comme il vous plaira.*

Le 31 août, à midi moins cinq, Rodolphe, plus matineux que de coutume, se jeta en bas de son lit, et alla se planter tout d'abord devant la glace de la cheminée, pour voir s'il n'aurait pas, d'aventure, changé de physionomie en dormant, et pour se constater à lui-même qu'il n'était pas un autre, cérémonie préliminaire à laquelle il ne manquait jamais, et sans quoi il n'aurait pu vivre convenablement sa journée. S'étant assuré qu'il était bien le Rodolphe de la veille, qu'il n'avait que deux yeux ou à peu près, selon son habitude, que son nez était à sa place ordinaire, qu'il ne lui était pas poussé de cornes pendant son sommeil, il se sentit soulagé d'un grand poids, et entra dans une merveilleuse sérénité d'esprit. Du miroir, ses yeux se portèrent par hasard sur un almanach accroché à un clou doré au long de la boiserie, et il vit, ce qui le surprit fort, car c'était le personnage le moins chronologique qui fût au monde, que c'était précisément le jour de sa naissance, et qu'il avait vingt et un ans. De l'almanach, son regard tomba sur un rouleau de papier tout humide, tacheté d'encre et bosselé de caractères informes : c'était la dernière feuille d'un grand poëme qu'il avait sous presse, et qui devait immanquablement faire reluire son nom entre les plus beaux noms.

Rodolphe, à cette triple découverte, se prit à réfléchir fort profondément.

Il résultait de tout ceci qu'il avait de grands cheveux noirs, des yeux longs et mélancoliques, un teint pâle, un front assez vaste et une petite moustache qui ne demandait qu'à devenir grande : un physique complet de jeune premier byronien !

Qu'il était majeur, c'est-à-dire qu'il avait le droit de faire des lettres de change, d'être mis à Sainte-Pélagie, d'être guillotiné comme une grande personne, outre le glorieux privilége d'être garde national et César à cinq sous par jour, s'il attrapait un mauvais numéro !

Qu'il était poëte, puisque environ trois mille lignes rimées par lui allaient paraître sur papier satiné, avec une belle couverture jaune et une vignette inintelligible ! Ces trois choses établies, Rodolphe sonna et se fit apporter à déjeuner : il mangea fort bien.

Après qu'il eut fini, il baissa le store de sa fenêtre, se fit une cigarette, et se renversa dans sa causeuse tout en suivant en l'air la blonde fumée du maryland. Il pensait qu'il était beau garçon, majeur et poëte, et, de ces trois pensées, une pensée unique surgit victorieusement comme une conséquence forcée, c'est qu'il lui fallait une passion, non une passion épicière et bourgeoise, mais une passion d'artiste, une passion volcanique et échevelée, qu'il ne lui manquait que cela pour compléter sa tournure, et le poser dans le monde sur un pied convenable.

Ce n'est pas tout que d'avoir une passion, encore faut-il qu'elle ait un prétexte quelconque. Rodolphe résolut que la femme qu'il aimerait serait exclusivement Espagnole ou Italienne, les Anglaises, Françaises et Allemandes étant infiniment trop froides pour fournir un motif de passion poétique. D'ailleurs, il avait en mémoire l'invective de Byron contre les pâles filles du Nord, et il se serait bien gardé d'adorer ce que le maître avait formellement anathématisé.

Il décida que sa future maîtresse serait verte comme un citron, qu'elle aurait le sourcil arqué d'une manière aussi féroce que possible, les paupières orientales, le nez hébraïque, la bouche mince et fière, et les cheveux assortis à la couleur de la peau.

Le patron taillé, il ne s'agissait plus que de trouver une femme qui s'y ajustât. Rodolphe pensa judicieusement que ce ne serait pas dans sa chambre qu'il la rencontrerait. Aussi il choisit le plus extravagant de ses gilets, le plus fashionable et le plus osé de tous ses habits, le plus collant de ses pantalons, il revêtit le tout, et, armé d'un lorgnon et d'une badine, il descendit dans la rue, et s'en alla aux Tuileries dans l'espoir de quelque rencontre heureuse et propre à son destin.

Il faisait le plus magnifique temps du monde ; à peine quelques nuages floconneux se bouclaient-ils dans le bleu du ciel au gré d'une brise chaude et parfumée ; le pavé était blanc, et la rivière miroitait au soleil ; il y avait foule dans la grande allée et dans les contre-allées ; le ruisseau d'élégantes et de dandys avait peine à couler entre les deux quais de chaises et de spectateurs. Rodolphe se mêla à la cohue, et ajouta un flot de plus au torrent.

Il s'en allait coudoyant ses voisins de droite et de gauche, fourrant sa tête sous le chapeau des femmes, et les regardant entre les deux yeux avec son binocle. Il s'élevait sur son passage une longue traînée de malédictions et de : Prenez donc garde ! entrecoupés çà et là du : Oh ! admiratif de quelque merveilleux, pour son gilet ou sa cravate ; mais, entièrement à son idée, Rodolphe ne faisait guère plus d'attention aux éloges qu'aux injures, et, à chaque visage rose et frais encadré dans le satin et la moire, il se reculait comme s'il eût vu le Diable en personne.

Ce n'est pas qu'il ne rencontrât quelques figures pâles et décolorées ; mais c'étaient des pâleurs de cire, des pâleurs de fatigue et d'excès, ou bien des transparences de nacre de perle, des diaphanéités de blondes et de poitrinaires, mais non pas la pâleur mate et chaude, le beau ton méridional dont il s'était fait une loi d'être épris. Ayant parcouru trois ou quatre fois la longueur de l'allée et cela sans succès, il se préparait à sortir, quand il se sentit prendre le bras. C'était son camarade Albert : ils sortirent ensemble et s'en furent dîner.

Les passions dévorantes qui bouillonnaient dans son sein lui avaient aiguisé l'appétit: il mangea encore mieux qu'à son déjeuner, et se grisa très-confortablement, ainsi que son honorable ami.

Le dîner achevé, nos deux drôles s'en furent à l'Opéra.

Rodolphe, quoique passablement aviné, ne perdait pas son idée de vue ; un secret pressentiment lui chantait tout bas à l'oreille qu'il trouverait là ce qu'il cherchait. Quand il entra dans la salle, on jouait l'ouverture. Un torrent d'harmonie, de lumière et de vapeur chaude l'enveloppa soudain et le prit aux jambes. Le théâtre oscilla deux ou trois fois devant ses yeux ; les tibias lui flageolaient d'une étrange manière ; le lustre, dardant dans ses prunelles de longues houppes filandreuses de rayons prismatiques, le forçait à cligner les paupières ; la rampe, s'interposant comme une herse de feu entre les acteurs et lui, ne les lui laissait voir que comme des apparitions effrayantes ; la tête lui tintait comme si un démon invisible lui eût frappé avec un marteau les parois internes du crâne, et il apercevait vaguement les notes de musique, sous la forme de scarabées de diverses couleurs, voltigeant et sautelant par la salle, le long des cintres et des corniches, et rendant un son clair lorsqu'elles frappaient le mur de leurs élytres, à peu près comme les hannetons lâchés dans une chambre, qui fouettent les carreaux de leurs ailes, et se vont cogner au plafond avec un tintamarre horrible.

Rodolphe, qui avait soutenu plus d'un duel avec l'ivresse, ne se déconcerta pas pour si peu ; il prit bravement son parti : il boutonna son frac jusqu'au col, remonta sa cravate, prit sa badine entre ses dents, enfonça ses deux mains dans ses goussets, écarquilla les yeux pour ne pas s'endormir, et fit la contenance la plus héroïque du monde.

Peu à peu les fumées du vin se dissipèrent, et, prenant la lorgnette des mains de son ami, qui ronflait théologalement, et dont la tête allait et venait comme un balancier de pendule, l'intrépide Rodolphe se mit à regarder la salle de haut en bas et de bas en haut, et à chercher dans ce triple cordon de femmes de tout âge et de toute condition la reine future de son cœur.

9.

La lumière du gaz et des bougies glissait sur les épaules satinées et lustrées par leurs mille reflets, les yeux papillotaient, bleus ou noirs; Rodolphe ne poussait pas l'inspection plus loin, et il passait à une autre femme quand il apercevait la moindre teinte d'azur dans une prunelle. Les gorges deminues se modelaient hardiment sous les blondes et sous les diamants, les petites mains gantées de blanc et agitant les cassolettes émaillées, se posaient avec coquetterie sur le rebord rouge des loges. La soie, le velours, les chairs blondes et argentées, tout cela chatoyait et resplendissait étrangement; mais, parmi toutes ces têtes calmes et animées, belles ou jolies, parmi tous ces minois chiffonnés ou spirituels, le malheureux et passionné Rodolphe ne découvrait pas son idéal. Il en avait bien trouvé çà et là quelques morceaux disséminés dans plusieurs femmes : un œil dans celle-ci, la bouche dans celle-là, les cheveux dans cette autre, le teint dans une quatrième, mais jamais tout cela ensemble, en sorte qu'il eût été obligé d'avoir au moins dix femmes à adorer partiellement pour compléter tout à fait le romantique patron qu'il s'était taillé. Ce n'est pas que cela lui eût déplu au fond, car il était un peu Turc sous ce rapport, et la polygamie, je ne sais trop pourquoi, ne lui paraissait pas un crime aussi abominable qu'il le paraît à nos platoniques dames françaises.

Elles conçoivent très-bien qu'une femme ait deux amants, mais qu'un homme ait deux maîtresses, fi donc ! elles crient à la monstruosité, ou se mettent à sourire d'un air incrédule. Ne trouvez-vous pas que cela est humiliant pour nous?

Rodolphe était sur le point de croire que son pressentiment lui avait menti, lorsque la porte d'une loge s'ouvrit tout à coup, et donna d'abord passage à une bénigne et insignifiante figure qui ne pouvait être que la figure d'un mari et ensuite à une dame vêtue d'une robe de velours noir et très-décolletée, qui ne pouvait être que sa femme légitime par-devant le maire et le curé. Elle s'assit, mais de façon à tourner le dos à Rodolphe, qui n'avait pu voir si la beauté de ses traits répondaient à celle de ses épaules.

Cette épaule était blanche, mais légèrement teintée de demi-tons olivâtres qui allaient augmentant d'intensité, à mesure qu'ils se rapprochaient de la nuque; elle était grasse et potelée, mais laissait apercevoir sous la chair une musculature souple et forte, à la manière des épaules italiennes.

Rodolphe était dans une anxiété terrible, et se mourait de peur qu'elle ne détruisît, en se retournant, les belles illusions qu'il commençait à se bâtir; cependant il aurait donné plus d'argent qu'il ne possédait pour qu'elle changeât de position.

Enfin elle fit un léger mouvement: sa tête commença à tourner avec lenteur sur son corps immobile; ces trois beaux plis, nommés collier de Vénus et si stupidement supprimés par nos peintres, se dessinèrent plus fortement sur son cou frais et brun; la tempe, la pommette de sa joue et son menton, de forme antique, se montrèrent peu à peu, de façon à produire cette espèce de profil, appelé profil perdu, que les grands maîtres, et surtout Raphaël, affectionnent particulièrement ; mais je n'en sais la raison, elle n'acheva pas le demi-tour qu'elle semblait vouloir faire, et elle demeura ainsi, au grand dépit de Rodolphe, toujours plongé dans la plus terrible incertitude.

Certainement, ce qu'il voyait était beau et tout à fait dans le caractère qu'il désirait, mais il ne voyait ni le nez, ni les yeux, ni la bouche ; peut-être avait-elle le nez rouge, les yeux bleus et la bouche blanche. Il se penchait sur le balcon à tomber dans le parterre, pour en découvrir davantage : impossible ! et, dans son désespoir, il invoquait tous les saints du paradis.

Sa prière fut suivie d'effet, la dame se retourna tout d'un coup. Rodolphe se trouva enlevé au septième ciel, comme si un machiniste de l'Opéra l'eût hissé au bout d'une ficelle. C'était la réalité de son idéal !

Elle était bien comme il l'avait rêvée : un sourcil arabe, noir et fin, à paraître dessiné au pinceau, couronnait dignement un bel œil brun et humide ; le nez, aux narines ouvertes et vermeilles, était de la plus parfaite correction ; la bouche, d'une couleur et d'une forme irréprochables, également propre à décocher un sarcasme et à appuyer un baiser.

Quand au teint, il était chaud et vivace, un peu

jaune et bistré, mais clair et transparent comme celui de la belle Romaine, d'Ingres ; c'était incontestablement un teint d'Espagnole ou d'Italienne ; et si la passion n'habitait pas sous cette peau olivâtre et dans ces beaux yeux noirs, c'est qu'il n'y en avait plus en ce monde, et qu'il fallait l'aller chercher dans l'autre.

Une seule chose contrariait Rodolphe, c'était le mari, avec sa bonne et honnête figure. Il l'aurait souhaité tout différent, car il n'avait guère le physique d'un mari comme il les faut dans les drames. Il avait des favoris soigneusement taillés, le haut de la tête un peu chauve, une belle cravate blanche pas trop mal mise, ma foi ! pour un mari qui n'est qu'avec sa femme, des gants pas trop larges et un gilet d'une coupe assez nouvelle. Il n'avait rien d'Othello ni de Georges Dandin, il n'avait l'air ni ridicule ni terrible, il était aussi parfaitement incapable de se battre en duel avec l'amant de sa femme que de la faire citer devant les tribunaux ; il gardait dans ces occasions-là le silence le plus philosophique. A dire vrai, il n'y faisait pas grande attention, et ses lunettes bleues ne lui servaient pas à voir plus clair dans ces sortes de choses : c'était un mari convenable et sachant le monde. Je souhaite que vous en puissiez trouver un pareil pour mademoiselle votre fille, si Dieu vous en a affligé d'une.

Rodolphe comprit, à la première vue, que le drame n'était pas possible de ce côté-là ; mais il croyait s'en dédommager amplement du côté de la femme. Nous verrons.

Cependant son ami Albert dormait comme un chantre à matines.

Rodolphe découpa soigneusement la silhouette de la belle inconnue, avec ses yeux aidés de sa lorgnette, et la serra dans un recoin de son cœur, afin de la pouvoir reconnaître en tous les lieux du monde.

Cela fait, il rêva au moyen de lier connaissance avec elle, d'apprendre qui elle était, et comment on y pouvait arriver.

Il roula dans sa tête une infinité de projets, tous plus passionnés les uns que les autres.

Il résolut d'abord de se présenter à sa princesse comme les héros des romans espagnols, en tuant quelque taureau furieux ;

Ou comme Antony, en se jetant au-devant des chevaux de sa voiture ;

Ou comme don Cléofas, en la sauvant d'un incendie ; mais une seule condition rendait ces projets inexécutables, c'était l'impossibillité d'une pareille circonstance ; il est vrai qu'on pouvait la faire naître soi-même en mettant le feu à la maison, ainsi que Lovelace dans *Clarisse Harlowe*, mais cela était fort chanceux, les pompiers pouvant très-bien se charger de l'affaire, et le Code civil ne badinant pas avec ces sortes de choses et n'entendant rien du tout aux développements de la passion.

Il était donc singulièrement perplexe : la fin de la

représentation approchant, il fallait prendre un parti quelconque, ou courir le risque de ne jamais revoir sa divinité.

Il donna un grand coup de coude dans les côtes d'Albert.

— Ouf! fit douloureusement celui-ci, éveillé au milieu d'un rêve anacréontique.

— Connais-tu cette dame, enragé dormeur?

Albert était comme Alexandre Dumas, il avait environ quarante mille amis intimes, sans compter les femmes et les petits enfants : cela se sous-entend toujours.

Albert lui répondit, sans la regarder, et avec un ton de supériorité blessée : — Certainement; et il se redressa de toute sa hauteur : — C'est la cinquième loge en partant de la colonne, la dame en noir, celle qui lorgne en ce moment-ci? — Bien, j'y suis. Et il cligna à plusieurs reprises ses yeux avinés : — Pardieu! je veux être fendu en quatre, si ce n'est madame de M***, la dernière maîtresse de Ferdinand : son mari est un bonhomme.

— Ah! répondit Rodolphe d'un air de réflexion profonde.

— C'est une femme répandue, et qui voit beaucoup de monde; il y a très-bonne société chez elle; son jour est le samedi; continua Albert avec volubilité.

— Tu la connais?

— Comme je te connais; je suis un ami de la maison.

— Ainsi, tu me pourrais présenter?

— Assurément, rien n'est plus facile. Je la verrai demain, je lui parlerai de toi : c'est une affaire faite.

La toile tomba : la salle se vida peu à peu. Les deux amis se prirent le bras et sortirent. Rodolphe vit sous le péristyde madame de M***, qu'Albert salua et à qui elle rendit son salut, d'un air de familiarité. Elle était aussi belle de près que de loin, et, quand elle monta en voiture, Rodolphe put apercevoir un pied qu'on aurait trouvé petit dans un bas espagnol, et une jambe comme bien peu pouvaient se vanter d'en avoir.

— Voici un pied d'Andalouse, se dit-il à part lui : ceci est d'une bonne couleur, et ma passion se culotte tout à fait. Je veux perdre mon nom et manquer une première représentation d'Hugo, si je ne deviens pas fou de cette femme avant qu'il soit deux jours d'ici.

De retour chez lui, quoiqu'il fût une heure du matin, il se mit à donner du cor à pleins poumons; il déclama à tue-tête deux ou trois cents vers d'*Hernani;* puis il se déshabilla, jeta son gilet sous la table et ses bottes au plafond, en signe d'allégresse; après quoi il se coucha, et dormit sans débrider jusqu'au lendemain midi.

Dès qu'il fut réveillé, il pensa à la belle madame de M***, sa future passion. Il serait dans l'ordre qu'il en eût rêvé toute la nuit; c'est ainsi que cela se pratique dans les romans d'amour et les lamentations élégiaques, mais je dois à ma conscience d'historien d'affirmer le contraire. Rodolphe, cette nuit-là, n'eut qu'un cauchemar abominable où il se voyait traversant le bois de Boulogne sur une rosse de louage, avec un habit de 1828, un gilet à châle, un pantalon à la cosaque et une colonne corinthienne pour chapeau ; il ne rêva rien de plus, je vous jure. Ah ! si ; il songea encore qu'on lui servait à déjeuner une semelle de botte au beurre d'anchois, avec les clous et les fers, ce qui le mit dans une si grande fureur, qu'il se réveilla jurant comme plusieurs charretiers.

Revenant à la rencontre inopinée qu'il avait faite la veille, il se prit à réfléchir que jusques-là sa passion d'artiste s'emmanchait exactement comme aurait pu le faire celle d'un marchand de bougies diaphanes ou même celle d'un député, ce qui l'humilia profondément, et le jeta dans un abattement difficile à décrire.

Il fut presque sur le point de renoncer à celle-là, et d'en chercher une autre ; ensuite il se ravisa, et résolut de pousser l'aventure jusqu'au bout, faisant cette réflexion judicieuse que *l'Iliade* commençait fort simplement, et n'en était pas moins un assez beau poëme ; que *Roméo et Juliette* commençait fort simplement aussi, par une conversation entre deux valets, ce qui ne l'empêchait pas d'être une très-passable tragédie.

— Vive Dieu ! se dit-il en se frappant le front, la femme est belle, c'est le principal, et le canevas du drame est bon. Je serais un grand sot, et je mériterais d'entrer à l'Académie, sur l'heure, si je ne parvenais à y broder quelques petits incidents un peu byroniens. Si ce garde national de mari pouvait être jaloux seulement, cela serait à merveille, et rien ne serait plus facile que de faire avec cela une comédie de cape et d'épée, dans le goût espagnol. Anathème! je suis fatal et maudit, rien ne va comme je veux;

— Hop! Mariette, ouvrez aux chats, et faites-moi à déjeuner.

Mariette, comme une servante-maîtresse qu'elle était, ne se dépêchait pas trop d'obéir; enfin elle ouvrit, et trois ou quatre chats, de grosseur et de pelage différents, allèrent prendre place sans façon dans le lit, à côté du passionné Rodolphe; car, après les femmes, les bêtes étaient ce qu'il aimait le mieux. Il les aimait comme une vieille fille, comme une dévote dont son confesseur même ne veut plus, et je puis assurer qu'il mettait un chat infiniment au-dessus d'un homme, et immédiatement au-dessous d'une femme. Albert avait essayé en vain de supplanter, dans l'affection de Rodolphe, Tom, son gros matou tigré: il n'avait pu obtenir que la seconde place: je crois même qu'il aurait hésité entre sa petite chatte blanche et la brune madame de M***.

— Mariette!
— Monsieur.
— Approchez donc.

Mariette s'approcha.

— Mariette, tu es jolie ce matin.

— Je ne l'étais donc pas hier, que vous le remarquez aujourd'hui ?

— Oh ! de l'esprit ! je te renverrai, si tu t'avises d'en avoir encore. Embrasse-moi.

— De qui monsieur est-il amoureux ?

— De qui ? de toi, pardieu ! parce que tu es une bonne fille, et, ce qui vaut mieux, une belle fille. Pourquoi cette question ?

— C'est que vous ne m'embrassez ainsi que lorsque vous avez en tête quelque belle passion : ce n'est pas moi que vous embrassez, c'est l'autre, et j'avoue que je crois pouvoir l'être pour mon compte.

— Orgueilleuse ! beaucoup de belles dames voudraient être à ta place ; que t'importe de n'être pas la cause, si tu profites de l'effet ?

Et Rodolphe fit pencher jusque sur l'oreiller la tête de Mariette.

— Je t'assure que ceci est pour toi et non pour une autre, dit-il en étouffant sous ses lèvres le faible : Laissez-moi donc, monsieur ! que Mariette crut devoir à sa pudeur, quoiqu'au fond, elle n'eût aucune envie d'être laissée.

La petite chatte, étrangement foulée, sauta à bas du lit, en miaulant d'un ton aigre.

— Et le déjeuner qui ne se fait pas, et M. Albert qui doit venir, dit Mariette en passant ses doigts dans ses cheveux défrisés.

— Tu as raison, fit Rodolphe en décroisant ses bras, et, comme dit don Juan, il faut pourtant bien que l'on s'amende.

Mariette sortit. Rodolphe tira une feuille de son carnet, et se mit, pour tuer le temps, à rimer quelques vers. Nous demandons humblement pardon au lecteur de lui voler une douzaine de lignes de prose en les transcrivant ici, mais cela est indispensable à la clarté de cette intéressante histoire. Ils étaient adressés, cela va sans dire, à madame de M*** :

> O reine de mon cœur! ô brune Italienne!
> Quelle beauté peut-on comparer à la tienne!
> On te dirait de marbre et taillée au ciseau,
> Si le soleil romain, en te baisant la peau,
> Ne t'avait pas dorée avec sa teinte étrange,
> Et rendu le sein blond comme la blonde orange.
> Une flamme divine illumine tes yeux,
> L'ange, pour s'y mirer, abandonne les cieux,
> Et si, dans la cité de douleur éternelle,
> Il tombait un rayon de ta noire prunelle,
> Il remettrait l'espoir à l'âme des maudits,
> Et l'enfer un moment serait le paradis!

Albert entra.

— Que diable! que griffonnes-tu là, Rodolphe? Cela ne va pas jusqu'au bord du papier; ce doit être des vers, ou le grand diable m'emporte. Donne, que je voie!

Rodolphe tendit le carré de vélin, comme un enfant tend la main à la férule du maître d'école; car Albert était un impitoyable censeur, et, comme il ne faisait pas de vers, il ne pouvait lui rendre la pareille.

— C'est du cavalier Bernin frotté d'un peu de Dante ; peut-être y a-t-il aussi un filet de concetti shakspearien, mais c'est peu de chose. Or, ceci est un madrigal à la Julia Grisi, ou je me trompe fort.

— Comment! cria Rodolphe d'un ton effrayé j'ai fait ces vers pour madame de M***, dont je suis éperdûment épris depuis hier soir. Je suis décidé à me brûler la cervelle, si dans un mois je ne suis pas parvenu à m'en faire adorer.

— En vérité, il n'y a qu'un petit inconvénient, c'est que madame de M*** n'est pas Italienne le moins du monde, attendu qu'elle est née à Château-Thierry, ce qui est, je crois, une raison suffisante pour ne pas l'être.

— Ah! une infinité de tuyaux de cheminées qui me tombent sur la tête!... Tenez-vous donc tranquille, Tom, et ne sortez pas vos pattes hors de la couverture, c'est indécent... Comment! cette méchante madame de M*** qui se permet d'être née à Château-Thierry, et d'avoir l'air plus italien que l'Italie elle même ; c'est tout à fait illégal! c'est abominable! Et ma passion donc, et ma pièce de vers, qu'est-ce que j'en vais faire? Cela est trop spécial pour que l'on puisse s'en servir ailleurs. Si c'était des vers d'âme, cela s'applique à tout le monde, même à celles qui n'en ont pas ; mais il y a un signalement en règle dans ces misérables rimes : un mouchard ou un maire n'aurait pas mieux fait. Diable! douze vers dantesques et une ébauche de passion perdus, on regarde à cela. Je ne puis pourtant avoir une passion née à Château-Thierry : cela n'a aucune tournure, et ne convient nullement à un artiste.

— Madame de M*** est belle, répliqua dogmatiquement Albert, et, au fond, n'y a-t-il pas plus de mérite à avoir l'air italien, étant née en France, qu'en étant tout naïvement Italienne, comme tout le monde l'est en Italie ?

— Ceci est excessivement profond, et vaut que l'on y réfléchisse, dit Rodolphe, en tirant son bonnet sur ses yeux.

Mariette apporta le déjeuner. Albert s'attabla auprès du lit, et toutes les têtes de chats, comme des girouettes dans le même rhumb de vent, se tournèrent simultanément du même côté. Albert mangea comme une meute de dogues, Rodolphe un peu moins, car il était inquiet du sort de sa pièce de vers, et il distribua presque toute sa viande à ses parasites fourrés.

Après déjeuner, les deux amis, laissant la passion de côté, agitèrent entre eux un plan de gilet sans boutons et imitant le pourpoint avec autant d'exactitude que la stupidité native des bourgeois de la bonne ville le pouvait permettre, sans trop s'exposer aux huées et aux rires à pleine gueule des polissons et des gobe-mouches.

Rodolphe, entièrement absorbé par cette importante occupation, ne songeait à madame de M*** non plus que lorsqu'il n'était encore que fœtus au respectable ventre de sa mère.

Rodolphe dessinait, Albert découpait les morceaux en papier, afin de les faire mieux comprendre au tailleur.

Quand tous les morceaux furent rassemblés, Albert, saisi d'un enthousiasme subit, s'écria, en frappant sur la table :

— Que je rencontre mon plus fier créancier dans un cul-de-sac, dans une impasse, comme dit M. Arouet de Voltaire, gentilhomme du roi, si ce n'est pas là le gilet le plus monumental qui soit sorti d'une cervelle d'homme ! Et dire que la société est en dégénérescence ! Calomnie atroce ! on ne s'est jamais mieux habillé.

— Et si l'on supprimait le collet et qu'on le remplaçât par un hausse-col, de même étoffe, bouclé par derrière, cela n'aurait-il pas le galbe le plus caractéristique, une tournure de cuirasse et de corselet tout à fait ravissante ? ajouta Rodolphe, laissant tomber ses syllabes une à une, comme des pièces d'or, et avec un air fortement convaincu de la supériorité de ce qu'il disait.

— Ce serait, à coup sûr, quelque chose de furieusement agréable, fit Albert, en quittant le ton dithyrambique pour le jargon précieux. Mais voici qu'il se fait tard : *adiusias*. Je m'en vais chez le tailleur, et de là chez ta passion ; tu auras probablement ta lettre d'invitation avant qu'il soit après-demain.

Cela dit, il pirouetta sur ses talons, et descendit l'escalier en chantonnant entre sa royale et ses moustaches un vieil air allemand de Sébastien Bach.

Rodolphe sortit aussi quelques instants après. A voir la manière dont il s'en allait dans la rue, la main dans sa poitrine, les sourcils sur le nez, les coins de sa bouche en fer à cheval, les cheveux aussi mal peignés que possible, il n'était pas difficile de comprendre que ce pâle et malheureux jeune homme avait un volcan dans le cœur.

— Monsieur ! monsieur ! vous avez oublié d'ôter votre bonnet de coton, et les polissons crient : A la chienlit ! après vous, dit Mariette en tirant par la basque de son habit son digne maître Rodolphe, qui ne s'en apercevait pas le moins du monde. Tenez, voilà votre chapeau.

Rodolphe, stupéfait, porta la main à sa tête et reconnut la vérité, l'épouvantable vérité.

A cet instant même, une dame d'une beauté rare et d'une tournure des plus élégantes, donnant le bras à un monsieur le plus insignifiant et le plus débonnaire d'aspect qu'il vous plaira d'imaginer, tourna subitement le coin de rue, et se trouva précisément en face de Rodolphe.

C'était madame de M***. A l'éclat de rire à peine comprimé qui jaillit de sa bouche, il ne put douter qu'elle ne l'eût vu.

Rodolphe se souhaitait sous la terre à la profondeur de la couche diluvienne, dans le lit calcaire où se trouvaient les os de mammouth ; il aurait bien voulu pouvoir se supprimer temporairement, ou avoir à son doigt l'anneau de Gygès, qui rendait invisible.

Il jeta le pyramidal bonnet à Mariette, et enfonça son chapeau sur sa tête, avec l'air de Manfred, sur le bord du glacier, ou de Faust, au moment de se donner au diable.

Ah! massacre et malheur! honte et chaos! tison d'enfer! anathème et dérision! terre et ciel! tête et sang! être rencontré en bonnet de coton par sa Béatrix! O Fortune! pouvais-tu jouer un tour plus cruel à un jeune homme dantesque et passionné!

Byron lui-même, qui avait l'ineffable avantage de signer comme Bonaparte, aurait paru ridicule avec un bonnet de coton; à plus forte raison Rodolphe, qui ne signait pas comme Bonaparte, et qui n'avait fait ni *le Corsaire* ni *Don Juan;* parce qu'il avait été trop occupé jusqu'à ce jour, et non pour un autre motif, je vous jure.

Un bonnet de coton, le mythe de l'épicier, le symbole du bourgeois! *Horror! horror! horror!*

— Je n'ai plus rien à faire avec ce monde, et il ne me reste qu'à mourir, pensa Rodolphe.

Et il se dirigea vers le pont Royal; quand il y fut arrivé, il s'accouda sur le garde-fou, regarda le soleil, attendit qu'un bateau qui descendait la rivière eût passé l'arche et se fût un peu éloigné. Alors il monta sur le parapet, et, avant que personne eût le temps de s'y opposer, il se jeta en bas, avec sa cravache et son chapeau.

Dans le trajet du pont à la surface de l'eau, il eut le temps de penser que le succès de son poëme était assuré par son suicide et que le libraire en vendrait au moins douze exemplaires ; de la surface au fond, il chercha quel motif on donnerait à sa mort dans les journaux. Il faisait très-beau ; les rayons du soleil, pénétrant la masse d'eau qui roulait au-dessus de lui, la rendaient blonde comme une topaze, et permettaient de distinguer le lit de la rivière, tout semé de clous, de tessons et de vaisselle cassée. Rodolphe voyait les goujons filer à côté de lui et frétiller de la queue ; il entendait la grande voix de la Seine bourdonner à son oreille. Cette réflexion lui vint alors, qu'étant aussi bien fait de sa personne qu'il l'était, il ne pouvait manquer d'être un très-joli cadavre et de produire une grande sensation à la Morgue. Il lui semblait déjà entendre les ah! et les oh ! des sensibles commères du quartier : « Il a la peau bien blanche ! et cette poitrine, et cette jambe d'officier ! quel dommage ! » et autre menues exclamations ; ce qui le rendait tout aise au fond de la rivière. Cependant le manque d'air commençait à lui comprimer les poumons et à lui causer une douleur abominable ; il n'y tint plus, et, oubliant l'opprobre qu'il y avait à revenir sur une terre où l'on avait été vu en bonnet de coton, il donna du pied contre le fond, et partit avec la rapidité d'une flèche. Le dôme de cristal allait s'éclaircissant de en plus plus ; en deux ou trois mouvements Rodolphe atteignit le niveau du fleuve, et put respirer à son aise.

Une foule immense couvrait les quais : « Le voilà ! le voilà ! » cria-t-on de toutes parts. Rodolphe, qui nageait comme une truite et qui aurait remonté une écluse de moulin, se sentant regardé, y mit de l'amour-propre, et se prit à tirer sa coupe avec toute la pureté imaginable. Son chapeau flottait près de sa badine, il les repêcha tous deux, mit le chapeau sur sa tête, et, nageant d'une main, il faisait siffler sa cravache de l'autre, au grand ébahissement de tous les gobe-mouches.

— C'est le marquis de Courtivron, disait celui-ci. — C'est le colonel Amoros, disait celui-là, qui fait des expériences gymnastiques. — C'est un farceur, ajoutait un troisième. — C'est une gageure, criait le quatrième. Mais personne, entre toutes ces brutes qui partagent avec la girafe le privilége de regarder le ciel en face, ne put deviner, ô passionné et magnanime Rodolphe ! pourquoi tu t'étais jeté du pont Royal en bas, et si quelqu'un d'eux avait su que c'était pour un bonnet de coton, il ne t'aurait pas compris, et aurait dit que tu étais un grand fou ; en quoi il aurait eu certainement tort.

Rodolphe, pimpant et guilleret, aborda en quelques minutes ; comme il ne pouvait s'en aller ainsi trempé, un officieux alla chercher un fiacre ; il y monta et rentra chez lui.

Mariette tomba de son haut en le voyant suant l'eau comme un dieu marin. Rodolphe lui expliqua la chose, et Mariette, qui aimait Rodolphe, quoique ce fût son maître, qu'il la payât fort exactement et lui fît toutes sortes de petits cadeaux, ne rit pas trop fort de sa mésaventure.

— Tenez, voilà vos pantoufles, fit-elle avec un geste amical ; voici Tom, votre chat favori ; voilà votre volume de Rabelais ; que voulez-vous de plus ? D'ailleurs, vous n'êtes pas si mal en bonnet de coton que vous voulez bien le croire, et vous en auriez deux ou trois douzaines sur la tête que je ne vous en trouverais pas moins bien, moi !

Mariette appuya très-fort sur le moi ; ce ne pouvait être que dans une excellente intention. Mariette, comme je l'ai déjà dit, était une belle et bonne fille ; quant à l'interprétation que donna Rodolphe à cet honnête monosyllabe, mes belles lectrices, je n'ose vous le dire, de crainte d'alarmer votre pudeur, et, s'il vous plaît, nous passerons dans la pièce à côté pour ne pas le gêner dans ses commentaires. Convenez que mon héros est un abominable mauvais sujet, et dites-moi pourquoi chaque élan de passion poétique qui le prend se résout en prose au bénéfice de Mariette.

— O Mariette ! au lieu d'être jalouse, tu devrais souhaiter que ton maître fût amoureux de vingt femmes ! tu ne saurais qu'y gagner.

Deux fois, dans la même journée, infidèle à l'idole de son cœur ! Immoral personnage ! l'envie me prend de laisser là ton histoire ; car tu ne vaux guère que l'on entretienne le public de tes faits et gestes. Si tu ne te corriges, j'y renoncerai assurément.

— Fi donc ! avec sa servante ! — Oui, madame, avec sa servante. — Comment ! un homme qui se respecte ? — Je vous assure que Rodolphe se respectait plus qu'un roi ou deux, et qu'il n'aurait pas cédé le haut du pavé à un empereur. — Encore, si c'était une femme comme il faut. — Est-ce que Mariette était comme il ne faut pas? Moi qui l'ai vue, je me permettrai d'être d'avis contraire. D'abord elle est affligée de quelque vingt ans, elle est drue et fraîche, elle a les yeux les plus beaux du monde, et, comme elle fait faire son service par le petit groom de Rodolphe, à qui, pour sa peine, elle donne de temps en temps quelques friandises et une tape amicale sur la joue, elle a les ongles aussi nets et la peau aussi blanche que vous, peut-être même plus, sans vouloir toutefois dénigrer vos perfections. Je pense qu'en voilà assez pour être une femme comme il faut. — Une femme du monde, une honnête femme? — Je n'ai jamais su que Mariette fût une femme de la lune, et quant à honnête femme, je prendrai la licence extrême de vous faire observer que si Rodolphe au lieu de coucher avec Mariette eût couché avec une de vos amies ou avec vous-même (ceci n'est qu'une supposition, pudique lectrice), vous n'auriez plus été des honnêtes femmes, du moins dans vos idées; car, pour moi, je ne pense pas qu'une bagatelle de cette espèce empêche de l'être: au contraire.

D'ailleurs les illustres exemples de ce genre ne manquent pas. De très-grands hommes ont aimé de petites grisettes; Rousseau se laissait battre par sa servante; de célèbres poëtes ont adoré des marchandes de pommes de terre frites, etc., etc.

Au surplus, ce que j'en dis ici n'est que pour excuser mon héros Rodolphe, avec lequel je vous prie de ne pas me confondre; car j'en mourrais de honte, et n'oserais, de ma vie, rien faire de malhonnête à une honnête femme, ce qui me ferait passer pour un personnage bien indécent, et me perdrait nécessairement de réputation.

Je lui ai fait les représentations les plus vives sur ce sujet; mais ce diable d'homme avait toujours des réponses à tout, et surtout de drôles de réponses, pour un homme passionné; il est vrai qu'en ce temps-là il n'avait pas vingt et un ans, et se souciait assez peu d'avoir une tournure artiste.

— Mon ami cher, tu n'es qu'un imbécile. (Lecteur et lectrice, si l'épouvantable indécence de ce livre me permet d'en avoir une, ne croyez pas un mot de cela : j'ai beaucoup d'esprit, mais c'était la formule habituelle de Rodolphe, quand il entrait en conversation avec moi.) Il y a dans Maynard deux vers que voici à peu près :

C'est un métier de dupe
Que d'employer six ans à lever une jupe.

et qui contiennent en substance plus de raison et de philosophie que toutes les fadeurs platoniques et les sornettes sentimentales que tu me cornes incessamment aux oreilles.

La Mariette, à qui je n'ai jamais fait de madrigal ni dit un seul mot d'amour, m'accorde libéralement et du meilleur cœur du monde, ce qu'une femme comme il faut me ferait attendre six mois, et ne me donnerait qu'avec force tartines sur la morale, les convenances et l'oubli des devoirs. Puisque le but est le même, le chemin le plus court est le meilleur. Mariette est le plus court, je prends par Mariette.

Et puis je n'aime pas qu'on se fasse violer pour une chose qu'on crève d'envie de faire : c'est une misérable escobarderie pour esquiver la responsabilité. Les honnêtes femmes sont toujours violées. Vous êtes des hommes sans honneur ! vous en avez au contraire beaucoup, puisque vous leur prenez le leur, ce qui, avec le vôtre, doit mathématiquement en faire deux, si je sais bien compter. On a abusé indignement de leur faiblesse ; elles ne savent pas comment cela s'est fait ! ni moi non plus, attendu que je n'y étais pas. Mais enfin, puisque cela est fait, elles ne voient pas d'obstacle à recommencer, et elles ne sont pas fâchées de se perdre plusieurs fois de suite, étant toujours sûres de se retrouver après. Les bonnes âmes ! on n'en a jamais mis dans les *Petites Affiches*, que je sache.

De plus, il vous arrive souvent avec elles ce qui arrive dans les pagodes indiennes : après avoir traversé une enfilade de pièces de la plus grande magnificence, après avoir marché deux heures dans des galeries peintes et dorées, après avoir vu vingt portes s'ouvrir et se fermer sur vous, vous parvenez enfin au sanctuaire, au saint des saints, et vous n'y trouvez qu'un vieux singe rogneux, se cherchant les puces dans une mauvaise cage de bois. Ainsi, après avoir levé la robe des convenances, le jupon de la pudeur et la chemise de la vertu, après avoir jeté là le corset, et les coussins d'ouate, et le d'haubersaert en bougran piqué, vous ne rencontrez, pour dédommagement de vos peines, qu'une maigre carcasse assez peu réjouissante... La première partie de la phrase est, je crois, d'Addison ; la seconde est certainement de moi ; mais, peu importe !

Alors vous faites la mine d'un perroquet qui vient de casser une noix creuse, et votre charmante vous jette les ongles aux yeux en vous appelant monstre ! c'est le moins.

Quant à moi, je suis paresseux, même en amour, et j'aime à être servi. Tout charmant qu'il soit, je n'achèterais pas ce plaisir par la moindre peine, et j'ai toujours méprisé les chiens qui font des gambades et sautent par-dessus un bâton pour avoir une tartelette ou une croquignole.

Ces sorte d'amants-là ne ressemblent pas mal aux portefaix qui montent un meuble par un escalier étroit. Celui qui est en bas supporte toute la charge ; l'autre qui ne porte rien, le gourmande d'en haut, et lui dit qu'il ne va pas assez vite et qu'il ne s'y prend pas convenablement ; bien heureux s'il ne lui lâche pas la commode sur les bras, et s'il ne le fait rouler, de marche en marche, jusqu'au milieu de la cour, aux dépens de sa tête et de son échine !

Rien de plus agréable au monde qu'une femme qui vous embrasse et vous tire vos bottes, qui ramasse votre mouchoir au lieu de vous faire ramasser le sien, et refait toute seule le lit que vous avez défait avec elle. Ni billets à écrire, ni élégies à rimer, ni factions à faire, ni rendez-vous à ne pas manquer, rien enfin de ces mille sujétions qui vous font un travail de galérien de la chose la plus nonchalante et la moins compliquée de la terre.

La Mariette, qui me sait indolent et qui est une fille courageuse et ne craint pas la peine, y met beaucoup du sien, et ne me laisse presque rien à faire. Je m'accommode assez de ce régime et j'ai, sans sortir de chez moi, ce que les coureurs d'aventures vont chercher bien loin, au péril de leurs os et de leur escarcelle.

Au fond, il n'y a rien de sûr en amour que la possession : le plus petit baiser prouve plus et vaut mieux que la plus belle protestation et je donnerais, moi qui te parle, pour une seule pulsation du cœur, la plus magnifique tirade sur l'union des âmes et autres niaiseries de cette force, bonnes pour des écoliers, des impuissants, des lamentateurs de l'école de Lamartine, et quelques idiots de haute futaie, comme toi, ou d'autres.

Retiens ceci, et serre-le dans un des tiroirs de ton jugement, pour t'en servir à l'occasion : Toute femme en vaut une autre, pourvu qu'elle soit aussi jolie : la duchesse et la couturière sont semblables à de certains moments, et la seule aristocratie possible maintenant chez les femmes, c'est la beauté; chez les hommes, c'est le génie. Aie du génie et une belle femme, et je t'appellerai monsieur le comte, et ta femme madame la comtesse.

Apprends encore ceci, monsieur l'amoureux de grandes dames. Il y a une douceur ineffable et souveraine à être servi par une femme à qui l'on sert, et c'est un plaisir que tu n'as jamais goûté et que tu ne goûteras jamais ; tes belles dames n'aiment pas assez pour cela, et nous autres, Français, quoique nés malins depuis un temps immémorial, nous sommes, à vrai dire de francs imbéciles, et nous ne portons pas les culottes. Ma foi, vivent les Turcs ! ces gaillards-là entendent les choses de la belle manière et comprennent largement la femme : outre qu'ils en ont plusieurs, ils les tiennent sous clef ; c'est doublement bien vu. L'Orient est, à mon sens, le seul pays du monde où les femmes soient à leur place : à la maison et au lit.

Mon doux Jésus ! que voulez-vous qu'on réponde à un pareil tissu de turpitudes ? J'en suis rouge comme une cerise, seulement de les transcrire, moi qui habituellement suis plus blême que Deburau ! Tout ce que je peux dire, c'est qu'il sera incontestablement damné dans l'autre monde, et qu'il n'aura pas le prix Montyon dans celui-ci. Si vous avez, mesdames, quelques objections à faire contre un système aussi monstrueux, je vous donnerai très-volontiers l'adresse de Rodolphe, et vous vous débattrez avec lui sur ces différents points : je vous souhaite beaucoup de succès ; quant à moi, je m'en lave les mains et je m'en vais continuer avec courage l'admirable épopée dont vous venez de voir le commencement.

Le lendemain Mariette, après l'avoir curieusement fait bâiller, remit à son maître une toute petite lettre où les chiffres de madame de M*** étaient estampés au fer froid. Il l'ouvrit avec précipitation : c'était son billet d'invitation. Dans les lacunes de l'impression, remplies par la main de madame de M***, une écriture anglaise grêle et fluette se penchait paresseusement de gauche à droite, et s'épaulait sans façon contre les lettres moulées. Cette écriture choqua Rodolphe : c'était l'écriture de toutes les femmes possibles, maintenant que toutes les femmes savent écrire et que les cuisinières orthographient épinards sans *h* aspirée. Cette anglaise-là était celle qu'on démontre en vingt-cinq leçons, et qui ne permet pas aux mœurs et aux habitudes de la personne de se reproduire dans ses courbes et ses déliés mathématiques. Richardson, qui a tout observé, fait la remarque que l'écriture de la mutine amie de Clarisse Harlowe était irrégulière et fantasque comme son esprit, et que les queues de ses *p* et de ses *g* étaient contournés avec une crânerie particulière. Maintenant, il n'aurait rien à reprendre à l'écriture de la capricieuse miss ; car les femmes, après avoir adopté une âme de convention, un esprit et une figure de convention, ont adopté aussi une écriture de convention, en sorte qu'il n'est plus possible de les saisir un seul moment dans le vrai ; elles sont perpétuellement armées de toutes pièces : il y a là dedans une rouerie machiavélique. Un billet d'amour ainsi écrit peut se perdre sans le moindre risque, on ne le reconnaîtrait qu'à la signature, quand même on serait le mari, et l'on ne signe pas souvent ces sortes de choses, maintenant surtout que l'on n'a guère qu'une maîtresse à la fois. Cependant Rodolphe finit par prendre son parti là-dessus, pensant être amplement dédommagé par le reste.

Le jour de madame de M*** était le samedi, comme le lecteur le sait déjà, et jusqu'à ce bienheureux jour, notre héros ne laissa aucun repos au tailleur pour l'achèvement de son gilet phénoménal, à qui il voulait faire perdre sa virginité dans le salon de madame de M***. L'instant vint de s'habiller : il déploya et frippa plus de vingt cravates avant de se fixer à une, il mi et ôta tous ses pantalons les uns après les autres sans pouvoir se décider à faire un choix, il arrangea ses cheveux de dix manières différentes, et finit par être costumé d'une façon assez drôlatique. Tous ces préparatifs sentaient le bourgeois d'une lieue à la ronde. Un troisième clerc d'avoué, invité à une soirée de marchande de modes, ne se serait pas conduit autrement, et en ce moment-ci nous sommes forcé d'avouer que notre poétique héros patauge en pleine prose. Dieu veuille qu'il se puisse tirer de ce bourbier, et qu'il parvienne enfin à se dessiner dans l'existence sous un jour dramatique et passionné, tout à fait digne d'un homme et d'un artiste !

La bizarrerie de son costume souleva un petit murmure dans le salon, et toutes les têtes se penchèrent curieusement vers lui. Il salua madame de M***, et lui marmotta je ne sais quelle phrase banale que, pour son honneur (l'honneur de Rodolphe et non celui de madame de M***), je m'abstiendrai de rapporter ici ; puis il alla se mettre sur une causeuse, à côté de son camarade Albert. Et puis, ma foi ! il mangea des gâteaux, il avala des romances et des verres de punch, absorba à lui seul presque tout un plateau de glaces, entendit et applaudit une lecture de vers classiques absolument comme une personne naturelle; si bien que tout le monde, qui s'attendait à voir un original, un *lion*, comme disent les Anglais, était émerveillé de le voir s'acquitter des devoirs sociaux avec une aisance aussi parfaite.

La prose envahissait notre héros d'une façon singulière. Un agent de change, qui avait lié conversation avec lui, fit un calembour. Eh bien ! non-seulement Rodolphe ne tomba pas en syncope à cette turpitude déchargée à bout portant, mais encore il répondit par un calembour redoublé qui aurait donné la jaunisse à Odry, et qui fit écarquiller les yeux à l'honnête industriel, de manière à ce que ses prunelles fussent tout entourées de blanc : ce qui est la plus haute expression de l'étonnement, si l'on en croit les cahiers de principes à l'usage des pensionnats.

L'épicerie du siècle avait enfin rompu le cercle magique d'excentricité dont Rodolphe s'était entouré pour se garantir de l'épidémie régnante; des vapeurs épaisses de mélasse se condensaient autour de lui, et lui faisaient voir tout sous un jour bourgeois et mesquin, et si, à cet instant, on lui avait chaussé la tête d'un bonnet de garde national, et affûté au derrière une giberne et un briquet, loin de trouver la plaisanterie de mauvais goût, il vous aurait demandé votre voix pour être caporal, et se serait incontinent mis à crier : « Vive l'ordre de choses et son auguste famille ! » aussi bien que le digne M. Joseph Prudhomme.

Le calembour, colporté par l'agent de change, s'infiltra dans tous les groupes, et y excita un petit frémissement d'admiration qui se termina par un éclat de rire universel.

Tous les hommes toisaient Rodolphe d'un air d'envie, et toutes les femmes d'un air de bienveillance marqué : décidément, Rodolphe avait les honneurs de la soirée.

Madame de M*** lui fit le plus gracieux sourire.

M. de M*** lui prit la main, et l'engagea à revenir le plus souvent qu'il pourrait.

Rodolphe avait enlevé d'emblée les cœurs du mari et de la femme, au moyen d'un calembour ! *O altitudo !*

La superbe manière dont il avait écouté et applaudi un nocturne chanté par des amateurs lui avait concilié l'estime générale, et lui avait fait faire un pas énorme dans l'esprit de madame de M***. Mais son calembour lui en avait fait faire deux ou même trois, infiniment plus énormes que le premier ; car, dans l'esprit et le cœur d'une femme (est-ce la même chose ou sont-ce deux choses?), le premier pas n'est absolument qu'un pas et ne vous conduit qu'au seuil de son âme; le second, déjà plus allongé, vous met au plein milieu, et le troisième, véritable pas fait avec des bottes de sept lieues, vous conduit tout au bout et vous fait toucher le fond. Rodolphe était au fond de madame de M***, et cela dès la première séance. Infortuné jeune homme!

Adoré de la femme, adoré du mari, la porte ouverte à deux battants, toutes les facilités du monde! Faites-moi donc quelque chose de forcené et d'énergique avec une pareille situation!

On dansa, Rodolphe dansa, et dansa en mesure encore, comme s'il n'était ni poëte, ni Jeune-France, ni passionné. Mon Dieu non! il y mit toute la grâce et toute l'élégance imaginables, il ne marcha sur le pied d'aucune dame, il ne creva la poitrine d'aucun homme avec son coude, et madame de M*** avoua qu'elle n'avait jamais vu de cavalier plus parfait et qui dansât le galop d'une façon plus convenante.

Rodolphe se retira fort tard, laissant de lui l'idée la plus favorable; il eût été entièrement heureux si la pensée que sa pièce de vers ne pouvait lui servir ne fût venue traverser sa béatitude, comme une ligne de nuages qui coupe un horizon clair; il eut beau chercher mille biais, il ne put rien trouver, et, de guerre lasse, il résolut de tenir son douzain en portefeuille, mais ses diables de vers lui grouillaient dans la poche, et faisaient tous leurs efforts pour mettre le nez à la fenêtre.

Un soir qu'il se trouvait chez madame de M***, il entendit une de ses amies qui l'appelait par son nom de baptême : ce nom de baptême était Cyprienne. Rodolphe fit un bond d'un demi-pied de haut sur son fauteuil, et bénit intérieurement le parrain et la marraine qui avaient innocemment eu la triomphante idée de donner à leur filleule un nom trisyllabique et rimant en *ienne*.

> O reine de mon cœur! ô brune Cyprienne!
> Quelle beauté peut-on comparer à la tienne?

Cela allait tout seul.

Rodolphe reprit sa respiration comme quelqu'un de soulagé d'un grand poids, comme une femme dont le mari s'en va et qui peut enfin aller ouvrir à son amant qui étouffe dans une armoire ou comme un mari dont la femme monte en diligence pour aller passer quinze jours à la campagne.

L'amie de madame de M*** sortit après quelques propos de femmes, et Rodolphe resta seul avec elle ; au lieu de profiter de ce tête-à-tête fortuit que le hasard lui ménageait, le hasard, le plus grand des entremetteurs de ce monde, où il y en a tant et de si bons; Rodolphe, se comportant en vrai âne et en franc écolier, cherchait à substituer une épithète à l'épithète trop locale de *romain* dont il avait affublé le soleil dans son élucubration primitive, et perdait ainsi un temps bien plus précieux que celui d'Annibal à Capoue.

Enfin il réussit tant bien que mal à rapiécer le tout et à mettre son douzain dans un état assez présentable. On se doute bien que sa conversation devait en souffrir un peu, et que madame de M*** dut le trouver singulièrement distrait; il est vrai qu'elle attribuait ses distractions à un tout autre motif.

— Vous êtes un méchant de ne m'avoir pas encore écrit de vers sur mon album : vous en faites pourtant, votre ami Albert me l'a dit, et d'ailleurs j'en ai vu de vous sur l'album de madame de C***; ils étaient, en vérité, charmants. Allons, ne vous faites pas prier, écrivez-m'en quelques-uns pendant que je vous tiens, fit madame de M***, en lui posant l'album tout ouvert devant lui, et en lui fourrant entre les doigts une mignonne plume de corbeau. Rodolphe ne se fit pas prier; il avait si peur que l'occasion d'utiliser son douzain ne s'envolât, qu'il la prit aux cheveux, à pleins doigts, et l'écrivit de sa plus belle écriture, ce qui est encore bien bourgeois et bien écolier, un grand homme devant toujours écrire d'une manière illisible, témoin Napoléon.

Dès qu'il eut fini, madame de M***, se penchant curieusement, reprit l'album, et se mit à lire les vers à demi-voix, et toute rougissante de plaisir, car les vers que l'on fait pour vous semblent toujours bons, même quand ils sont romantiques et que l'on est classique, et ainsi réciproquement.

— Vraiment je ne savais pas que vous fissiez les impromptus sans être prévenu d'avance ; vous êtes réellement un homme prodigieux, et vous ferez la huitième des sept merveilles du monde. Mais c'est qu'ils sont vraiment très-bien ces vers ; le second, surtout, est charmant ; j'aime aussi beaucoup la fin : il y a peut-être un peu d'exagération, et mes yeux, si beaux que vous les vouliez trouver, sont loin de posséder un pareil pouvoir ; mais c'est égal, la pensée est fort jolie, il n'y a qu'une seule chose que vous devriez bien changer, c'est l'endroit où vous dites que ma peau est couleur d'orange, ce serait fort vilain si c'était vrai ; heureusement que cela n'est pas, fit madame de M***, en minaudant un peu.

— Pardon, madame, ceci est de la couleur vénitienne et ne doit pas tout à fait se prendre au pied de la lettre, objecta timidement Rodolphe, comme quelqu'un qui n'est pas bien sûr de ce qu'il dit, et qui est prêt à se désister de son opinion.

— Je suis un peu brune, mais je suis plus blanche que vous ne croyez, répliqua madame de M*** en écartant un peu la dentelle noire qui voilait sa gorge ; ceci n'est pas de la neige, ni de l'albâtre, ni de l'ivoire, et cependant ce n'est pas un zeste d'orange. En vérité, messieurs les romantiques, quoique vous ayez de bons moments, vous êtes de grands fous.

Rodolphe souscrivit de bon cœur à cette proposition, quelque peu hétérodoxe, qui l'eût fait sauter au plancher quelques jours auparavant, et se mit à faire un feu roulant de madrigaux et de galanteries, dans le goût de Dorat et Marivaux, qui avaient bien l'air le plus bouffon du monde, obligés qu'ils étaient de passer entre une moustache et une royale de 1830.

Madame de M*** l'écoutait avec un sérieux qu'elle eût assurément refusé à des choses sérieuses. Il n'y a en général que les futilités et les niaiseries que les femmes écoutent avec gravité. Dieu sait pourquoi ; moi je n'en sais rien ; et vous ?

Rodolphe, voyant qu'elle écoutait religieusement et ne sourcillait pas même aux endroits les plus véhéments et les plus exagérés, pensa qu'il ne serait pas mauvais de soutenir ce dialogue d'un peu de pantomime.

La main de madame de M*** était posée à demi ouverte sur sa cuisse gauche.

La main de Rodolphe était posée ouverte entièrement sur sa cuisse droite, ce qui est une très-jolie position pour quelqu'un qui a de l'intelligence et qui sait s'en servir, et Rodolphe avait à lui seul plus d'intelligence que plusieurs gendarmes ensemble.

La main de madame de M*** était faite à ravir, les doigts effilés et menus, l'ongle rose, la chair potelée et trouée de petites fossettes. Celle de Rodolphe était d'une petitesse remarquable, blanche, un peu maigre, une véritable main de patricien. C'étaient assurément deux mains bien faites pour être l'une dans l'autre ; cela parut démontré à notre héros, après une rapide inspection.

Il ne s'agissait plus que d'en opérer la réunion, et je crois devoir à la postérité le récit des manœuvres et de la stratégie de Rodolphe pour parvenir à cet important résultat.

Un espace de quatre pouces environ séparait les deux mains; Rodolphe poussa légèrement avec son coude le coude de madame de M*** : ce mouvement fit glisser sa main sur sa robe, qui heureusement était de soie ; il ne restait plus que deux pouces.

Rodolphe fabriqua une phrase passionnée qui nécessitait un geste véhément, il la débita avec une chaleur très-confortable, et, le geste fait, il laissa retomber sa main non sur sa cuisse, mais dans la main même de madame de M***, qui était tournée la paume en l'air, comme nous avons déjà eu l'agrément de vous le dire plus haut.

Voilà de la tactique ou je ne m'y connais pas, et, à mon avis, notre Rodolphe avait l'étoffe d'un excellent général d'armée.

Il serra légèrement les doigts de madame de M*** entre ses doigts, de manière à lui faire comprendre que ce n'était pas un effet du hasard qui réunissait ainsi leurs deux mains, mais de manière aussi à se pouvoir rétracter si elle s'avisait d'être immodérément vertueuse, ce qui eût pu arriver : les femmes sont quelquefois si étranges !

Madame de M***, qui était de profil, se mit de trois quarts, redressa un peu la tête, ouvrit l'œil un peu plus que de coutume, et arrêta sur Rodolphe un regard dont la traduction littérale se réduisait à ceci:

— Monsieur, vous me tenez la main.

A quoi Rodolphe répondit, sans dire un mot, en la serrant davantage, en penchant la tête à droite et en levant la prunelle au plafond, ce qui signifiait:

— Parbleu, madame, je le sais; mais pourquoi, aussi, avez-vous une aussi belle main? cette main est faite pour être tenue, il n'y a pas le moindre doute, et mon bonheur sera au comble si...

Un imperceptible demi-sourire passa sur les lèvres de madame de M***, puis elle ouvrit l'œil encore plus, et gonfla dédaigneusement ses narines en roidissant sa main dans la main Rodolphe sans toutefois la retirer; de temps en temps elle jetait une œillade vers la porte. Traduction: Oui, monsieur, ma main est très-jolie; mais ce n'est pas une raison pour la prendre, quoique ce soit de votre part une preuve de goût que de l'avoir fait; je suis vertueuse, oui, monsieur, très-vertueuse; ma main est vertueuse, mon bras l'est aussi, ma jambe aussi, ma bouche encore plus; ainsi vous ne gagnerez rien; dirigez vos attaques d'un autre côté. D'ailleurs tout cela appartient à mon mari, attendu qu'il a reçu de mon père cent mille francs pour coucher avec moi, ce dont il s'acquitte assez mal, comme un vrai mari qu'il est et qu'il sera toujours; donc laissez-moi, ou au moins ayez l'esprit d'aller fermer cette porte, qui est toute grande ouverte; après, nous verrons.

Rodolphe comprit à ravir, et ne fit pas le plus léger contre-sens dans sa version.

— Il vient un vent par cette porte à vous glacer les jambes ! si vous permettez, je l'irai fermer.

Madame de M*** inclina doucement la tête, et Rodolphe, repoussant délicatement la main de la princesse sur son genou, se leva et ferma la porte.

— Elle joint fort mal, et le vent y passe comme par un crible : si je poussais ce petit verrou, cela la maintiendrait. Et Rodolphe poussa le verrou.

Madame de M*** prit un air détaché et calme qui lui allait on ne peut mieux ; Rodolphe vint se rasseoir à sa place sur la causeuse, et il reprit la main de madame de M***, non avec sa main droite, comme auparavant, mais avec sa main gauche, ce qui est extrêmement remarquable et ne pouvait provenir que d'une haute conception. Vous verrez tout à l'heure, adorable lectrice, la profonde scélératesse cachée sous cette apparente bonhomie, et combien prendre une main avec sa droite ou sa gauche est une chose dissemblable, quoi qu'en puissent dire les ignorants.

Le bras droit de Rodolphe touchait celui de madame de M***, et la taille fière et cambrée de celle-ci laissant un interstice entre elle et le dos de la causeuse, Rodolphe, le grand tacticien, insinua fort ingénieusement sa main, et puis son bras par cette tranchée naturelle, et se trouva au bout de quelques instants remplacer le dossier de la causeuse, sans que madame de M*** eût été obligée de s'en apercevoir, tant l'opération avait été conduite avec prudence et délicatesse.

Vous croyez peut-être que Rodolphe, pendant toutes ces manœuvres anacréontiques, avait la bonhomie de parler de son amour à madame de M***. Si vous croyez cela, vous êtes un grand sot, ou vous n'avez pas une haute opinion de la perspicacité de mon héros.

Devinez de quoi il lui parlait? Il lui parlait du nez d'une de ses amies intimes qui devenait plus rouge de jour en jour, et s'empourprait d'une façon toute bachique; de la robe ridicule qu'avait madame une telle à la dernière soirée; de l'improvisation de M. Eugène de Pradel, et de mille autres choses également intéressantes, à quoi madame de M*** prenait un singulier plaisir.

De passion et d'amour, pas un mot. Il ne voulait pas l'avertir et la mettre sur ses gardes. Cela eût été par trop naïf. Parler d'amour à une femme qu'on veut avoir, avant d'avoir engagé le combat, c'est à peu près agir comme un bravo qui vous dirait, avant de tirer son stylet: — Monsieur, si vous voulez avoir la bonté de le permettre, je vais prendre la liberté grande de vous assassiner.

Ouverture des hostilités.

— Il y avait sous la Régence une habitude charmante que l'on a laissé perdre, et que je regrette du fond de mon cœur, dit Rodolphe, sans transition aucune.

— Les petits soupers, n'est-ce pas ? répliqua madame de M*** avec un clignement d'œil, dont la traduction libre pouvait être ces deux mots : Monstrueux libertin !

— J'aime prodigieusement les petits soupers, les petites maisons, les petites marquises, les petits chiens, les petits romans et toutes les petites choses de la Régence. C'était le bon temps ! il n'y avait alors que le vice qui se fit en grand, et le plaisir était la seule affaire sérieuse.

— Jolie morale ! dit et ne pensa pas madame de M***.

— Mais ce n'est pas de cela qu'il s'agit... Je veux dire l'habitude de baiser la main aux femmes, fit Rodolphe en attirant à la hauteur de sa bouche la petite main de madame de M***, repliée et cachée dans la sienne ; cela était à la fois galant et respectueux... Quel est votre avis là-dessus ? continua-t-il en appuyant le plus savant baiser sur sa peau blanche et douce.

— Mon avis là-dessus ? Quelle singulière question me faites-vous là, Rodolphe ! vous m'avez mise dans une situation à ne vous pouvoir répondre : si je dis que cette manière me déplaît, j'aurai l'air d'une prude, et, si je l'approuve, c'est approuver en même temps la liberté que vous avez prise, et vous engager à recommencer, ce dont je me soucie assez peu.

— Il n'y aurait aucune pruderie à dire que cela vous déplaît ; il n'y aurait aucun risque a dire le contraire : mon respect pour vous doit vous rassurer là-dessus... C'est tout bonnement une dissertation historique, de l'archéologie en matière de baiser, fit Rodolphe avec un air de componction.

— Eh bien ! je préfère, pour parler franchement, la coutume moderne d'embrasser les femmes à la figure, murmura madame de M*** toute rose, d'une voix fort basse, et néanmoins fort intelligible.

— Et moi aussi, répondit Rodolphe, d'un air libre et dégagé, quoique toujours infiniment respectueux ; et, du bras dont il avait déjà fait un dossier, il fit une écharpe autour de madame de M***, et l'enlaça de façon qu'elle était à moitié assise sur lui, et que leurs têtes se touchaient presque.

Madame de M***, qui était de trois quarts, se mit de pleine face, afin de faire tomber d'aplomb un regard foudroyant sur le criminel et audacieux Rodolphe ; mais le drôle, qui avait compté sur ce mouvement, ne se déconcerta pas le moins du monde, et, comme la bouche de madame de M*** se trouvait précisément vis-à-vis et à la hauteur de la sienne, il pensa qu'il n'y avait aucun inconvénient à ce qu'elles fissent connaissance d'une manière plus intime, et que même il en pourrait résulter beaucoup d'agrément pour l'une et pour l'autre.

Madame de M*** aurait dû rejeter sa tête en arrière, et éviter ainsi le baiser de Rodolphe ; mais il est vrai qu'il eût avancé la sienne, et qu'elle n'y eût rien gagné ; d'ailleurs, elle était maintenue étroitement par la main du jeune scélérat.

La position topographique de cette main mérite une description particulière, et un ingénieur de mes amis en dressera une carte que je ferai graver et joindre à la dix-neuvième édition de ce mirifique ouvrage.

En général, on entend par la taille d'une femme l'espace qui s'étend depuis les hanches jusqu'à la gorge par devant, et jusqu'aux épaules par derrière ; cet espace comprend les régions lombaires et sous-lombaires, les fausses côtes et quelques-unes des véritables.

Avant et depuis le déluge, ce mot n'a jamais voulu dire autre chose, et c'est ordinairement à l'endroit qu'il désigne qu'on pose la ceinture.

Il paraît que Rodolphe l'entendait autrement, ou bien qu'il était d'une ignorance crasse en anatomie, ou bien encore que c'était un homme excessivement dangereux, un Papavoine, un Mandrin, un Cartouche ; je vous laisse à choisir entre ces trois suppositions.

Toujours est-il que sa main portait en plein sur le sein droit de son adorable ; le médius, l'annulaire et le petit doigt posaient honnêtement sur l'étoffe de la robe ; mais le pouce et l'index touchaient à la place que madame de M*** avait découverte pour montrer qu'elle n'était pas couleur d'orange, et qu'elle avait imprudemment oublié de recouvrir.

Cette main ainsi campée rappelait singulièrement les mains de madone allaitant l'Enfant Jésus, quoique son occupation fût assurément loin d'être aussi virginale.

D'ailleurs, madame de M***, toute émue du baiser sensuel et recherché de Rodolphe, ne songeait aucunement à s'y soustraire, et puis, au fond, elle aimait Rodolphe. Il se mettait fort bien, quoique un peu étrangement ; malgré sa moustache et sa royale, c'était un joli garçon, et, en dépit de son donquichottisme de passion, il était prodigieusement spirituel ; je dis prodigieusement pour donner à entendre que ce n'était pas un imbécile, car, depuis quelque temps, on a tellement abusé de ce mot, qu'il a tout à fait perdu sa valeur et sa signification primitives ; bref, il y avait physiquement et intellectuellement dans notre ami Rodolphe la matière d'un amant très-confortable.

Mon intention était de conduire Rodolphe jusqu'à la dernière extrémité, en le faisant passer à travers tous les petits obstacles prosaïques qui rendent si difficile la conquête d'une femme, même lorsqu'elle ne demande pas mieux que d'être vaincue.

J'aurais décrit soigneusement la manière dont il s'y était pris pour écarter ou soulever, l'un après l'autre, tous les voiles gênants qui s'interposaient entre sa déesse et lui ; comment il était parvenu à s'emparer de telle position, et à se maintenir dans telle autre, et une infinité d'autres choses, singulièrement instructives, que la bégueulerie du siècle remplace par une ligne de points.

Mais un de mes amis, en qui j'ai pleine confiance, à ce point que je ne crains pas de lui lire ce que je fais, a prétendu que la chasteté de la langue française s'opposait impérieusement à ce qu'on insistât sur de pareils détails, telle édification qu'il pût, d'ailleurs, en résulter pour le public.

J'aurais bien pu lui répondre que la langue française, toute précieuse qu'elle fût, se prêtait néanmoins à de certaines choses, et que, pour vertueuse qu'elle se donnât, elle savait cependant trouver le petit mot pour rire. Je lui aurais dit que tous les grands écrivains qui s'en étaient servis s'étaient permis avec elle de singulières privautés, et lui avaient fait débiter mille et mille choses pour le moins incongrues.

J'en aurais appelé à vous, Molière, la Fontaine, Rabelais, Béroald de Verville, Régnier, et toute la bande joyeuse de nos bons vieux Gaulois.

Mais j'ai l'habitude de me soumettre en tout aux décisions de mon ami, pour me soustraire aux : « Je te l'avais bien dit ; tu ne veux jamais me croire, » dont il ne manquerait pas de m'assommer, si le passage censuré s'attirait l'animadversion de la critique.

D'ailleurs, le public n'y perdra rien ; je me propose de restituer tous les passages scabreux et inconvenants dans une nouvelle édition, et de les rassembler à la fin du volume, comme cela se pratique dans les éditions *ad usum Delphini*, afin que les dames n'aient pas la peine de lire le reste du livre, et trouvent tout de suite les endroits intéressants.

Cependant, malgré les scrupules de mon ami, je ne crois pas devoir user de la même retenue pour le dialogue que pour la pantomime, et je prends sur moi de rapporter ici la conversation de Rodolphe et de madame de M***, laissant à l'intelligence exercée de mes lectrices le soin de deviner quelles circonstances ont donné lieu aux demandes et aux réponses.

MADAME DE M***. — Laissez-moi, monsieur; cela n'a pas de nom.

RODOLPHE. — Vous laisser ! Ce sont les autres femmes qu'on laisse, et non pas vous. C'est une chose impossible que vous demandez là ; et, quoique vous soyez en droit d'exiger l'impossible, la chose que vous demandez est précisément la seule que l'on ne puisse faire pour vous; c'est comme si vous commandiez qu'on ne vous trouvât pas belle. Permettez, madame, que je vous désobéisse.

MADAME DE M***. — Allons, Rodolphe... mon ami, vous n'êtes pas raisonnable.

RODOLPHE. — Mais il me semble que si. Je vous aime ; qu'y a-t-il là de si extravagant, et qui n'en ferait autant à ma place, sinon plus ? C'est une mauvaise fortune dont il faut vous prendre à votre beauté. Ce n'est pas tout profit que d'être jolie femme.

MADAME DE M***. — Je ne vous ai pas donné lieu par ma conduite d'en user de la sorte avec moi. Ah !

Rodolphe, si vous saviez la peine que vous me faites !

RODOLPHE. — Assurément mon intention n'était pas de vous en faire, et vous me pardonnerez un tort involontaire. Ah ! Cyprienne, si vous saviez comme je vous aime !

MADAME DE M***. — Je ne veux pas le savoir ; je ne le puis ni ne le dois.

RODOLPHE. — Et pourtant vous le savez.

MADAME DE M***. — Voilà bientôt une heure que vous me le dites.

RODOLPHE. — Une heure, c'est beaucoup pour convaincre d'une chose si facile à croire ; il y a trois quarts d'heure que je ne devrais plus vous le dire, mais vous le prouver. Je diffère entièrement de vous sur ce point. Si vous me disiez que vous m'aimez, moi, je le croirais tout de suite.

MADAME DE M***. — Et que risqueriez-vous à le croire ?

RODOLPHE. — Ni plus ni moins que vous à le dire.

MADAME DE M***. — Il n'y a pas moyen de parler avec vous.

RODOLPHE. — Vous voyez bien que si, puisque vous parlez. Toutefois, si vous le préférez, je m'en vais me taire. (*Silence.*)

MADAME DE M***. — Il va faire nuit, on n'y voit presque plus ; monsieur Rodolphe, voulez-vous avoir la bonté de sonner, qu'on apporte de la lumière ? Cette chambre est d'un triste !

RODOLPHE. — Est-ce que vous voulez lire ou travailler ? Cette chambre n'est pas triste ; je la trouve la plus gaie du monde, et ce demi-jour me semble le plus voluptueux qu'il soit possible de voir. (*Ici la pantomime aiderait considérablement à l'intelligence du texte, qui paraît assez insignifiant, mais mon ami a biffé ce passage sous une triple ligne d'encre.*)

MADAME DE M***. — Rodolphe... monsieur... je vous...

RODOLPHE. — Je t'aime et je n'ai jamais aimé que toi.

MADAME DE M***. — Ah! mon ami, si vous disiez vrai...

RODOLPHE — Eh bien!

MADAME DE M***. — Je suis une folle... La porte est-elle bien fermée?

RODOLPHE. — Au verrou.

MADAME DE M***. — Non, je ne veux pas; lâchez-moi, ou je ne vous revois de ma vie.

RODOLPHE. — Ne me faites pas prendre de force ce qu'il me serait si doux d'obtenir.

MADAME DE M***. — Rodolphe! que faites-vous là? Ah! oh!

(Par exemple, voilà une question on ne peut plus déplacée, et il n'y a que les femmes pour en faire de pareilles; certainement personne au monde n'était à même de savoir mieux que madame de M*** ce que faisait Rodolphe, et nous ne pouvons imaginer dans quel but elle le lui demandait. Rodolphe ne répondit pas; et fit bien.)

MADAME DE M***. — Qu'allez-vous penser de moi, à présent? Ah! j'en mourrai de honte!

RODOLPHE. — Enfant, que voulez-vous que je pense, sinon que vous êtes toute belle et que rien au monde n'est plus charmant?

MADAME DE M***. — Tu me perds, mon ange, mais je t'aime ! Mon Dieu, mon Dieu ! qui aurait dit cela ?

Ici madame de M*** pencha la tête et cacha son visage entre l'épaule et le cou de Rodolphe. Cette position est habituelle aux femmes, en pareille occurrence ; la grisette et la grande dame la prennent également ; est-ce pour pleurer ou pour rire ? Je pencherais à croire que c'est pour rire ; du reste, cette position développe le cou et les épaules, et leur fait décrire des courbes gracieuses ; c'est peut-être là le véritable motif pourquoi elle est employée si fréquemment.

Toute cette scène, bien qu'assez inconvenante, n'en est pas plus passionnée pour cela, et il est facile de s'apercevoir que Rodolphe est à cent mille lieues de ce qu'il cherche ; il est vrai qu'il n'y a guère songé, et qu'il s'est laissé aller bêtement et bourgeoisement à l'impression du moment ; il a eu un caprice et des désirs, voilà tout. Madame de M*** est à peu de chose près dans le même cas ; le sang-froid et le repos d'esprit qui percent dans chaque mot qu'ils se disent est une chose vraiment admirable, et suppose, de part et d'autre, l'expérience la plus consommée.

Madame de M*** avait toujours sa tête sur l'épaule de Rodolphe, et celui-ci, après quelques minutes d'inaction, fit cette réflexion judicieuse qu'il n'y avait absolument rien d'artiste dans la scène qui venait de se jouer, et que, loin de faire un cinquième acte de drame, elle était tout au plus digne de figurer dans un vaudeville ; il s'indigna contre lui-même d'avoir si mal exploité un si beau sujet, et d'avoir manqué une si belle occasion de faire le passionné.

Comme madame de M*** était une très-jolie femme, et qu'elle méritait indubitablement les honneurs du bis, Rodolphe prit cette résolution subite d'essayer un autre ton et de s'élever tout d'un coup aux sommités les plus inaccessibles de la passion délirante.

Il la saisit à bras-le-corps, d'une telle force, qu'il lui fit presque ployer les côtes.

— Fais-moi un collier de tes bras, ma bien-aimée ! c'est le plus beau de tous !

(Voir *Hernani ou l'Honneur castillan*, drame en cinq actes et en vers.)

Madame de M*** passa avec docilité ses bras autour du col de Rodolphe et croisa ses petites mains derrière sa nuque.

— Encore, ainsi, toujours !

(*Antony*, drame en cinq actes et en prose.)

MADAME DE M***. — Mon ami, tu m'as toute décoiffée, et tu emmêles tellement mes cheveux avec tes doigts, qu'il me faudra une heure pour les débrouiller.

RODOLPHE. — Idolo dello mio cuore (couleur locale), oh ! laisse-moi passer la main dans tes cheveux !

(Consulter, pour ce goût romantique, les *Contes d'Espagne et d'Italie* :

> Beaux cheveux qu'on rassemble
> Les matins, et qu'ensemble
> Nous défaisons les soirs;

dans les chansons à mettre en musique et la scène d'adieu de don Paëz, et *passim*, plusieurs autres vers non moins passionnés.)

En cet endroit, Rodolphe défit le peigne de madame de M***, qui tomba à terre et se brisa en mille morceaux.

MADAME DE M***. — Étourdi ! oh ! mon beau peigne d'écaille, vous l'avez cassé.

RODOLPHE. — Comment pouvez-vous faire une pareille observation dans un pareil moment ?

MADAME DE M***. — C'était un fort beau peigne, un peigne anglais, et je ne pourrai que très-difficilement en avoir un semblable.

RODOLPHE. — Que tes cheveux sont d'une belle nuance ! on dirait une rivière d'ébène qui coule sur tes épaules.

En effet, les cheveux de madame de M***, délivrés de la morsure du peigne, tombaient presque sur ses reins ; ainsi faite elle ne ressemblait pas mal à l'image de l'huile incomparable de Macassar.

Rodolphe grimaçait d'une manière épileptique, à la façon de Firmin, et les pieds de Mme de M*** qui était beaucoup plus petite que lui, touchaient à peine la terre, attendu que ses bras étaient passés autour du col de son amant ; ce qui, avec ses cheveux en déroute et sa robe ne tenant plus sur les épaules, formait un groupe dans le goût moderne, d'un galbe infiniment érotique et d'une tournure on ne peut plus artiste.

(Voir en général la vignette des *Intimes*, et en particulier celle de tous les romans possibles ; voir aussi toutes les fins d'actes où les femmes ont les cheveux pendants, ce qui veut dire ce qu'on ne saurait exécuter honnêtement sur la scène, de même qu'une redingote ouverte et un mouchoir de baptiste à la main signifient, en langue théâtrale, demoiselle enceinte.)

RODOLPHE. — Oh ! mon ange ! tu es d'un calme désespérant ; lorsque tout mon sang bouillonne dans mes veines comme une lave, tu restes là, muette, inanimée, et tu as plutôt l'air de subir mes caresses que de les recevoir !

MADAME DE M***. — Que veux-tu que je dise et que je fasse ? Je te dis que je t'aime, et je me livre à toi.

RODOLPHE. — Je voudrais te voir pâle, les yeux bleus, les lèvres blanches, serrant les dents, comme une femme qui ne se connaît plus.

MADAME DE M***. — C'est-à-dire que vous ne me trouvez pas bien comme je suis ; en vérité, c'est un peu tôt.

RODOLPHE. — Méchante, tu sais bien que je te trouve adorable ; mais il faudrait te tordre, te crisper, râler, m'égratigner, et avoir de petits mouvements convulsifs, ainsi qu'il convient à une femme passionnée.

madame de m***. — Tout cela est fort joli ; en honneur, Rodolphe, vous n'avez pas le sens commun.

(*Ici Rodolphe lui prouve que, s'il n'a pas le sens commun, il rachète ce léger défaut par les plus brillantes qualités.*)

madame de m***, *tout émue et bégayant.* — Ah ! Rodolphe ! si vous vouliez être comme tout le monde, vous seriez charmant.

rodolphe, *ne perdant pas de vue son idée.* — Cyprienne, je t'en supplie, mords-moi !

(Il est notoire, par la ballade de Barcelone, le poëme d'*Albertus*, et autres poésies transcendantes, que les amants romantiques se mangent à belles dents, et ne vivent d'autre chose que des biftecks qu'ils se prélèvent l'un sur l'autre, dans les moments de passion. Je hasarderai pourtant cette observation à messieurs les poëtes et prosateurs de la nouvelle école, que rien n'est plus classique au monde que cela ; on connaît le *memorem dente notam* du sieur Horace, et, si l'on ne craignait de paraître insolemment érudit, on rapporterait ici deux cents passages de poëtes latins et grecs, où il est question de morsures et d'égratignures.)

madame de m***. — Je vais t'embrasser, si tu veux (*elle l'embrasse*), mais je ne te mordrai pas, je t'aime trop pour te faire du mal.

rodolphe. — Du mal ! *Ah ! qu'un coup de poignard de toi me serait doux !* Voyons, mords-moi ; qu'est-ce que cela te fait ?

madame de m***. — S'il ne faut que cela pour te

contenter, c'est facile, mon amour : approche ta tête.

RODOLPHE, *au comble de la joie.* — Je donnerais ma vie en ce monde et dans l'autre pour satisfaire le moindre de tes caprices.

MADAME DE M***. — Pauvre ami !

(*Elle appuie ses lèvres sur la joue de Rodolphe et la pince légèrement dans une tenaille de nacre, puis elle recule la tête, en riant comme une folle et frotte avec le dos de sa main la légère marque blanche que ses dents ont laissée.*)

RODOLPHE. — Bien, comme cela, ma lionne ; à mon tour !

(*Il la mord au cou et pour tout de bon.*)

MADAME DE M***. — Aie ! aie ! Rodolphe ! monsieur, finissez donc, vous êtes enragé, vous oubliez toute convenance, et vous vous comportez d'une manière... J'en aurai la marque pendant huit jours, je ne pourrai pas aller décolletée de la semaine, et j'ai trois soirées !

RODOLPHE. — On pensera que c'est monsieur votre mari qui a fait le coup.

MADAME DE M***. — Allons donc, ce que vous dites là est extrêmement ridicule et de la dernière improbabilité ; on sait bien que ces façons ne sont point celles des maris, et ils ne laissent guère de marques de ce genre. Je suis très-fâchée de ce que vous avez fait ; cela est vraiment inqualifiable.

(*Rodolphe, atterré de cette sortie, prodigue à madame de M*** les caresses les plus tendres et tâche de* réparer son manque de convenance par la plus grande des inconvenances.)

MADAME DE M***, *un peu radoucie.* — Bah! je mettrai mon collier de topazes ; la monture est large et les anneaux sont serrés; on n'y verra que du feu.

(*Rodolphe lui coupe la parole par un baiser assaisonné de toutes les mignardises imaginables, et conserve cependant un air dolent et mortifié, capable d'apitoyer un roc, et, à plus forte raison, une femme assez compatissante de son naturel.*)

MADAME DE M***. — Ne crois pas que je t'en veuille, mon ami; je ne puis rester fâchée avec toi. (*Elle lui rend son baiser, revu, corrigé et considérablement augmenté.*) Voilà la signature de ta grâce.

Kling, kling, drelin, drelin !

RODOLPHE, *effaré.* — Qu'est-ce ?

MADAME DE M***, *du ton le plus tranquille.* — Je crois que c'est mon mari qui rentre.

RODOLPHE. — Votre mari ! Damnation ! enfer ! où me cacher? N'y a-t-il pas ici quelque armoire ? Y a-t-il moyen de sauter par la fenêtre? Si j'avais ma bonne dague. (*Fouillant dans sa poche.*) Ah ! parbleu, la voilà ! Je vais le tuer, votre mari.

MADAME DE M***, *qui se recoiffe devant sa glace.* — Il n'y a pas besoin de le tuer: aidez-moi à remonter ma robe sur mon épaule, mon corset m'empêche de lever le bras ; bien, passez-moi ce nœud de velours, il cachera la morsure, et maintenant, enfant que vous êtes, allez tirer le verrou, cela aurait l'air singulier d'être enfermés ensemble.

RODOLPHE, *lui obéissant de point en point*. — Le verrou est tiré, madame.

MADAME DE M***. — Asseyez-vous là, devant moi, sur ce fauteuil, et tâchez d'avoir l'air un peu moins effarouché. Vous me disiez donc que la pièce nouvelle était mauvaise.

RODOLPHE, *vivement*. — Moi, je ne disais pas cela ; je ne disais rien du tout, je la trouve fort bonne.

MADAME DE M***, *bas*. — En vérité, pour un poëte, vous n'êtes guère spirituel. N'entendez-vous pas monsieur qui vient? Il faut bien avoir l'air de parler de quelque chose.

(*Le mari entre avec sa figure de mari, tout à fait bénigne et réjouissante à voir.*)

LE MARI. — Ah! vous voilà, monsieur Rodolphe! il y a une éternité que l'on ne vous a vu : vous devenez d'un rare, et vous nous négligez furieusement ; ce n'est pas bien de négliger ses amis. Pourquoi donc n'êtes-vous pas venu dîner l'autre jour avec nous?

RODOLPHE, *à part*. — A-t-il l'air stupide celui-là! (*Haut.*) Monsieur, vous m'en voyez au désespoir ; une affaire de la dernière importance... Croyez que j'y ai plus perdu que vous. (*A part.*) Est-ce que je serai comme cela quand je serai marié? Oh! la bonne et honnête chose qu'un mari!

LE MARI. — Cela peut se réparer. Venez demain, si toutefois vous n'êtes pas déjà engagé. J'ai précisément une loge pour une première représentation. L'auteur est fort de mes amis... Nous irons tous ensemble.

MADAME DE M***. — Vous seriez vraiment bien aimable, monsieur, de nous faire le sacrifice de votre soirée.

RODOLPHE. — Comment donc, madame ! vous appelez cela un sacrifice ! Où donc la pourrais-je passer plus agréablement?

MADAME DE M***, *minaudant*. — Vous diriez cela à une autre comme à moi ; c'est une simple politesse.

RODOLPHE. — Ce n'est qu'une vérité.

LE MARI. — Ainsi vous acceptez?

RODOLPHE. — Vous pouvez compter sur moi.

LE MARI. — Voilà qui est arrangé. Mais je vous ai interrompu. Vous aviez l'air d'avoir une conversation fort intéressante.

RODOLPHE, *à lui-même*. — Oui, fort intéressante! Ce mari-là n'est pas un homme, c'est un buffle. Depuis saint Joseph, personne n'a été cocu de meilleure grâce. Il y met vraiment une bonne volonté charmante.

MADAME DE M***, *aussi à elle-même*. — Oui, plus intéressante que la vôtre, mon mari très-cher, qui êtes si monosyllabique et si laconique que j'en suis honteuse pour vous.

LE MARI. — Vous en étiez, je crois, sur la pièce nouvelle.

MADAME DE M***. — Oui, et monsieur m'en disait tout le mal du monde.

LE MARI. — Je suis charmé, Rodolphe, de vous voir revenu à des sentiments plus raisonnables ; je vous disais bien que vous vous amenderiez. Il n'y a que le beau qui soit beau, quoi qu'on en dise, et la langue de Racine est une langue divine. Votre M. Hugo est un garçon qui ne manque pas de mérite, il a des dispositions, personne ne lui en refuse ; la pièce qui a remporté le prix aux Jeux floraux n'était vraiment pas mal ; mais depuis il n'a fait qu'empirer ; aussi pourquoi ne veut-il pas parler français ? Que n'écrit-il comme M. Casimir Delavigne ! J'applaudirais ses ouvrages comme ceux d'un autre. Je suis un homme sans préventions, moi.

RODOLPHE, *bleu de colère, et souriant avec une grâce inexprimable.* — Certainement, M. Hugo a des défauts. (*A part.*) Vieil as de pique, je ne sais pas à quoi il tient que je ne te jette par la fenêtre, et sans l'ouvrir encore ! Dans quel guêpier me suis-je fourré ! (*Haut.*) Mais qui n'a pas les siens ? (*A part.*) Coquine de Cyprienne !

LE MARI. — Oui, tout le monde a les siens ; on ne peut pas être parfait.

MADAME DE M***, *à part.* — Il n'y a rien de plus réjouissant au monde que la figure que fait en ce moment-ci le pauvre Rodolphe. En vérité, les hommes sont de piètres comédiens ; ils manquent totalement d'aplomb, et la moindre chose les démonte : les femmes leur sont bien supérieures en cela.

RODOLPHE. — Cependant, cette pièce, bonne ou mauvaise, a du succès : c'est une chose qui, je crois, ne peut être contestée.

madame de m***. — C'est une fureur ; on s'y porte. Madame de Cercey, qui voulait la voir, n'a pu se procurer une loge que pour la troisième représentation.

rodolphe. — On ira la siffler cent fois de suite, elle tombera trois mois durant, et la caisse du théâtre sera pleine à crever.

le mari. — Qu'est-ce que cela prouve ? *Athalie* n'a pas eu de succès. Et d'ailleurs, il n'est pas difficile d'attirer le public en ne se refusant aucun moyen, en n'observant aucune règle ; je ferais une tragédie, moi, si je voulais, avec cette nouvelle manière de faire des vers qui ressemblent à de la prose comme deux gouttes d'eau : tout le monde pourra s'en passer la fantaisie ; il n'y a rien de plus aisé sur la terre. Si un mot me gêne dans ce vers-ci, je le mets dans l'autre, et ainsi de suite : vous suivez bien mon raisonnement ?

rodolphe. — Oui, monsieur, parfaitement.

madame de m***. — Il est fort simple.

le mari. — Et alors je parais plein de hardiesse et de génie. Allez, allez, je les connais bien tous les principes subversifs de vos novateurs rétrogrades, suivant la belle expression de M. Jouy. Est-ce de M. de Jouy, la belle expression ?

rodolphe, *apoplectique et se coupant la langue avec les dents*. — Je ne sais pas au juste ; je crois pourtant qu'elle est de M. Etienne, si elle n'est pas de M. Arnault ; mais, assurément, elle est d'un de ces trois, à moins cependant qu'elle ne soit de M. de Baour-Lormian ; ce qui n'a rien d'improbable.

LE MARI. — Hé ! hâ ! hihi ! vous en voulez furieusement à ces messieurs, vous avez une vieille dent contre eux ; mais vous deviendrez sage en prenant des années. Il n'y a rien qui mette du plomb dans la tête comme huit ou dix ans de plus, et vous finirez par être de l'Institut, comme un autre.

RODOLPHE. — Ainsi soit-il !

LE MARI. — Cela rapporte dix-huit cents francs. Dix-huit cents francs sont toujours bons à prendre.

RODOLPHE. — Ceci est vrai comme de l'algèbre.

LE MARI. — Et les jetons de séance, qui sont très-commodes pour jouer aux cartes. J'ai un de mes amis académicien qui en a plein un grand sac. A propos de cartes, si nous jouions une partie d'écarté ? Que vous en semble, Rodolphe ?

RODOLPHE, *la figure aussi longue que le mémoire de son tailleur.* — Mais je suis à votre disposition pour cela comme pour autre chose.

MADAME DE M***, *ayant pitié de Rodolphe, et n'étant pas fâchée de contrarier son mari en rendant service à son amant.* — Fi donc ! messieurs, vous êtes insupportables avec vos cartes. Ne sauriez-vous rester une minute sans jouer ? Vous allez donc me laisser là à ne rien dire !

LE MARI, *du ton le plus obséquieux.* — Ma toute bonne, je te ferai observer que tu deviens d'un égoïsme vraiment insociable ; tu nous regarderas, et tu nous conseilleras. Tu vois bien que monsieur se meurt d'envie de faire une partie avec moi. N'est-ce pas, monsieur Rodolphe ?

RODOLPHE, *d'une voix caverneuse, et qui semble sortir de dessous terre comme celle de l'ombre dans* Hamlet. — Certainement, je meurs d'envie de faire une partie avec vous.

Le mari arrange la table, et gagne tout l'argent à Rodolphe, qui ronge son frein et n'ose éclater ; ce qui prouve que Dieu ne reste pas oisif là-haut dans sa stalle au paradis, mais qu'il veille avec soin sur les actions des mortels, et punit tôt ou tard l'homme peu délicat qui a osé convoiter l'âne, le bœuf ou la femme de son prochain.

Madame de M*** bâille horriblement ; le mari déguise à peine sa joie et se frotte les mains de l'air le plus triomphal ; Rodolphe a la physionomie la plus piteuse du monde, et pourrait très-bien poser pour un *Ecce homo*. Il est tantôt minuit, et l'aiguille n'a plus qu'un pas à faire pour attraper l'X. Rodolphe se lève, prend son chapeau ; le mari le reconduit, et madame de M*** trouve à peine le temps de lui serrer la main à la dérobée, et de lui jeter dans le tuyau de l'oreille cette phrase courte, mais significative : — A demain, mon ange, et de bonne heure. Heureux Rodolphe ! il y a bien de quoi consoler de la perte de quelques écus de cent sous à l'effigie de Napoléon ou de Charles X ; car, en ce temps-là, le roi-citoyen n'était pas inventé.

Le lecteur aura sans doute remarqué que ces dernières pages ne valent pas le diable ; cela n'est pas difficile à voir. Tout cela est d'un fade et d'un banal à vous donner des nausées : on dirait d'une comédie de M. Casimir Bonjour. Le style est de la platitude la plus exemplaire, et cet interminable dialologue n'est autre chose qu'un tissu de lieux les plus communs qu'il soit. Il n'y a pas un seul trait spirituel, et, levant la paille, l'auteur qui a écrit cela n'est qu'un petit grimaud à qui il faudrait donner du pied au cul, et dont on devrait jeter le livre au feu.

Mais, à bien considérer les choses comme elles sont, on verra que la faute n'en est peut-être pas entièrement à l'auteur, et que, voulant retracer avec fidélité une situation banale, il a été forcé d'être banal ; car je vous prie de croire, ami lecteur, qu'il hait le commun autant que vous, pour le moins, et qu'il n'y tombe qu'à son corps défendant ; il a été trompé comme vous, il ne s'imaginait pas avoir à écrire une histoire aussi ordinaire, en entreprenant celle d'un jeune homme aussi excentrique que notre ami Rodolphe.

Il croyait que les situations énergiques et passionnées allaient abonder sous sa plume, et qu'un individu muni de barbe, de moustaches, de cheveux à la Raphaël, de plusieurs dagues, d'un cœur d'homme et d'une peau olivâtre, devait avoir de tout autres allures qu'un épicier gros, gras, rasé de frais, et guillotiné quotidiennement par son col de chemise.

O Rodolphe ! ô Rodolphe ! ! ô Rodolphe ! ! ! tu te vautres dans la prose comme un porc dans un bourbier.

Tu as fait un calembour et plusieurs madrigaux, tu as eu une bonne fortune, et tu as joué aux cartes, et, pour mettre le comble à ces monstruosités, tu as dit du mal d'une pièce romantique !

Repasse dans ta tête toute la soirée, et rougis, si tu peux rougir encore !

Tu es entré par la porte comme un homme, tu t'es assis sur la causeuse comme un bourgeois, et tu as triomphé comme un second clerc d'huissier.

Pourtant c'était là une belle occasion de te servir de ton échelle de soie, et de casser un carreau avec ta main enveloppée d'un foulard. Et tu n'as pas pris l'occasion aux cheveux, passionné Rodolphe ! Tu n'aurais eu ensuite qu'à pousser la belle dans un cabinet, où tu l'aurais violée avec tout l'agrément possible. Tu n'avais qu'à vouloir pour faire de l'Antonysme première qualité, mais tu n'as pas voulu : c'est pourquoi je te méprise et te condamne à peser du sucre, pendant l'éternité !

Le pauvre jeune homme faisait toutes ces réflexions, ou à peu près, en s'en revenant chez lui.

— Comment, moi, Rodolphe ; moi, majeur ; moi, beau garçon ; moi, poëte ; avec une femme qu'un Italien prendrait pour une Italienne, une femme ornée d'un mari et de tout ce qu'il faut pour établir une scène ; avec une dague de Tolède ou peu s'en faut, et le plus grand désir d'en faire usage, je ne puis parvenir à me procurer le plus petit événement, le plus petit incident dramatique ! c'est à en mourir de honte et de dépit !

J'ai beau faire, tout s'emboîte le plus naturellement du monde. J'attaque la femme, elle ne me résiste pas; je veux entrer par la fenêtre, on me donne la clef de la porte. Le mari, au lieu d'être jaloux de moi, me donnerait sa femme à garder; il tombe du ciel et me prend presque sur le fait, il s'obstine à ne pas voir ce qui lui crève les yeux, et les coussins au pillage, et sa femme toute rouge et toute blanche, et moi dans l'état physique et moral le plus équivoque; il ne tire aucune induction de rien. Au lieu de me poignarder ou de me jeter par la croisée, comme la décence l'exigeait, au lieu de traîner sa femme par les cheveux tout autour de la chambre, ainsi qu'un mari dramatique doit faire, il me propose de jouer à l'écarté, et me gagne plus d'argent qu'il ne m'en faudrait pour me soûler à mort, moi et tous mes amis intimes!

Je vois décidément que je suis né pour être un marchand de chandelles, et non pour être un second tome de lord Byron. Ceci est douloureux, mais c'est la vérité.

Oh! mon Dieu! que faire de cette poésie qui bouillonne dans mon sein et qui dévore mon existence? où trouver une âme qui comprenne mon âme, un cœur qui réponde à mon cœur?

Lorsque Rodolphe rentra chez lui, il entendit ses chats qui miaulaient du ton le plus piteux du monde : Tom en faux bourdon, la petite chatte blanche en contralto, et son chat angora avec une voix de ténor qu'eût enviée Rubini.

Ils vinrent à lui d'un air de contentement ineffable, Tom faisant chatoyer ses grandes prunelles vertes, la petite chatte en faisant le gros dos, le chat angora en dressant sa queue comme un plumet, et ils lui souhaitèrent sa bienvenue au mieux qu'ils purent.

Mariette vint aussi ; mais elle avait l'air triste, et lorsque Rodolphe, après l'avoir baisée au front assez distraitement, lui mit la main sur l'épaule pour passer dans sa chambre, au lieu de la hausser amicalement pour lui en éviter la fatigue, elle s'affaissa de telle sorte, que la main de Rodolphe glissa et retomba au long de son corps.

Rodolphe, occupé de tout autre chose, ne fit pas attention à ce mouvement, et se coucha d'assez mauvaise humeur pour un homme qui vient d'avoir une bonne fortune.

Mariette, avant de se retirer, tracassa longtemps dans la chambre, remua des porcelaines, ouvrit et ferma plusieurs tiroirs, et mit tout en œuvre pour attirer l'attention de Rodolphe, et peut-être pour se faire engager à rester; mais Rodolphe avait d'excellentes raisons pour n'en rien faire. Voyant qu'elle n'y parvenait pas, elle prit le bougeoir, et se retira en jetant sur son maître, plus d'à moitié endormi, un long regard plein d'amour et de colère.

Le lendemain matin, quand Mariette entra pour lui apporter à déjeuner, Rodolphe fit cette remarque qu'elle avait les yeux rouges.

Rodolphe. — Comme vous avez les yeux rouges, Mariette !

Mariette. — Moi, monsieur ?

Rodolphe. — Oui, vous.

Mariette. — C'est apparemment que j'aurai mal dormi, ou que je viens de les frotter.

Rodolphe. — On dirait, en vérité, Mariette, que vous venez de pleurer.

Mariette. — Pourquoi donc pleurer ? Il ne m'est pas mort de parent, que je sache.

Rodolphe. — Ce ne serait pas une raison pour pleurer, bien au contraire. Votre chocolat est détestable, il sent le brûlé d'une lieue à la ronde.

Mariette. — J'ai fait de mon mieux.

Rodolphe. — Votre mieux est fort mal. Vous n'avez pas mis de sucre dans mon eau.

Mariette. — Ah ! mon Dieu ! je n'y avais pas pensé.

Rodolphe. — A quoi pensez-vous donc ?

Mariette, levant sur lui ses longues paupières, le regarda avec une expression si indéfinissable de douleur et de reproche, que Rodolphe ne put s'empêcher d'être ému et troublé, et, se repentant de lui avoir parlé avec dureté, lui fit quelques caresses, et lui dit quelques mots qui, dans la bouche d'un maître, pouvaient passer pour des excuses.

Mariette se retira, et Rodolphe, demeuré seul, se prit, tout en tirant les moustaches de son vieux chat, à gémir sur sa malheureuse destinée.

Lui qui s'était bâti d'avance un roman plein de scènes dramatiques et de péripéties sanglantes, rencontrer dans son chemin une coquette véritable et un mari encore plus véritable !

De la plus belle situation du monde, n'avoir pu faire jaillir la moindre étincelle de passion : il y avait réellement de quoi se pendre !

Trois heures sonnèrent. Il se rappela que madame de M*** l'avait prié de venir de bonne heure ; il s'habilla, et se dirigea vers la maison de sa princesse ; mais, au lieu de marcher du pas leste et bref d'un amoureux, il allait comme un limaçon, et l'on eût plutôt dit d'un écolier qui rampe à contre-cœur jusqu'au seuil de l'école, que d'un galant en bonne fortune.

Il fut bien reçu : cela est inutile à dire. Au reste, cette entrevue ne différa en rien de la première, sauf les préliminaires qui furent singulièrement abrégés. Rodolphe se comporta très-honorablement pour un homme qui s'était déjà comporté très-honorablement la veille ; cependant nous devons à la postérité de l'informer qu'il y eut plus de dialogue et moins de pantomime, quoique cette substitution n'eût pas tout à fait l'air d'être du goût de madame de M***.

Ce serait ici le lieu de placer une belle dissertation : pourquoi les femmes aiment plus après, et les hommes avant ? Je ne crois pas que cela tienne, comme elles le disent, à ce qu'elles ont l'âme plus élevée et les sentiments plus délicats. Un pauvre diable d'homme, qui a eu ce qu'on appelle une bonne fortune, est souvent bien infortuné, surtout s'il a le malheur de voir sa maîtresse tous les jours. Il y a une certaine amabilité qu'il est fort malaisé d'avoir à heure fixe, et c'est ce que les femmes ne veulent pas comprendre ; il est vrai qu'elles peuvent toujours être aimables, dans ce sens-là du moins, et c'est une des mille raisons pourquoi j'ai toujours désiré d'être femme.

Somme toute, il est bien plus aisé d'être amoureux en expectative qu'amoureux en fonction. Dire : J'aime ! est beaucoup moins pénible que de le prouver, avec cela que chaque preuve que l'on en donne rend la suivante plus difficile. Quoi qu'il en soit, madame de M*** trouva encore Rodolphe charmant, et dut s'avouer qu'elle n'avait jamais été aimée ainsi.

Le mari revint : on dîna, et l'on partit ensemble vertueusement, patriarcalement et bourgeoisement, pour la première représentation de la pièce.

Rodolphe afficha madame de M*** de la manière la plus indécente, et fit tout ce qu'il put pour exciter la jalousie du mari ; celui-ci, charmé d'être allégé du soin de sa femme, s'obstinait à ne rien voir, et madame de M*** ne se contraignait guère pour répondre aux agaceries de Rodolphe.

Décidément, ce mari-là était pétri d'une pâte sans levain.

Rodolphe rentra chez lui furieux, et ne sachant que faire pour forcer M. de M*** à s'othellotiser un tant soit peu.

Un éclair soudain lui illumina le cerveau. Il se

donna un grand coup de poing sur le front, et renversa sa table par terre d'un coup de pied, comme quelqu'un qui vient d'avoir une idée phosphorescente.

— Pardieu ! c'est cela ; je suis un grand sot de ne pas y avoir songé plus tôt. Holà ! Mariette, holà ! une plume, de l'encre et du papier.

Mariette releva la table, et mit dessus tout ce qu'il fallait pour écrire.

Rodolphe passa deux ou trois fois la main dans ses cheveux, roula les yeux, ouvrit les narines comme une sibylle sur le trépied, et commença ainsi :

« Monsieur,

« Il y a de par le monde une espèce de gens que
« je ne saurais honnêtement qualifier, qui cachent
« sous des dehors aimables la plus profonde démo-
« ralisation. Pour eux, il n'y a rien de respectable ;
« les choses les plus sacrées sont tournées en déri-
« sion ; l'innocence des filles, la chasteté des fem-
« mes, l'honneur des maris, tout ce qu'il y a de pur
« et de saint au monde leur est sujet de risée et de
« plaisanterie ; ils s'introduisent dans les familles,
« et, avec eux, la honte et l'adultère. J'ai appris
« avec douleur, monsieur, que vous receviez chez
« vous un nommé Rodolphe. Cet individu, que j'ai
« eu l'occasion de connaître et d'étudier à fond, est
« un homme extrêmement dangereux : sa réputa-

« tion est fort mauvaise, et il vaut encore moins que
« sa réputation. Ses mœurs sont on ne peut plus
« dépravées et se dépravent de jour en jour ; il n'y
« a pas de noirceur dont il ne soit capable : c'est
« littéralement ce qu'on appelle un drôle. Il est
« connu pour le nombre de femmes qu'il a séduites
« et perdues ; car, malgré tous ses défauts, il ne
« manque ni d'esprit ni de beauté, ce qui le rend
« doublement à craindre. Si vous m'en croyez, mon-
« sieur, vous le surveillerez de près, ainsi que ma-
« dame votre femme. Je souhaite de tout mon cœur
« qu'il ne soit pas déjà trop tard.

« Quelqu'un qui s'intéresse sincèrement à
« votre honneur. »

Adresse de la lettre.

« A monsieur de M***, rue Saint-Dominique-Saint-
« Germain, n°...

« En ville. »

Rodolphe cacheta son étrange missive, l'envoya à la poste, et se frotta les mains, d'un air aussi réjoui qu'un membre du Caveau qui vient d'achever son dernier couplet.

— Par saint Alipantin ! ceci est bien la scélératesse la plus machiavélique qui ait jamais été ourdie par un homme ou par une femme. Certainement c'est un moyen nouveau, et je ne pense pas qu'il ait encore été employé. *O ter, quaterque !* avoir fait du

15

nouveau sous ce soleil où rien n'est nouveau, et cela avec la chose la plus usée du monde, une lettre anonyme, le pont aux ânes, la ressource de tous les petits intrigailleurs et machinateurs subalternes. Vraiment, je me respecte infiniment moi-même, et, si je le pouvais, je me mettrais à genoux devant moi. Se dénoncer soi-même au mari, cela est parfaitement inédit! S'il ne devient pas jaloux à ce coup, c'est qu'il est créé pour ne pas l'être, et je veux le proclamer comme le plus indifférent en matière de mariage qu'il y ait eu depuis Adam, le premier marié, et le seul de tous qui soit à peu près certain de n'avoir pas été cocu, attendu qu'il était le seul homme. Ce qui n'est toutefois pas une raison, car l'histoire du serpent et de la pomme me paraît terriblement louche, et doit nécessairement cacher quelque allégorie cornue.

Ou le vieillard stupide dissimulera, épiera et nous prendra *flagrante delicto*, ou il éclatera sur-le-champ, et, de toutes les manières, il me fournira deux ou trois scènes poétiques et passionnées. Peut-être jettera-t-il madame de M*** par la fenêtre et me poignardera-t-il; cela aurait vraiment une tournure espagnole ou florentine qui me siérait à ravir.

O cinquième acte tant rêvé, que j'ai poursuivi si opiniâtrement à travers toute la prose de la vie, que j'ai préparé avec tant de soin et de peine, te voilà donc arrivé! Je ne ferai donc plus de l'Antonysme à la Berquin; je m'en vais devenir un héros de roman, et cela en réalité. Vienne un autre Byron, et je pourrai poser pour un autre Lara ; j'aurai du remords et du sang au fond de ma destinée, et chaque poil de mes sourcils froncés couvrira un crime sous son ombre : les petites filles oublieront de sucrer leur thé en me regardant, et les femmes de trente ans songeront à leurs premières amours.

Rodolphe s'en fut le lendemain chez M. de M***, fondant les plus grandes espérances sur son stratagème ; il s'attendait à voir une scène de désolation, madame de M*** tout en pleurs et convenablement échevelée, le mari les poings crispés et arpentant la chambre d'un air mélodramatique : rien de tout cela.

Madame de M***, en peignoir blanc, coiffée avec un soin remarquable, lisait un journal de modes, dont la gravure était tombée à terre, et que M. de M*** ramassait le plus galamment du monde.

Rodolphe fut aussi surpris que s'il avait vu quelque chose d'extraordinaire : il en resta les yeux écarquillés sur le seuil de la porte, incertain s'il devait entrer ou sortir.

— Ah ! c'est vous, Rodolphe ! fit le mari ; enchanté de vous voir. Et il n'y avait réellement rien de méphistophélique dans la manière dont il disait cela.

— Bonjour, monsieur Rodolphe, fit madame de M*** ; vous arrivez à propos : nous nous ennuyons à périr. Que savez-vous de neuf ? Et il n'y avait rien de contraint ou d'embarrassé dans la manière dont elle disait cela.

—Diable! diable! voici qui est prodigieux, murmura intérieurement Rodolphe. Est-ce que par hasard il n'aurait pas reçu ma lettre? Ce vieux drôle a un air de sécurité tout à fait insultant.

La conversation roula pendant quelque temps sur des choses si insignifiantes, que ce serait une cruauté hors de propos que d'en assassiner le lecteur. Nous la reprenons à l'endroit intéressant.

LE MARI. — A propos, Rodolphe, vous ne savez pas une chose?

RODOLPHE. — Je sais plusieurs choses, mais je ne sais pas celle dont vous voulez me parler, ou du moins je ne m'en doute pas.

LE MARI. — Je vous le donne en cent, je vous le donne en mille!

RODOLPHE. — Frédérick a chanté juste?

LE MARI. — Non.

RODOLPHE. — Onuphre est devenu raisonnable?

LE MARI. — Non.

RODOLPHE. — Théodore a payé ses dettes?

LE MARI. — Plus drôle que cela.

RODOLPHE. — Un cheval de fiacre a pris le mors aux dents? un académicien a composé une ode lyrique?

LE MARI. — Toujours romantique! vous êtes vraiment incorrigible. Mais ce n'est pas cela : allons, devinez.

RODOLPHE. — Je m'y perds.

LE MARI, *avec triomphe*. — Mon ami, vous êtes un scélérat.

RODOLPHE, *au comble de la joie.* — (*A part.*) Enfin, voilà la scène qui arrive. (*Haut.*) Je suis un scélérat!

LE MARI, *toujours de plus en plus radieux.* — Vous êtes un scélérat! la chose est connue; vous avez une réputation infâme, et vous êtes pire que votre réputation.

RODOLPHE, *charmé, mais affectant un air de dignité blessée.* — Monsieur, vous venez de me dire des choses bien étranges : je ne sais...

LE MARI, *riant aux éclats, et faisant avec son nez plus de bruit que les sept trompettes devant Jéricho.* Hi! hi! ho! ho! ah! ah! Mais c'est qu'il a un air d'innocence, ce jeune scélérat! les plus matois s'y tromperaient. Hi! hi! c'est comme Hippolyte devant Thésée. Allons, la main sur votre estomac, le bras en l'air,

> Le jour n'est pas plus pur que le fond de mon cœur.

Hé! romantique, vous voyez que je sais mon Racine..

RODOLPHE, *à demi-voix :*

> Vieillard stupide, il l'aime!

Hé! classique, tu vois que je sais mon Hugo. (*Haut, et du ton le plus sépulcral.*) Monsieur, votre gaieté est pour le moins intempestive.

MADAME DE M***. — Tu es insupportable avec tes rires.

RODOLPHE. — Faites-nous la grâce de nous communiquer le motif de votre hilarité, afin que nous la partagions.

LE MARI. — Permettez-moi de déboutonner mon gilet, j'ai mal aux côtes. (*D'un ton tragique.*) Vous voulez savoir pourquoi je ris, jeune homme?

RODOLPHE. — Je ne désire pas autre chose.

LE MARI, *du même ton.* — Tremblez! (*Avec sa voix naturelle.*) Approchez, monstre, que je vous dise cela dans le tuyau de l'oreille.

RODOLPHE, *digne.* — Eh bien! monsieur?

LE MARI, *avec l'accent de J. Prudhomme.* — Vous êtes l'amant de ma femme.

MADAME DE M***. — Si vous continuez sur ce ton-là, je m'en vais; vous me direz quand vous aurez fini.

RODOLPHE, *jouant l'homme atterré.* — L'amant de votre femme?

LE MARI, *se frottant les mains.* — Oui; vous ne saviez pas cela?

RODOLPHE, *naïvement.* (*A part.*) — J'en ai eu la première nouvelle. (*Haut.*) Mon Dieu non! et vous?

LE MARI. — Ni moi non plus. Et, de cette façon, je serais le dernier[1] de M. Paul de Kock; mino-

---

[1] Dans deux ou trois mille ans, les commentateurs pourraient être embarrassés dans ce passage, et ils se tortureraient inutilement pour l'interpréter. Nous leur éviterons cette peine. En ce temps, il venait de paraître un roman de M. Paul de Kock, intitulé *le Cocu*. Ce fut un scandale merveilleux; une affiche colossale se prélassait effrontément à tous les coins de rue et derrière les carreaux de tous les cabinets de lecture. Ce fut un grand émoi parmi toute la gent liseuse. Les lèvres pudibondes des cuisinières se refusaient à prononcer l'épouvantable mot. Toutes les virginités de ma

taure, comme dit M. de Balzac; il a bien de l'esprit, ce garçon-là. Vraiment, ce serait d'un bouffon achevé.

RODOLPHE, *vexé de voir sa scène tourner en eau de boudin.* — C'est d'un bouffon achevé, comme vous le dites fort agréablement.

LE MARI. — J'ai dit ce serait, et non pas c'est; il y a une furieuse différence de l'indicatif au conditionnel. Hi! hi!

RODOLPHE. — Comme il vous plaira, monsieur. Mais comment avez-vous fait cette découverte importante?

LE MARI. — C'est une lettre qu'on m'a écrite, une lettre anonyme encore. Il n'y a rien que je méprise sur la terre comme une lettre anonyme. Gresset, le charmant auteur de *Vert-Vert*, a dit quelque part :

> Un écrit clandestin n'est pas d'un honnête homme.

Je suis parfaitement de son avis.

RODOLPHE, *gravement*. — Il faut être bien infâme pour...

LE MARI, *tirant la lettre de sa poche*. — Tenez lisez-moi cela. Qu'en pensez-vous? Cela n'est pas mé-

---

gasin étaient révoltés; la rougeur monta au front des clercs d'huissiers. Il fallait bien pourtant se tenir au courant, et demander le maudit roman. Alors (admirez l'escobarderie!) fut trouvée cette honnête périphrase : — Avez-vous le dernier de M. de Kock? — Dernier de M. de Kock, par cette raison, a signifié cocu pendant quinze jours, et c'est à quoi M. de M*** fait allusion, avec sa finesse ordinaire.

diocrement curieux, c'est un vrai style de papier à beurre; c'est probablement quelque cuisinière renvoyée qui aura fabriqué cette belle missive pour me faire pièce et me mettre martel en tête.

RODOLPHE, *un peu piqué dans son amour-propre d'auteur*. — Il me semble que le style n'est pas aussi mauvais que vous le dites : il est simple, correct, et ne manque pas d'une certaine élégance.

LE MARI. — Fi donc ! il est d'une platitude...

MADAME DE M***, *impatientée*. — Messieurs, laissez là cette sotte conversation ; c'est à périr d'ennui.

LE MARI, *sans l'écouter*. Voyez donc à quoi tient la paix des ménages ! A un fil ; c'est effrayant. Hein ! si j'avais été jaloux ; mais heureusement je ne le suis pas. Je suis sûr de ma femme comme de moi-même, et d'ailleurs M. Rodolphe est parfaitement incapable...

RODOLPHE, *de l'air d'un grand homme méconnu*. — Ah ! monsieur, parfaitement incapable, sans fatuité...

MADAME DE M***, *à part*. — Est-il fat ! il grille de raconter toute l'affaire à mon mari, pour lui prouver qu'il est capable.

LE MARI, *avec un clignement d'yeux excessivement malin*. — Quand je dis incapable, ce n'est pas physiquement, c'est moralement que j'entends la chose, mon jeune ami.

MADAME DE M***, *d'un ton d'humeur très-marqué*. — En voilà assez là-dessus, jetez cette lettre au feu, et qu'il n'en soit plus question.

LE MARI, *jetant la lettre au feu et prenant une attitude des plus solennelles.* — Voilà le cas que l'on doit faire des lettres anonymes.

RODOLPHE, *sententieusement.* — C'est le parti le plus sage.

Décidément, mon pauvre Rodolphe, tu ne pourras parvenir à te procurer la plus petite péripétie; le drame ne veut évidemment pas de toi, et il se sauve aussitôt que tu fais ton entrée; je crains bien qu'il ne te faille rester bourgeois toute ta vie, et après ta mort, jusqu'au jugement dernier; car ta passion d'artiste n'est, il faut bien l'avouer, qu'un menu fait de cocuage bien bête et bien commun; un épicier, un caporal de la garde nationale ne font pas autrement les cocus.

Vrai Dieu! la vergogne te devrait prendre d'en user de la sorte. Si j'étais toi, je me serais déjà pendu une vingtaine de fois. Il n'y a donc pas de corde, pas de fusil, pas de mortier, pas de tromblon, pas de dague, pas de rasoir, pas de septième étage, pas de rivière! Les couturières amoureuses ont donc fait monter le charbon à un prix excessif et au-dessus de tes moyens, que tu restes là après à fumer le cigare de ta vie, comme un étudiant après avoir joué sa poule!

O lâche! ô couard! jette-toi dans les latrines, comme feu l'empereur Héliogabale, si tu trouves les autres genres de mort que je viens de te proposer trop poncifs et trop académiques.

Mon cher Rodolphe, je t'en supplie à deux genoux, fais-moi l'amitié de te tuer. Un suicide, quoique la chose soit assez commune et menace de devenir mauvais genre, a toujours une certaine tournure, et produit un effet assez poétique; cela te relèverait peut-être un peu aux yeux de mes lecteurs, qui te doivent trouver un bien misérable héros.

Puis, ta mort me procurerait l'ineffable avantage de me dispenser d'écrire le reste de ta vie. Je pourrais poser au bas de cette histoire interminable le bienheureux mot FIN, qui n'est pas, à coup sûr, attendu avec plus d'impatience par le lecteur que par moi, ton illustre biographe.

D'ailleurs, il fait un temps le plus beau du monde, et je t'assure, ô Rodolphe, que j'aimerais mille fois mieux m'aller promener au bois que de faire trotter ma plume éreintée et poussive tout le long de ces grandes coquines de pages. Ici, je pourrais faire une vingtaine de lignes en prose poétique, comme les feuilletonistes ont l'habitude d'en faire chaque printemps sur le malheur qu'ils ont d'être obligés de voir des vaudevilles et des opéras comiques, et de ne pouvoir s'en aller à la campagne à Meudon ou à Montmorency. Mais je résisterai vertueusement à la tentation, et je ne parlerai ni du ciel bleu, ni des rossignols, ni des lilas, ni des pêchers, ni des pommiers, ni en général d'aucun légume quelconque; c'est pourquoi je demande que l'univers me vote des remercîments et me décerne une couronne civique.

Et pourtant cela m'aurait été fort utile pour

remplir cette feuille, où je ne sais en vérité que mettre, et l'imprimeur est là, dans l'antichambre, qui demande de la copie, et allonge ses griffes noires comme un vautour à jeun.

Considérez, lecteurs et lectrices, que je n'ai pas comme les autres auteurs mes confrères, la ressource des clairs de lune et des couchers de soleil, pas la plus petite description de château, de forêt ou de ruines. Je n'emploie pas de fantômes, encore moins de brigands ; j'ai laissé chez le costumier les pantalons mi-partis et les surcots armoriés ; ni bataille, ni incendie, ni rapt, ni viol. Les femmes de mon livre ne se font pas plus violer que la vôtre ou celle de votre voisin : ni meurtre, ni pendaison, ni écartèlement, pas un pauvre petit cadavre pour égayer la narration et étouper les endroits vides.

Vous voyez combien je suis malheureux, obligé tous les deux jours de fournir, jusqu'à ce que mort s'ensuive, une feuille in-octavo de vingt-six lignes à la page et de trente-cinq lettres à la ligne.

Et, tel soin que je prenne de faire de petites phrases et de les couper par de fréquents alinéas, je ne puis guère voler qu'une vingtaine de lignes et une centaine de lettres à mon respectable éditeur, n'ayant pas eu l'idée de diviser mon histoire en chapitres, ou du moins ne l'ayant eue que trop tard.

D'ailleurs, ce qui rend ma tâche encore plus difficile, je suis décidé à ne mettre dans ce volume que des choses mathématiquement admirables. Avec des connaisseurs comme vous, je ne puis farcir ma dinde de marrons au lieu de truffes ; vous êtes trop fins gourmets pour ne pas vous en apercevoir tout de suite, et vous crieriez haro sur moi ; ce que je veux éviter par-dessus toute chose.

Rodolphe sortit tout désespéré de la platitude et du peu de tournure de la scène sur laquelle il avait tant compté. Il marchait devant lui, son mouchoir mettant le nez hors de sa poche, son chapeau en arrière, sa cravate dénouée, ses deux pouces dans les goussets de sa culotte, dans l'attitude physique et morale d'un homme anéanti.

Il se heurta contre quelque chose de trop flasque pour être une muraille et de trop dur pour être une nourrice, et il vit, à son grand ébahissement, que ce n'était autre chose que son ami Albert.

RODOLPHE. — Sacrédieu ! tu devrais bien prendre garde quand tu marches à ce que tu as devant toi.

ALBERT. — Voici une morale assez déplacée, d'autant que tu allais le nez en terre, comme un porc qui cherche des truffes.

RODOLPHE. — Merci de la comparaison ; elle est flatteuse.

ALBERT. — Un porc qui trouve des truffes vaut bien, ou je meure ! un poëte qui ne trouve que des rimes.

RODOLPHE. — De bonnes truffes sont bonnes, ceci est incontestable ; mais de bonnes rimes ne sont pas à dédaigner, surtout par le temps qui court : une bonne rime est la moitié d'un vers.

albert. — Et qu'est-ce qu'un vers tout entier? Tu as beau faire, la rime est une viande bien creuse, et, si tu farcissais une poularde de rimes au lieu de truffes, je crois que personne ne goûterait l'innovation.

rodolphe. — Et si je mettais une truffe au lieu d'une rime au bout de chaque vers?

albert. — Malgré tout le respect que je te dois, je crois que le débit en serait beaucoup plus sûr que de l'autre manière.

rodolphe. — Parlons d'autre chose : voilà assez de concetti dépensés en pure perte. Puisque nous sommes seuls, nous n'avons pas besoin d'avoir de l'esprit; cela est bon devant des bourgeois qu'on veut illusionner, et non autre part.

albert. — Soyons bêtes, puisque tu le veux; cela est pourtant plus difficile. Pour y parvenir plus aisément, je ne vais que te servir d'écho.

rodolphe. — Où allais-tu?

albert. — Où allais-tu?

rodolphe. — Chez toi.

albert. — Chez toi.

rodolphe. — Te demander de me rendre un service...

albert, *vivement, et ne faisant plus l'écho.* — Mon cher ami, tu ne peux plus mal tomber : je n'ai pas le sou en ce moment-ci; en toute autre occasion, tu peux compter sur moi, mais il y a marée basse dans mes poches : nous sommes au quinze, et j'ai mangé tout l'argent du mois.

RODOLPHE. — Qui te parle d'argent? C'est un service d'homme que je te demande.

ALBERT. — Ah! c'est différent. Faut-il te servir de second dans un duel? Je te montrerai une botte...

RODOLPHE. — Hélas! ce n'est pas pour cela.

ALBERT. — Faut-il te faire un article laudatif sur tes dernières poésies? je suis prêt. Tu vois que je suis un homme dévoué.

RODOLPHE. — Un plus grand service que tout cela. Tu connais madame de M***?

ALBERT. — Belle question! c'est moi qui te l'ai fait connaître.

RODOLPHE. — Tu connais aussi M. de M***?

ALBERT. — La moitié au moyen de quoi elle fait un tout; vulgairement parlant, l'époux d'icelle; je le connais comme le mari de ma mère.

RODOLPHE. — Tu sais aussi que j'ai une passion pour madame de M***?

ALBERT. — Par les tripes du pape! je le sais. Je l'ai vue toute petite, ta passion; elle est venue au monde devant moi, au balcon de l'Opéra, ayant pour mère une bouteille de vin d'Espagne et pour père un bol de punch. Je l'ai enveloppée des langes de mon amitié, je l'ai bercée, je l'ai choyée jusqu'à ce qu'elle ait été grande fille et capable de marcher toute seule; j'ai entendu ses premiers bégayements et j'ai lu les premiers vers qu'elle ait bavés — ils étaient assez méchants, par parenthèse. — Tu vois que je suis parfaitement au courant.

RODOLPHE. — Écoute, et tâche d'être sérieux, si tu peux, au moins une fois dans ta vie.

ALBERT. — Je le serai cette fois, et une autre avec ; seulement, ce sera quand je mourrai ou que je serai marié.

RODOLPHE. — Je voulais me donner une tournure artiste, je voulais mêler un peu de poésie à ma prose, et je croyais qu'il n'y avait rien de meilleur pour cela qu'une belle et bonne passion bien conditionnée. Je me suis épris de madame de M***, sur la foi de sa peau brune et de ses yeux italiens ; je ne pensais pas qu'avec des symptômes si évidents de fougue et de passion, l'on pût être aussi froide qu'une Flamande couleur de fromage, les cheveux roux et les prunelles bleues larges comme des molettes d'éperon ; je m'attendais aux élans les plus forcenés, aux explosions les plus volcaniques, à des allures de lionne ou de tigresse. Mon Dieu ! la femme à l'œil noir, aux narines roses et ouvertes, malgré son teint olivâtre et vivace, sa lèvre humide et lascive, a été douce comme un des moutons de madame Deshoulières, et tout s'est passé le plus tranquillement du monde : pas une larme, pas un soupir ; un air calme et enjoué à vous faire sauter au plafond. Je pensais qu'elle me pourrait fournir au moins vingt à trente sujets d'élégies ; à grand'peine, en m'aidant de réminiscences de Pétrarque, ai-je pu en faire cinq ou six sonnets, qui, j'espère, me serviront pour une autre fois ; car elle comprend autant la poésie que je comprends le grec, et je regarde les vers que je lui ai adressés comme des vers perdus. Oh! ma pauvre échelle de soie, avec quoi je pensais grimper à son balcon, je vois bien qu'il faut renoncer à se servir de toi, et continuer à passer bêtement par l'escalier, comme monsieur le mari. Enfin, ne sachant plus où donner de la tête pour mouvementer un peu ce drame sans action, je me suis décidé à écrire au mari, sous le voile de l'anonyme, que j'étais du dernier mieux avec sa femme; j'espérais qu'il prendrait de la jalousie et ferait quelque scène; tout cela n'a abouti qu'à une citation de Gresset et à une invitation à revenir le lendemain.

ALBERT. — Tout cela est fort douloureux, et je te conseille d'en faire un roman intime en deux volumes in-octavo : j'ai un libraire dans ma manche; il ne demanderait pas mieux que de le prendre; mais je ne vois pas autrement en quoi je te puis rendre service.

RODOLPHE. — M'y voici. Tu es mon ami intime.

ALBERT. — C'est un honneur que je partage avec deux ou trois cents autres.

RODOLPHE. — Eh bien! pour l'amour de moi, fais la cour à madame de M***.

ALBERT. — A ta maîtresse?

RODOLPHE. — Oui.

ALBERT. — Pardieu! ceci est nouveau. Je présume que tu veux te moquer de moi.

RODOLPHE. — En aucune manière. Ce que je dis est-il donc bouffon?

ALBERT. — Passablement.

RODOLPHE. — Je n'ai pas envie de rire, je te jure.

ALBERT. — Cela peut être, mais tu n'en es pas moins risible.

RODOLPHE. — Qu'est-ce que cela te fait ?

ALBERT. — Oh ! rien, absolument. Eh bien ! mets que je fais la cour à ta maîtresse : après ?

RODOLPHE. — Ainsi, tu consens ?

ALBERT. — Je ne consens pas du tout ; c'est une façon de parler seulement pour voir où tu en veux venir.

RODOLPHE. — Alors je suis jaloux : tu comprends.

ALBERT. — Pas le moins du monde ; mais fais absolument comme si je comprenais.

RODOLPHE. — Je suis jaloux, mais jaloux romantiquement et dramatiquement, de l'Othello double et triple. Je vous surprends ensemble : comme tu es mon ami, le trait serait des plus noirs, et la scène se composerait admirablement bien ; il serait impossible de trouver rien de plus don Juan, de plus méphistophélique, de plus machiavélique et de plus adorablement scélérat. Alors, je tire ma bonne dague, et je vous poignarde tous les deux, ce qui est très-espagnol et très-passionné. Qu'en dis-tu ?

Ici Albert regarde à trois reprises Rodolphe de la tête aux pieds et des pieds à la tête, après quoi il s'enfuit, en faisant des cabrioles et en riant comme un voleur qui voit pendre un juge.

Rodolphe, très-scandalisé, ravale sa salive, et tâche de prendre une attitude majestueuse.

Voyant qu'Albert court toujours, il entre dans sa maison, aussi en colère que Géronte après avoir été bâtonné par Scapin.

Cinq ou six jours se passèrent sans qu'il eût occasion de retourner chez madame de M***; il resta chez lui en tête-à-tête avec ses chats et Mariette.

Mariette, qui, depuis quelque temps, paraissait en proie à quelque souffrance morale, avait perdu ses fraîches couleurs et sa belle gaieté; elle ne chantait plus, elle ne riait plus, elle ne sautait plus par la chambre, et demeurait toute la journée à coudre dans l'embrasure de la fenêtre, ne faisant de bruit non plus qu'une souris. Rodolphe était on ne peut plus surpris de ce changement, et ne savait à quoi l'attribuer. N'ayant rien à faire, et la trouvant d'ailleurs plus intéressante avec sa pâleur nacrée et ses beaux yeux battus, il voulut reprendre avec elle ses anciennes privautés; car il est inutile de dire que ses conversations fréquentes avec madame de M*** avaient dû singulièrement nuire à ses dialogues avec Mariette. Mais celle-ci, loin de se prêter de bonne grâce aux caresses de son maître, ainsi qu'elle le faisait autrefois, se débattit courageusement, et, lui glissant entre les doigts comme une vraie couleuvre qu'elle était, elle courut se réfugier dans sa chambre, dont elle ferma la porte en dedans.

Rodolphe tenta d'entamer des négociations à travers le trou de la serrure; mais ce fut une peine perdue, Mariette resta muette comme un poisson. Rodolphe, voyant que ses belles paroles n'aboutissaient à rien, abandonna la partie, et reprit la lecture qu'il avait interrompue.

Au bout d'une heure, Mariette rentra; elle était habillée, et portait sous son bras un paquet assez gros. Rodolphe leva la tête, et la vit qui se tenait debout adossée au mur, sans proférer une seule parole.

RODOLPHE. — Que signifie tout ceci, Mariette, et pourquoi avez-vous un paquet sous le bras?

MARIETTE. — Cela signifie que je m'en vais et que je vous demande mon congé.

RODOLPHE. — Votre congé? et pourquoi donc? N'êtes-vous pas bien ici, et mon service est-il si pénible que vous ne puissiez en venir à bout? Alors prenez quelqu'un pour vous aider, et restez.

MARIETTE. — Monsieur, je n'ai pas à me plaindre, et ce n'est pas là le motif pourquoi je vous quitte.

RODOLPHE. — Est-ce que j'aurais oublié, par hasard, de te payer ton dernier quartier de gages?

MARIETTE. — Je ne m'en irais pas pour cela, monsieur.

RODOLPHE. — Alors, c'est que tu as trouvé une meilleure maison que la mienne?

MARIETTE. — Non; car je m'en retourne chez nous, chez ma mère.

RODOLPHE. — Tu ne t'en retourneras pas, car je veux te garder, moi. Quel est donc ce caprice?

MARIETTE. — Ce n'est pas un caprice, ô mon maître! c'est une résolution immuable.

RODOLPHE. — Une résolution immuable! c'est un

singulier mot dans la bouche d'une femme, l'être le plus variable qui soit au monde. Tu resteras, Mariette.

MARIETTE. — Je n'ai pas l'esprit qu'il faut pour disserter avec vous ; mais tout ce que je sais, c'est que je ne coucherai pas ici.

RODOLPHE. — C'est ce qui te trompe, ma toute belle ; tu y coucheras, et avec moi encore !

MARIETTE. — Pour cela, non, ou je ne m'appellerai pas Mariette.

RODOLPHE. — Eh bien ! appelle-toi Jeanne, et qu'il n'en soit plus parlé. Sais-tu, Mariette, que tu deviens monstrueusement vertueuse ! Si cela continue, on te pourra mettre au calendrier, comme vierge et martyre. C'est pourtant quelque chose de bien ignoble et de bien rococo que la vertu, et je ne comprends pas à propos de quoi tu t'avises d'en avoir, étant passablement jolie et n'ayant guère que vingt ans. Laisse la vertu aux vieilles et aux difformes, celles-là seules font bien d'en avoir, et l'on doit les en remercier ; mais avec de beaux yeux comme ceux-ci et une gorge comme celle-là, tu n'as pas le droit d'être vertueuse, et tu aurais mauvaise grâce à vouloir l'être. Allons, mauvaise, jette là ton paquet, et ne fais plus la bégueule ; embrassons-nous, et soyons bons amis comme par le passé.

MARIETTE. — Je ne vous embrasserai pas ; laissez-moi, monsieur ; allez embrasser madame de M***.

RODOLPHE. — J'en viens, et n'ai guère envie d'y retourné.

MARIETTE. — Oh! les hommes! voilà comme ils sont, celle-ci et celle-là, tout leur est bon, et celle qui se trouve au-devant de leurs lèvres est toujours la préférée!

RODOLPHE. — Tu philosophes avec une profondeur tout à fait surprenante, et ces hautes réflexions ne seraient pas déplacées dans un opéra-comique. Or, tu te trouves au-devant de ma bouche, donc je te préfère.

MARIETTE, *laissant aller son paquet et se défendant faiblement.* — Monsieur Rodolphe, je vous en prie, n'allez plus chez madame de M***; c'est une méchante femme.

RODOLPHE. — Tu ne la connais pas, comment peux-tu le savoir?

MARIETTE. — C'est égal, j'en suis sûre; je ne peux pas souffrir cette femme. Oh! n'y allez plus, et je vous aimerai bien.

RODOLPHE. — S'il ne faut que cela, petite, pour te rendre contente, c'est bien facile; mais explique-moi un peu comment cette idée t'est venue d'être jalouse de moi. Voilà assez longtemps que tu es à mon service, et tu ne t'en étais pas encore avisée.

MARIETTE. — Comme vous parlez de cela, monsieur! Vous riez, et j'ai la mort dans l'âme. Ah! vous croyez que, pour être votre servante, j'ai cessé d'être femme; si vous avez compté sur cela, vous vous êtes trompé, et bien étrangement. Je sais que cela est bien hardi et bien audacieux à moi de vous aimer, vous, mon maître; mais je vous aime, est-ce ma faute à moi? je ne vous ai pas cherché, au contraire, et j'ai bien pleuré pour venir avec vous. Vous m'avez prise toute jeune à ma vieille mère, et vous m'avez amenée ici : me trouvant jolie, vous n'avez pas dédaigné de me séduire. Cela ne vous a pas été difficile : j'étais isolée, sans défense aucune; vous abusiez de votre ascendant de maître et de ma soumission de servante; et puis, à quoi bon le cacher? si je ne vous aimais pas encore, je n'avais pas d'autre amour; vous avez le premier éveillé mes sens, et cet enivrement m'a fait supporter des choses que je ne supporterai plus, je vous le déclare, je ne veux plus être pour vous un jouet sans conséquence, qu'on prend et qu'on jette là, une chose agréable à toucher comme une étoffe ou une fourrure; je suis lasse de tenir le milieu entre vos chats et votre chien. Moi, je ne sais pas, comme vous, séparer mon amour en deux : l'amour de l'âme pour celle-ci, l'amour du corps pour celle-là. Je vous aime avec mon âme et mon corps, et je veux être aimée ainsi. Je veux! c'est un étrange mot, n'est-ce pas, de moi à vous, de moi servante à vous maître? mais vous m'avez prise pour être votre servante et non votre maîtresse; si vous l'avez oublié, pourquoi ne l'oublierais-je pas?

RODOLPHE, *à part*. — Par la virginité de ma grand'mère, voilà qui se pose assez passionnément. (*Haut et d'un ton caressant.*) Pauvre Mariette! (*A part.*) C'est décidé, je quitte l'autre.

MARIETTE, *pleurant*. — Ah! Rodolphe, si vous pouviez savoir combien est douloureuse la position où je suis, vous pleureriez comme moi, tout insensible que vous êtes.

RODOLPHE, *buvant ses larmes sur ses yeux.* — Allons donc, enfant, avec tes pleurs; tu me fais boire de l'eau pour la première fois depuis que j'ai atteint l'âge de raison.

MARIETTE, *lui passant timidement le bras autour du col.* — Aimer et ne pouvoir le dire, sentir son cœur gros de soupirs et prêt à déborder, et ne pouvoir cacher sa tête sur le sein bien-aimé pour y pleurer à son aise, et n'oser risquer une caresse; être comme le chien, l'oreille au guet, l'œil attentif, qui attend qu'il plaise au maître de le flatter de la main : voilà quel est notre sort. Oh! je suis bien malheureuse!

RODOLPHE, *ému.* — Tu es bête comme plusieurs oies. Qui t'empêche de me dire que tu m'aimes, et de me caresser quand l'envie t'en prend? Ce n'est pas moi, j'espère.

MARIETTE. — Qu'ont donc les autres femmes de plus que moi? Je suis aussi belle que plusieurs qui ont la réputation de l'être beaucoup. C'est vous qui l'avez dit, Rodolphe; je ne sais si j'ai raison de vous croire, mais je vous crois. On ne prend guère la peine de flatter sa servante; à quoi bon? on n'a qu'à dire « je veux, » cela est plus commode. Voyez mes cheveux, ils sont noirs et à pleines mains : je vous ai souvent entendu louer les cheveux noirs; mes yeux sont noirs comme mes cheveux : vous avez dit bien des fois que vous ne pouviez souffrir les yeux bleus; mon teint est brun, et, si je suis pâle, ô Rodolphe! c'est que je vous aime et que je souffre. Si vous avez fait la cour à cette femme, c'est parce qu'elle avait un teint brun et des yeux noirs. J'ai tout cela, Rodolphe, je suis plus jeune qu'elle, et je vous aime plus qu'elle ne peut vous aimer; car son amour est né dans les rires, et le mien dans les larmes, et cependant vous ne faites pas attention à moi; pourquoi? parce que je suis votre servante, parce que je veille sur vous nuit et jour, parce que je vais au-devant de tous vos désirs, et que je me dérange vingt fois dans une heure pour satisfaire vos moindres caprices. Il est vrai que vous me jetez au bout de l'année quelques pièces d'argent; mais, croyez-vous que de l'argent puisse dédommager d'une existence détournée au profit d'un autre, et que la pauvre servante n'ait pas besoin d'un peu d'affection pour se consoler de cette vie toute de dévouement et d'amertume? Si j'avais de beaux chapeaux et de belles robes, si j'étais la femme d'un notaire ou d'un agent de change, vous monteriez la garde sous mon balcon, et vous vous estimeriez heureux d'un coup d'œil lancé à travers la persienne.

RODOLPHE. — Je ne suis pas assez platonique pour cela. Je t'aime plus, étant ce que tu es, que la plus grande dame de la terre. C'est convenu, tu restes?

MARIETTE. — Et madame de M***? vous savez ce que j'ai dit.

RODOLPHE. — Qu'elle aille au diable! je romps avec

elle. (*A part.*) Il y a plus de passion véritable dans cette pauvre fille que dans vingt mijaurées de cette espèce, et d'ailleurs elle est plus jolie.

MARIETTE. — Vous me promettez donc...

RODOLPHE. — Sur tes yeux et ta bouche.

MARIETTE, *avec explosion.* — Je reste !

RODOLPHE. — Çà ! notre chambrière, maintenant que vous voilà promue au grade de notre maîtresse en titre, cherchez quelqu'un qui vous remplace et fasse votre ouvrage.

MARIETTE. — Non, Rodolphe, je veux être ici seule avec vous, et d'ailleurs je vous aime trop pour laisser le soin de vous servir à une autre.

RODOLPHE. — Tu es une bonne fille et je suis un grand sot d'avoir été chercher si loin le trésor que j'avais chez moi. Je t'aime de cœur et de corps, je me sens en humeur tout à fait pastorale, et nous allons refaire à nous deux les amours de Daphnis et Chloé. (*Il la prend sur ses genoux et la berce comme un petit enfant.*)

Intrat ALBERT, *l'homme positif.* — Voilà un groupe qui se compose assez bien ; mais je doute fort qu'il fût du goût de madame de M***, si elle le voyait.

RODOLPHE. — Je voudrais qu'elle le vît.

ALBERT. — Tu ne l'aimes donc plus ?

RODOLPHE. — Est-ce que je l'ai aimée ?

ALBERT. — A vrai dire, j'en doute. Et ta passion d'artiste ?

RODOLPHE. — Au diable la passion ! je courais après elle, elle est venue chez moi.

ALBERT. — C'est toujours ainsi. Je suis charmé de te voir revenu à des sentiments raisonnables. Je vote des remercîments à Mariette pour cette cure importante.

MARIETTE. — Ce n'est pas sans peine, monsieur Albert, que je l'ai opérée.

ALBERT. — Je le crois, le malade était au plus mal : gare les rechutes !

MARIETTE. — Oh ! j'en aurai bien soin, soyez tranquille.

RODOLPHE. — N'aie pas peur, ma petite Mariette, tu es trop jolie et trop bonne pour qu'il y ait le moindre danger.

ALBERT. — O mon ami ! il faut être bien fou pour sortir de chez soi dans l'espoir de rencontrer la poésie. La poésie n'est pas plus ici que là, elle est en nous. Il y en a qui vont demander des inspirations à tous les sites de la terre, et qui n'aperçoivent pas qu'ils ont à dix lieues de Paris ce qu'ils vont chercher au bout du monde. Combien de magnifiques poëmes se déroulent depuis la mansarde jusqu'à la loge du portier, qui n'auront ni Homère ni Byron ! combien d'humbles cœurs se consument en silence, et s'éteignent sans que leur flamme ait rayonné au dehors ! que de larmes ont coulé que personne n'a essuyées ! que de passions, que de drames que l'on ne connaîtra jamais ! que de génies avortés, que de plantes étiolées faute d'air ! Cette chambre où nous sommes, toute paisible, toute calme, toute bourgeoise qu'elle est, a peut-être vu autant de péripéties, de tragédies domestiques et de drames intérieurs, qu'il s'en est joué pendant un an à la Porte-Saint-Martin. Des époux, des amants y ont échangé leurs premiers baisers ; des jeunes femmes y ont goûté les joies douloureuses de la maternité ; des enfants y ont perdu leur vieille mère. On a ri et l'on a pleuré, on a aimé et l'on a été jaloux, on a souffert et l'on a joui, on a râlé et l'on est mort entre ces quatre murs : toute la vie humaine dans quelques pieds. Et les acteurs de tous ces drames, pour n'avoir pas le teint cuivré, un poignard et un nom en *i* ou en *o*, n'en avaient pas moins de colère et d'amour, de vengeance et de haine, et leur cœur, pour ne pas battre sous un pourpoint ou un corselet, n'en battait pas moins fort ni moins vite. Les dénoûments de ces tragédies réelles, pour ne pas être un coup de poignard ou un verre de poison, n'en étaient pas moins pleins de terreur et de larmes. Je te le dis, ô mon ami, la poésie, toute fille du ciel qu'elle est, n'est pas dédaigneuse des choses les plus humbles ; elle quitte volontiers le ciel bleu de l'Orient, et ploie ses ailes dorées au long de son dos pour se venir seoir au chevet de quelque grabat sous une misérable mansarde; elle est comme le Christ, elle aime les pauvres et les simples, et leur dit de venir à elle. La poésie est partout : cette chambre est aussi poétique que le golfe de Baïa, Ischia, ou le lac Majeur, ou tout endroit réputé poétique ; c'est à toi de trouver le filon et de l'exploiter. Si tu ne le peux pas, demande une place de surnuméraire dans quelque administration, ou fais des articles de critique pour quelque journal, car tu n'es pas poëte, et la muse détourne sa bouche de ton baiser. Regarde, c'est dans ces murs que s'est passée la meilleure partie de ton existence ; tu as eu là tes plus beaux rêves, tes visions les plus dorées. Une longue habitude t'en a rendu familiers les coins les plus secrets : tes angles sortants s'adaptent on ne peut mieux avec leurs angles rentrants, et, comme le colimaçon, tu t'emboîtes parfaitement dans ta coquille. Ces murailles t'aiment et te connaissent, et répètent ta voix ou tes pas plus fidèlement que tous autres; ces meubles sont faits à toi, et tu es fait à eux. Quand tu entres, la bergère te tend amoureusement les bras et meurt d'envie de t'embrasser ; les fleurs de ta cheminée s'épanouissent et penchent leur tête vers toi pour te dire bonjour ; la pendule fait carillon, et l'aiguille, toute joyeuse, galope ventre à terre pour arriver à l'heure dont le son vaut pour toi toutes les musiques célestes, à l'heure du dîner ou du déjeuner; ton lit te sourit discrètement du fond de l'alcôve, et rougissant de pudeur entre ses rideaux pourprés, semble te dire que tu as vingt ans et que ta maîtresse est belle; la flamme danse dans l'âtre, les bouilloires bavardent comme des pies, les oiseaux chantent, les chats font ronron ; tout prend une voix pour exprimer le contentement; le tilleul du jardin allonge ses branches à travers la jalousie pour te donner la main et te souhaiter la bienvenue ; le soleil vient au-devant de toi par la croisée et les atomes valsent plus allègrement dans les rais lumineux. La maison est un corps dont tu es l'âme et à qui tu donnes la vie : tu es le centre de ce microcosme. Pourquoi donc vouloir se déplacer et devenir accessoire, lorsqu'on peut être principal? O Rodolphe ! crois-m'en, jette au feu toutes tes enluminures espagnoles ou italiennes. Une plante perd sa saveur à être changée de climat, les pastèques du Midi deviennent des citrouilles dans le Nord, les radis du Nord des raiponces dans le Midi. Ne te transplante pas toi-même, ce n'est que dans le sol natal que l'on peut plonger de puissantes et profondes racines : d'un bon et honnête garçon que tu es, ne cherche pas à devenir un petit misérable bandit, à qui le premier chevrier des Abruzzes donnerait du pied au cul, et qu'il regarderait à juste titre comme un niais. Aime bien Mariette, qui t'aime bien, et, sans te soucier si tu as ou non une tournure d'artiste, fais tes vers comme ils te viendront ; c'est le plus sage, et tu te feras ainsi une existence d'homme qui, sans être très-dramatique, n'en sera pas moins douce, et te mènera par une route unie et sablée au but inconnu où nous allons tous. Si quelqu'un te fait insulte, bats-toi en duel avec lui, mais ne l'assassine pas à la mode italienne, parce que l'on te guillotinerait immanquablement, ce qui me fâcherait fort, car tu vaux trop, quoique tu sois un grand fou.

En faveur de l'amitié que je te porte, pardonne-moi la longue tartine que je viens de te faire avaler, et sur quoi j'étale depuis une heure les confitures de mon éloquence; passe-moi, en outre, une allumette pour allumer ma pipe, et je te voue une reconnaissance égale au service.

Rodolphe fit ce qu'il demandait, et bientôt un nuage de fumée emplit la chambre. La soirée se passa on ne peut plus joyeusement, et Albert se retira fort tard.

Mariette, le lendemain, n'eut qu'un lit à faire, et de nouvelles couleurs commençaient à poindre sur ses joues rondes et potelées.

Et madame de M***, que devint-elle? Elle avait déjà pris un amant quand Rodolphe la quitta, le tout par crainte d'en manquer.

Et M. de M***? il resta ce qu'il était, c'est-à-dire le plus dernier de M. Paul de Kock qu'il soit possible d'être, si les façons de plus font quelque chose à l'affaire.

Rodolphe et madame de M*** se rencontrèrent quelquefois depuis dans le monde; ils se traitèrent avec toute la politesse imaginable, et comme des gens qui se connaissent à peine. La belle chose que la civilisation!

Enfin, nous voilà arrivés au bout de cette admirable épopée, je dis épopée avec une intention marquée; car vous pourriez prendre ceci pour une histoire libertine, écrite pour l'édification des petites filles.

Il n'en est rien, estimable lecteur. Il y a un mythe

très-profond sous cette enveloppe frivole : au cas que vous ne vous en soyez pas aperçu, je vais vous l'expliquer tout au long.

Rodolphe, incertain, flottant, plein de vagues désirs, cherchant le beau et la passion, représente l'âme humaine dans sa jeunesse et son inexpérience ; madame de M*** représente la poésie classique, belle et froide, brillante et fausse, semblable en tout aux statues antiques, déesse sans cœur humain, et à qui rien ne palpite sous ses chairs de marbre ; du reste, ouverte à tous, et facile à toucher, malgré ses grandes prétentions et tous ses airs de hauteur ; Mariette, c'est la vraie poésie, la poésie sans corset et sans fard, la muse bonne fille, qui convient à l'artiste, qui a des larmes et des rires, qui chante et qui parle, qui remue et palpite, qui vit de la vie humaine, de notre vie à nous, qui se laisse faire à toutes les fantaisies et à tous les caprices, et ne fait la petite bouche pour aucun mot, s'il est sublime.

M. de M***, c'est le gros sens commun, la prose bête, la raison butorde de l'épicier ; il est marié à la fausse poésie, à la poésie classique : cela devait être. Il est inférieur à sa femme ; ceci est un sous-mythe excessivement ingénieux, qui veut dire que M. Casimir Delavigne est inférieur à Racine, qui est la poésie classique incarnée. Il est cocu, M. de M***, cela généralyse le type ; d'ailleurs, la fausse poésie est accessible à tous, et ce cocuage est tout allégorique.

Albert, qui ramène Rodolphe dans le droit chemin, est la véritable raison, amie intime de la vraie poésie, la prose fine et délicate qui retient par le bout du doigt la poésie qui veut s'envoler, de la terre solide du réel, dans les espaces nuageux des rêves et des chimères : c'est don Juan qui donne la main à Child-Harold.

J'espère que voilà une superbe explication à laquelle vous ne vous attendiez guère, garde national de lecteur que vous êtes.

Je ne sais pas, avec tout cela, si l'histoire de Rodolphe sera de votre goût, mais j'ai assez bonne opinion de vous pour croire qu'en pareille occurrence vous n'eussiez pas hésité entre *celle-ci* et *celle-là.*

ELIAS WILDMANSTADIUS

ou

L'HOMME MOYEN AGE

> ... Laudator temporis acti.
> HORACE.
> La cathédrale rugueuse était sa carapace.
> VICTOR HUGO.

Parmi les innombrables variétés de Jeunes-France, une des plus remarquables, sans contredit, est celle dont nous allons nous occuper. Il y a le Jeune-France byronien, le Jeune-France artiste, le Jeune-France passionné, le Jeune-France viveur, chiqueur, fumeur, avec ou sans barbe, que certains naturalistes placent entre les pachydermes, d'autres dans les palmipèdes, ce qui nous paraît également fondé. Mais de toutes ces espèces de Jeunes-France, le Jeune-France moyen âge est la plus nombreuse, et les individus qui la composent ne sont pas médiocrement curieux à examiner. J'en chercherai un entre tous, ami lecteur; il pourra te donner une idée du genre, si tu n'as pas eu le bonheur d'en voir un vivant ou empaillé. Comme il est mort, je puis te dire son véritable nom : il se nommait Elias Wildmanstadius; c'était un très-beau nom pour un homme moyen âge, d'autant que ce n'était pas un pseudonyme. Je vous prie, lecteur, de ne pas trop rire de lui, car c'était mon ami, et il fut sincère dans sa folie, bien différent de tant d'autres, qui ne le sont que par mode et par manière.

J'espère que vous me pardonnerez l'espèce de teinte sentimentale répandue sur ce récit. Songez qu'Elias Wildmanstadius fut mon plus cher camarade, et qu'il est mort, et d'ailleurs j'ai besoin de faire reposer un peu mes lèvres, qui, depuis trois cents pages environ, se tordent en ricanements sardoniques.

L'ange chargé d'ouvrir aux âmes la porte de ce monde, par la plus inexplicable des distractions, n'avait livré passage à la sienne qu'environ trois cents ans après l'époque fixée pour son entrée dans la vie.

Le pauvre Elias Wildmanstadius, avec cette âme du quinzième siècle au dix-neuvième, ces croyances et ces sympathies d'un autre âge au milieu d'une civilisation égoïste et prosaïque, se trouvait aussi dépaysé qu'un sauvage des bords de l'Orénoque dans un cercle de fashionables parisiens.

Se sentant gauche et déplacé dans cette société pour laquelle il n'était pas fait, il avait pris le parti de s'isoler en lui-même et de se créer une existence à part. Il s'était bâti autour de lui un moyen âge de quelques toises carrées, à peu près comme un amant qui, ayant perdu sa maîtresse, fait lever son masque en cire, et habille un mannequin des vêtements qu'elle avait coutume de porter.

A cet effet, il avait loué une des plus vieilles maisons de S***, une maison noire, lézardée, aux murailles lépreuses et moisies, avec des poutres sculptées, un toit qui surplombe, des fenêtres en ogive, aux carreaux en losange, tremblant au moindre coup de vent dans leur résille de plomb.

Il la trouvait un peu moderne; elle ne datait que de 1550 tout au plus. Quelques bossages vermiculés, quelques refends, quelques essais timides de colonnes corinthiennes, où le goût de la Renaissance se faisait déjà sentir, gâtaient, à son grand regret, la façade de la rue et altéraient la pureté toute gothique du reste de l'édifice.

C'était d'ailleurs la maison la plus incommode de toute la ville.

Les portes mal jointes, les châssis vermoulus laissaient passer la bise comme un crible. La cheminée au manteau blasonné, sous lequel toute une famille se fût assise, eût avalé un chêne entier à chaque bouchée de sa gueule énorme; il eût fallu deux hommes pour changer de place ses lourds chenets de fer, ornés de grosses boules de cuivre.

Les tapisseries de haute lisse, représentant des passes d'armes et des sujets de chevalerie, s'en allaient en lambeaux; les murs suaient à grosses gouttes à force d'humidité; quelques tableaux noirs et enfumés étaient pendus çà et là dans leurs cadres poudreux.

Pour compléter l'illusion, Elias Wildmanstadius avait rassemblé à grands frais les meubles les plus anciens qu'il eût pu trouver : de grands fauteuils de chêne à oreillettes, couverts de cuir de Cordoue avec des clous à grosses têtes, des tables massives aux pieds tortus, des lits à estrade et à baldaquin, des buffets d'ébène, incrustés de nacre, rayés de filets d'or, des panoplies de diverses époques, tout ce bagage rouillé et poussiéreux, qu'un siècle qui s'en va laisse à l'autre comme témoin de son passage, et que les peintres disputent aux antiquaires chez les marchands de curiosités.

Afin d'être assorti à ces meubles et de ne pas faire dissonance, il portait toujours chez lui un costume du moyen âge.

Rien n'était plus divertissant que de le voir, ce bon Elias Wildmanstadius, avec un surcot de samit armorié, des jambes mi-parties, des souliers à la poulaine, les cheveux fendus sur le front, le chaperon en tête, la dague et l'aumônière au côté, se promener gravement, à travers les salles désertes, comme une apparition des temps passés. Quelquefois il se revêtait d'une armure complète, et il prenait un grand plaisir à entendre le son de fer qu'il rendait en marchant.

Cet amour de l'antiquité s'étendait jusque sur la

cuisine : il fallait mettre sur sa table des drageoirs et des hanaps ; il ne voulait manger que faisans avec leurs plumes, paons rôtis, ou toute autre viande chevaleresque. Dès qu'il voyait paraître quelque mets plus bourgeois et plus confortable, il entrait en fureur, et il aurait presque battu Marthe, sa vieille gouvernante, lorsqu'elle lui versait du faro ou du lambick, au lieu d'hydromel et de cervoise.

Par le même motif, il n'admettait dans sa bibliothèque aucun livre imprimé, à moins que ce ne fût en gothique; car il détestait l'invention de Guttemberg autant que celle de l'artillerie.

En revanche, les rayons étaient chargés de force beaux manuscrits sur vélin, aux coins et aux fermoirs d'argent, à la reliure de parchemin ou de velours.

Il admirait avec une naïveté d'enfant les images des frontispices, les fleurons des marges, les majuscules ornées aux commencements des chapitres; il s'extasiait sur les roides figures des saintes aux cils d'or et aux prunelles d'azur, les beaux anges aux ailes blanches et roses; il avait peur des diables et des dragons, et croyait à toute légende, si absurde qu'elle fût, pourvu que le texte fût en bonne gothique ligaturée et le titre en grandes lettres rouges.

En peinture, ses opinions étaient fort étranges : au delà des tableaux du quinzième siècle, il ne voyait plus rien ; il n'aimait que Mabuse, Jacquemain Gringoneur, Giotto, Pérugin et quelques peintres de ce genre. Raphaël commençait à être trop nouveau pour lui.

De la musique telle que l'ont faite Rossini, Mozart et Weber, il ne connaissait rien ; au lieu du *Di tanti palpiti*, il chantait :

> Tout est verlore,
> La tintelore,
> Tout est frelore, bei Gott!

de la défaite des Suisses à Marignan, par Clément Janequin, ou quelque autre air d'Ockeghem, de Francesco Rosello, de Constantio Festa ou d'Hobrecht : il n'allait pas plus loin.

Pour les instruments dont on se sert aujourd'hui, il n'en savait pas le nom ; en récompense, il savait à merveille ce que c'était qu'une sambucque, des naquerres, des regales, une épinette, un psaltérion et un rebec : il en eût même joué au besoin.

En littérature, il eût cité juste le plus obscur roman : Parténopeux de Blois, Huon de Bordeaux, Atys et Profilas, le Saint-Graal, Dolopathos, Perceforest, et mille autres ; il ne se doutait pas de Byron et de Gœthe. Il vous eût raconté de point en point la chronique de tel roitelet breton antérieur à Grâlon et à Konan, et vous l'eussiez fort surpris en lui parlant de Napoléon.

Lorsqu'il était forcé d'écrire à quelqu'un, c'était dans un style si plein d'archaïsme, avec un caractère si hors d'usage, qu'il était impossible d'en déchiffrer un mot, et qu'il fallait en déférer au chartrier de la ville.

Sa conversation était hérissée d'expressions vieillies, de tours tombés en désuétude, si bien que chaque phrase était une énigme, et qu'il y fallait un commentaire.

Pourtant, avec tout cela, il avait une âme aimante et pieuse; il comprenait l'art, mais l'art naïf et qui croit à son œuvre, l'art gothique, patient et enthousiaste, qui fait des miniatures géantes, des basiliques travaillées en bijou, des clochers de deux cents pieds, finis comme des chatons de bague. Il sentait admirablement bien l'architecture; il eût trouvé Notre-Dame et la cathédrale de Bourges, si elles avaient été à faire. Trois cents ans plus tôt, le nom d'Élias Wildmanstadius nous fût parvenu, porté par l'écho des siècles, avec ces quelques noms rares qui surnagent et ne meurent point; mais, comme beaucoup d'autres, il avait manqué son entrée en ce monde, il n'était qu'une espèce de fou; il eût été un des plus hauts génies, sa vie eût été pleine et complète : il était obligé de se créer une existence factice et ridicule, et de se jouer lui-même de lui.

Choqué de la tournure bourgeoise et mercantile des habitants, de la monotonie anti-pittoresque des maisons neuves, il en était réduit à ne pas sortir, ou, s'il le faisait, ce n'était que pour visiter et pour fureter dans tous ses coins sa bonne vieille cathédrale. C'était le plus grand plaisir qu'il eût; il y restait des heures entières en contemplation. Le clocher déchiqueté à jour, les aiguilles évidées, les pignons tailladés en scie, les croix à fleurons, les guivres et les tarasques montrant les dents à l'angle de chaque toit, les roses des vitraux toujours épanouies, les trois porches avec leurs collerettes de saints, leurs trèfles mignonnement découpés, leurs faisceaux de colonnes élancées et fluettes, les niches curieusement ciselées et toutes folles d'arabesques, les bas-reliefs, les emblèmes, les figures héraldiques, la plus petite dentelure de cette broderie de pierre, la plus imperceptible maille de ce tulle de granit, il aurait tout dessiné sans rien voir, tellement il avait présent à la mémoire jusqu'au moindre détail de son église bien-aimée. La cathédrale, c'était sa maîtresse à lui, la dame de ses pensées; il ne lui eût pas fait infidélité pour la plus belle des femmes : il en rêvait, il en perdait le boire et le manger; il ne se trouvait à l'aise qu'à l'ombre de ses vieilles ogives : il était là chez lui : le fond était en harmonie avec le personnage. A force de vivre avec les colonnettes fuselées, au milieu des piliers sveltes et minces, il en avait en quelque sorte la forme : à le voir si maigre et si long, on l'eût pris pour un pilier de plus, ses cheveux bouclés ne ressemblant pas mal aux acanthes des chapiteaux.

Il avait étudié à fond l'histoire de la basilique et de sa construction; il vous eût dit précisément à quelle année avaient été bâtis le chœur et l'abside, le maître-autel et le jubé, la nef et les chapelles latérales; il avait constaté l'âge de chaque pierre; il savait combien avait coûté la menuiserie des stalles, du banc de l'œuvre et de la chaire, ce qu'il avait fallu de temps pour poser la clef de voûte, suspendre la lancette et le pendentif ; il lisait couramment les inscriptions de toutes les tombes ; il expliquait les blasons ; il connaissait le sujet de tous les tableaux et de toutes les peintures des vitrages ; il vous eût conté comment l'orgue, don d'un empereur d'Orient, était le premier qu'on eût vu en Europe ; et bien d'autres, si vous l'eussiez laissé faire, car il ne tarissait pas sur ce sujet ; et, quand il en parlait, sa figure s'animait singulièrement, ses yeux, d'un bleu terne, brillaient d'un éclat extraordinaire.

Cette pauvre âme, oubliée dans un coin du ciel par son ange gardien, amoureux sans doute de quelque Éloa, et jetée ensuite dans un monde dont toutes ses sœurs s'en étaient allées, nageait alors dans une joie ineffable et pure : elle se croyait en 1500.

Pour tromper son ennui, le bon Elias Wildmanstadius sculptait, avec un canif, de petites cathédrales de liége, peignait des miniatures à la manière gothique, transcrivait de vieilles chroniques, et faisait des portraits de vierges, avec des auréoles et des nimbes d'or.

Il vécut ainsi fort longtemps, peu compris et ne pouvant comprendre. Sa fin fut digne de sa vie. Il y a deux ans, le tonnerre tomba sur la cathédrale, et y fit de grands ravages. Par l'effet d'une sympathie mystérieuse, le bon Elias mourut de mort subite, précisément à la même heure, dans sa maison (c'est celle qui fait l'angle du vieux marché, et où l'on voit une madone), assis dans un grand fauteuil, au moment où il achevait un dessin de la cathédrale. On l'enterra, comme il l'avait toujours demandé, dans la chapelle où il avait passé tant d'heures de sa vie, sous la pierre qu'il avait usée de ses genoux. Il est maintenant là-haut, en compagnie des chérubins, de la Vierge et des saints, qu'il aimait tant, dans son beau paradis d'or et d'azur, et sans doute il ne manquerait rien à son bonheur, si l'épitaphe de son tombeau n'était pas en style et en caractères évidemment modernes.

LE BOL DE PUNCH

> L'orgie échevelée.
> DE BALZAC.
>
> L'orgie échevelée.
> JULES JANIN.
>
> L'orgie échevelée.
> P.-L. JACOB.
>
> L'orgie échevelée.
> EUGÈNE SUE.

C'était une chambre singulière que celle de notre ami Philadelphe. Elle avait bien, comme toutes les chambres possibles, comme la vôtre ou la mienne, quatre murs avec un plafond et un plancher, mais la façon dont elle était décorée lui donnait une physionomie étrangement incongrue.

Les peintures les plus bizarres étaient appendues aux murs dans des cadres curieusement sculptés ; des pastels de la Régence, fardés et souriants, se pavanaient à côté de roides figures d'anges sur fond d'or, dans la manière de Giotto ou d'Orcagna.

Les gravures, les eaux-fortes se pressaient au long

des lambris, si serrées et si mal en ordre, qu'on ne pouvait en **voir** une seule sans en déranger deux ou trois.

Rembrandt heurtait Watteau du coude, une fête galante de Pater couvrait la figure d'une sibylle de Michel-Ange, un Tartaglia de Callot donnait du pied au cul au portrait du grand roi, par Hyacinthe Rigaud, une nudité charnue et sensuelle de Rubens faisait baisser les yeux à un dessin ascétique de Moralès, une gouache libertine de Boucher montrait impudemment son derrière à une prude madone du rigide Albert Dürer; la muraille était hérissée d'antithèses, comme une tragédie du temps de l'empire.

Sur toutes les tables, les consoles, les guéridons, les chaises, les fauteuils, et en général sur tout ce qui présentait une surface à peu près plane, étaient entassés une foule d'objets de formes baroques et disparates.

Dans une duchesse inoccupée, au milieu de plats bosselés et d'émaux de Bernard de Palissy, une longue fiole flamande allongeait son col de cigogne.

Des pots bleus du Japon, des nids d'hirondelles salanganes, des carpes et des chats verts de la Chine, jonchaient des escabeaux vermoulus du temps de Louis XIII.

Une tête de mort, des besicles sur le nez, une calotte grecque sur le crâne, une pipe culottée entre les mâchoires, faisait la grimace à un magot de porcelaine placé à l'autre bout de la cheminée; des mandragores difformes se tortillaient hideusement, pêle-mêle avec des pétrifications et des madrépores, sur un rayon vide de la bibliothèque.

Sur la table du milieu, c'était bien autre chose : il était certainement impossible de réunir dans un plus petit espace un plus grand nombre d'objets ayant de la tournure et du caractère :

Une babouche turque,
Une pantoufle de marquise,
Un yatagan,
Un fleuret,
Un missel,
Un Arétin,
Un médaillon d'Antonin Moine,
Du papel español para cigaritos,
Des billets d'amour,
Une dague de Tolède,
Un verre à boire du vin de Champagne,
Une épée à coquille,
Des priapées de Clodion,
Une petite idole égyptienne,
Des paquets de différents tabacs (lesdits paquets largement éventrés et laissant voir leurs blondes entrailles),
Un paon empaillé,
Les *Orientales* de Victor Hugo,
Une résille de muletier,
Une palette,
Une guitare,
Un n'importe quoi, d'une belle conservation.

Que sais-je! un fouillis, un chaos indébrouillable, à faire tomber la plume de lassitude au nomenclateur le plus intrépide, à Rabelais ou à Charles Nodier.

Les chaises et les fauteuils avaient probablement été à Marignan avec les escabeaux de Saltabadil; les unes étaient boiteuses et les autres manchots : pas plus de trois pieds et pas plus d'un bras.

Il n'est pas besoin de vous faire remarquer, judicieux lecteur, que cette description est véritablement superbe et composée d'après les recettes les plus modernes. Elle ne le cède à aucune autre, hormis celles de M. de Balzac, qui seul est capable d'en faire une plus longue. J'ai attifé un peu ma phrase, jusqu'ici assez simple; j'ai cousu des paillettes à sa robe de toile, je lui ai mis des verroteries et du strass dans les cheveux, je lui ai passé aux doigts des bagues de chrysocale, et la voilà qui s'en va toute pimpante, aussi fière et aussi brave que si tous ses bijoux n'étaient pas du clinquant, et ses diamants de petits morceaux de cristal.

Je fais cela parce que l'on croirait, à la voir aller humble et nue comme elle va, que je n'ai pas le moyen de la vêtir autrement. Pardieu! je veux montrer que j'en suis aussi capable que si je n'avais pas de talent, et je dois supposer que j'en ai beaucoup, si j'ai eu l'art de vous amener, à travers trois cents pages, jusqu'à cette assertion audacieuse et immodeste. En deux traits de plume, je m'en vais lui faire une jupe d'adjectifs, un corset de périphrases et des panaches de métaphores.

D'alinéa en alinéa, je veux désormais tirer des feux d'artifice de style ; il y aura des pluies lumineuses en substantifs, des chandelles romaines en adverbes, et des feux chinois en pronoms personnels. Ce sera quelque chose de miroitant, de chatoyant, de phosphorescent, de papillotant, à ne pouvoir être lu que les yeux fermés.

Cette description, outre qu'elle est magnifique et digne d'être insérée dans les cours de littérature, l'emporte sur les descriptions ordinaires par le mérite excessivement rare qu'elle a d'être parfaitement à sa place, et d'être d'une utilité incontestable à l'ouvrage dont elle fait partie.

En effet, ayant entrepris d'écrire la physiologie du bipède nommé Jeune-France, j'ai cru qu'après avoir constaté le nombre de ses ongles et la longueur de son poil, la couleur de son cuir, ses habitudes et ses appétits, il ne serait pas d'un médiocre intérêt de vous faire savoir où il vit et où il perche, et j'ai pensé que la description de cette chambre aurait autant d'importance aux yeux des naturalistes que celle du nid de la mésange des roseaux ou du petit perroquet vert d'Amérique.

Les sept ou huit personnages réunis dans cette chambre singulière n'étaient guère moins singuliers : les figures étaient en tout dignes du fond.

Leur costume n'était pas le costume français, et l'on eût été fort embarrassé de désigner précisément à quelle époque et à quelle nation il appartenait. L'un avait une barbe noire taillée à la François Ier, l'autre une pointe et les cheveux en brosse, à la Saint-Mégrin, un troisième une royale, comme le cardinal Richelieu; les autres, trop jeunes pour posséder cet accessoire important, s'en dédommageaient par la longueur de leur chevelure. L'un avait un pourpoint de velours noir et un pantalon collant, comme un archer du moyen âge; l'autre un habit de conventionnel, avec un feutre pointu de raffiné; celui-ci, une redingote de dandy, d'une coupe exagérée et une fraise à la Henri IV. Tous les autres détails de leur ajustement étaient entendus dans le même style, et l'on eût dit qu'ils avaient pris au hasard et les yeux fermés, dans la friperie des siècles, de quoi se composer, tant bien que mal, une garde-robe complète. Les occupations de ces dignes individus étaient tout à fait en rapport avec leur extérieur.

Le François Ier chantait faux, et avec un accent normand, une romance espagnole.

Le Saint-Mégrin jouait au bilboquet, ou lançait des boulettes avec une sarbacane.

Le Richelieu fumait gravement un cigare éteint.

Le conventionnel racontait d'une voix de Stentor une de ses bonnes fortunes à son ami le fashionable, et il lui recommandait le secret.

L'archer lisait le *Courrier des Théâtres*; le dandy guillotinait des mouches avec des queues de cerises.

Philadelphe, le maître de la maison, faisait de ses bras un Y et de sa bouche un grand O, en bâillant de la façon la plus paternelle du monde. Bref, toute l'assemblée avait l'air de jouir médiocrement et de se souhaiter dans un autre endroit. Je crois, tant ils étaient désespérés et embarrassés d'eux-mêmes, qu'ils n'eussent pas refusé des billets d'Opéra-Comique ou de Vaudeville.

ALBERT. — Par les cornes de mon père! on s'ennuie ici comme en pleine Académie.

RODOLPHE. — On se croirait au Théâtre-Français.

THÉODORE. — Que faire pour couper le cou au temps? Si nous faisions des armes?

ALBERT. — Le fleuret est cassé.

THÉODORE. — Si nous jouions aux dés?

ALBERT. — Les dés de Philadelphe sont pipés.

THÉODORE. — Si nous lisions un conte de M. de Bouilly, ce serait quelque chose de colossalement bouffon.

ALBERT. — Autant nous faire avaler de la panade sans sel.

THÉODORE. — Si chacun racontait ses bonnes fortunes?

TOUS. — Allons donc! poncif! pompadour! ce serait bien amusant et varié! A bas la motion! à bas l'orateur!

RODERICK. — Si nous faisions de la musique?

TOUS, *avec une expression de terreur profonde*. — Non! non! non!

PHILADELPHE. — Le piano n'est pas d'accord, et c'est d'ailleurs un plaisir très-médiocre que de voir un pauvre diable se démener sur un clavier, comme le lapin savant qui tambourinait en l'honneur de Charles X.

THÉODORE. — J'aime mieux que Roderick ait la gueule remplie avec de la bouillie bien chaude qu'avec des *sol* et des *ut*, d'autant que très-souvent le *sol* est un *ut* et l'*ut* un *sol*, et que la bouillie est toujours de la bouillie, et le bâillonne hermétiquement.

PHILADELPHE. — Cela aurait une belle tournure de chanter des romances de société comme des tartines qui sortent de pension.

TOUS. — Au diable la musique, et le musicien surtout !

RODERICK. — Qu'allons-nous faire, au bout du compte ?

RODOLPHE, *du ton le plus dithyrambique du monde.*
— Tête et sang ! messieurs, vous mériteriez bien d'avoir des membranes entre les doigts, car vous n'êtes, à vrai dire, que de francs oisons.

PHILADELPHE. — L'oie est blanche comme le cygne et le cygne est palmé comme l'oie, et l'on court risque de s'y tromper, quand on a la vue courte. O mon ami ! l'on voit bien que tu as oublié de chausser tes lunettes ; frottes-en les verres au parement de ton habit, et regarde, tu verras que nous sommes de hauts génies et non des imbéciles, des cygnes et non des oies.

ALBERT. — Oie ou cygne, n'importe ; de loin l'effet est le même. J'ai, en ce moment-ci, un avantage sur toi en particulier, et sur vous tous en général :

c'est que j'ai une idée, et que vous n'en avez évidemment pas.

PHILADELPHE. — Est-il fat, celui-là, avec sa prétention d'avoir une idée ! Tu n'as pas plus d'idées que de femmes.

ALBERT. — C'est en quoi tu te trompes, j'ai trois femmes et une idée; différent en cela de toi, qui as peut-être trois idées, et qui n'as certainement pas de femme.

TOUS. — L'idée ! l'idée ! l'idée !

ALBERT. — Messeigneurs, la voici ; elle est simple et triomphante. Je m'étonne que pas un d'entre vous ne l'ait eue avant moi.

TOUS. — Voyons.

ALBERT, *solennellement*. — Faisons une orgie ! Une orgie est indispensable pour nous culotter tout à fait : il ne nous manque que cela. Nous nous compléterons, et nous passerons la soirée très-agréablement.

TOUS, *avec un enthousiasme frénétique*. — Bravo ! bravo !

ALBERT. — Rien n'est plus à la mode que l'orgie. Chaque roman qui paraît a son orgie : ayons aussi la nôtre. L'orgie est aussi nécessaire à une existence d'homme qu'à un in-octavo d'Eugène Renduel...

En vérité, je ne sais trop pourquoi j'ai pris la forme du dialogue pour vous narrer ce conte véridique; il est clair qu'elle s'y adapte fort mal, et la page précédente est un chef-d'œuvre de mauvais goût. Je ne crois pas qu'il soit possible d'écrire d'une manière plus prétentieuse et plus fatigante : chaque interlocuteur prend le dernier mot de l'autre, et le renvoie comme un volant avec une raquette.

Je pense que le seul motif qui m'a poussé à cette abomination est le désir de faire le plus de pages possible avec le moins de phrases possible. Je souhaite de tout mon cœur que ce bienheureux conte, intitulé *le Bol de Punch*, aille jusqu'à la page 370, qui est la colonne d'Hercule où je dois arriver, et que je ne dois pas dépasser, parce que, dans l'un ou l'autre de ces deux cas, mon volume serait galette ou billot, écueil également à redouter.

Le dialogue a cela d'agréable qu'il foisonne beaucoup : chaque demande et chaque réponse étant séparées par le nom des personnages écrits en lettres majuscules, l'on peut, avec un peu d'adresse, composer une page sans y mettre plus de cinq ou six lignes, en ayant soin de hacher son style court et menu. Il y a, dans *les Marrons du Feu*, une feuille qui ne contient que treize syllabes ; c'est le *nec plus ultra* du genre, et il n'est pas donné à beaucoup de s'élever à cette hauteur :

..... Vestigia pronus adoro.

Quoi qu'il en soit, je renonce au dialogue, temporairement du moins, et le lecteur y gagnera une superficie de deux ou trois pouces carrés par feuillet de pensées exclusivement admirables, ainsi que je me suis engagé à les livrer à mon éditeur très-cher.

Cette grandeur d'âme est d'autant plus antique

et digne qu'on la loue, qu'elle recule l'instant fortuné où je toucherai l'argent qui m'est dû pour ce merveilleux volume, destiné à opérer une régénération sociale et à faire progresser l'humanité dans la route de l'avenir.

Et si vous désirez savoir, ami lecteur, pourquoi je veux avoir de l'argent, je vous répondrai *primo*, comme Gubetta à Lucrèce Borgia,

..... Pour en avoir,

ce qui est très-logique; *secundo*, pour acheter des vieux pots du Japon et des magots de la Chine; *tertio*, pour manger du flan et des pommes de terre frites le long des quais et des boulevards, ce que personne ne pourra trouver subversif de l'ordre de choses et provoquant au mépris de la monarchie citoyenne.

Maintenant, au bol de punch!

Si vous n'avez pas de gastrite, ce que je souhaite de toute mon âme, ô vénérable lecteur, tendez votre verre, que je vous verse de ce délectable breuvage. Et vous, ô charmante lectrice (il n'y a aucun doute que vous ne soyez charmante), avancez le vôtre, que je ne répande rien sur la nappe. Vous direz probablement qu'il est d'une force horrible; vous ferez, en disant cela, la plus jolie petite moue et la plus adorable grimace que l'on puisse imaginer; mais vous n'en boirez pas moins le calice jusqu'à la dernière goutte, et vous vous en trouverez on ne peut mieux, vous et vos chastes amies.

— Oui! oui! une orgie pyramidale, phénoménale, crièrent tous les drôles à la fois, une orgie folle, échevelée, hurlante, comme dans *la Peau* de M. de Balzac, comme dans le *Barnave* de M. Janin, comme dans *la Salamandre* de M. Eugène Sue, comme dans *le Divorce* du bibliophile Jacob.

— Non, non, à bas celle-là! c'est empire, c'est poncif!

— Comme dans *la Danse Macabre*, du même.

— A la bonne heure, c'est moyen âge, au moins, cela a une tournure.

— Qu'est-ce qui tient pour *la Peau?*

— Moi, — moi, — moi!

— C'est bien : passez par là, dit Philadelphe.

Les Balzaciens se rangèrent à sa droite.

— Qui pour *Barnave?*

— Nous quatre.

— A droite aussi; vous êtes les aristocrates de l'orgie, et nous vous guillotinerons à la fin, entre la poire et le fromage.

Les Janinphiles, les Janinlâtres ou les Janiniens, car ces trois mots sont d'une composition également régulière, allèrent se placer à côté des Balzaciens.

— Où sont les flambarts?

— Ici, — ici!

— A gauche les flambarts.

Et ils passèrent à gauche.

— Où sont les truands?

— Voilà! — voilà!

Et plusieurs mains se levèrent.

— A gauche, avec les flambarts; vous êtes les démocrates, c'est pourquoi vous chiquerez du caporal, tandis que ces messieurs fumeront du maryland; c'est pourquoi vous boirez du vin bleu, comme les filles de Barbier, tandis que les autres boiront du vin de Champagne. Vous vous râperez le gosier avec du rhum et du rack, avec le trois-six et le sacré-chien dans toute sa pureté, tandis qu'ils se l'humecteront avec les onctueuses liqueurs des îles. Ce qui vous prouve que les aristocrates vous sont aussi supérieurs, canailles que vous êtes, que le vin de Chypre est supérieur au vin de Brie.

Les truands se mêlèrent aux flambarts.

— C'est bien, maintenant, où ferons-nous la kermesse?

— Pas ici, c'est trop petit.

— Dans la maison de Théodore, dans la maison du faubourg, vous savez : il y aura plus de place. Que vous en semble? — C'est convenu. — A quand l'orgie? — Il est six heures. — A minuit; il faut bien cela pour les préparatifs.

— A propos, comment nous arrangerons-nous pour la décoration de la salle?

— Je ne sais trop comment, à moins de faire plusieurs compartiments comme dans *le Roi s'amuse*. Il me paraît difficile de concilier la salle à manger du millionnaire de M. de Balzac avec la cuisine de P.-L. Jacob, la petite maison de M. Jules Janin avec l'auberge de Saint-Tropez de M. Eugène Sue.

— Ceci est épineux, et, d'ailleurs, le temps nous

galope; admettons pour cette fois-ci le lieu vague que propose Corneille dans les préfaces de ses tragédies, un lieu qui n'est ni un cabinet, ni une antichambre, ni une maison, ni une rue, mais qui est un peu tout cela. La chambre de Théodore sera tout à la fois cuisine, salon, auberge et boudoir. Nous y mettrons un peu de complaisance, et nous nous aiderons nous-mêmes à nous faire illusion. On établira une table en fer à cheval : à l'une des extrémités il y aura une belle nappe damassée, des assiettes de porcelaine, des cristaux et de l'argenterie; à l'autre, un torchon de toile à voile, des plats de terre, des bouteilles de grès et des fourchettes en métal d'Alger.

— Et des filles, il nous faut absolument des filles !

— Des filles, je m'en charge, fit Roderick, mais pour la partie fashionable seulement. Je connais tout ce qu'il y a de mieux de ce genre, et je vous amènerai ce qu'on peut nommer à juste titre l'élite de la société. Quant aux autres, les premières que vous rencontrerez, vous les enverrez ici; plus elles seront laides et ignobles, mieux elles vaudront!

— Ainsi soit fait comme il est dit. Nous comptons sur toi, Roderick.

— Soyez tranquilles.

Après avoir échangé plusieurs poignées de mains, les dignes Jeunes-France se séparèrent pour vaquer aux préparatifs de ces mystères orgiaques. Théodore courut à sa maison, fit débarrasser la chambre de tout ce qui pouvait gêner ; il envoya chercher de l'eau-de-vie, du rhum et plusieurs paniers de vin ; il posa lui-même un chef et trois ou quatre marmitons auprès des fourneaux, et casseroles, poêles, marmites d'entrer en danse, et de siffler, et de chanter, et de faire flah-flah, et de faire floh-floh, le plus joyeusement du monde.

Sancho, Falstaff, Panurge, et tous les moines goinfres de Rabelais auraient eu la joie au cœur, et se fussent léché les babines, rien que de manger leur pain à la fumée de cette cuisine.

Le lieu de réunion présentait l'aspect le plus étrange : d'un côté, des siéges élégants, un service splendide, des bougies dans des flambeaux dorés ; de l'autre, des bancs de chêne, des tables sur des tréteaux, de grosses chandelles de suif ou de poix-résine dans des chandeliers de fer-blanc : la plus complète opposition.

La maison, ainsi illuminée, jetait feu et flammes par toutes les ouvertures, et inondait d'une lueur dédaigneuse les autres maisons, ses voisines, qui s'étaient couchées à neuf heures, et avaient fermé l'œil pour jusqu'au lendemain matin, en bonnes rentières et en bourgeoises de la vieille roche qu'elles étaient effectivement.

Cependant les fiacres commençaient à arriver : on criait, on jurait. D'étranges silhouettes se découpaient entre les portes des voitures et les portes de la maison. C'était tantôt des marquis poudrés, en habit à la française, l'épée au côté, la poignée en bas, la pointe en l'air, tenant par le doigt des comtesses en paniers, avec du rouge, des mouches, des paillettes et un éventail ; tantôt des marins, le chapeau ciré sur la tête, le poing sur la hanche, la pipe à la gueule, une catin au bras ; ou bien des merveilleux haut cravatés, corsés, bridés, gantés, menant des dames chargées de panaches, de fleurs, de rubans et de bijoux, ou des truands et des mauvais-garçons, avec le camail et le chaperon, la grande plume rouge, haute de trois pieds, la dague au poing, un jurement à la bouche, tous pêle-mêle avec des bohémiennes et des filles folles de leur corps, en jupes bigarrées et étincelantes de clinquant.

Au bruit que menait tout ce monde, les maisons les plus voisines commencèrent à se réveiller un peu, à se frotter les yeux, à mettre leurs lunettes sur le nez, et le nez à la fenêtre, toutes surprises qu'elles étaient d'un pareil tapage à une heure aussi indue.

On entrevoyait, sous les jalousies, de vénérables bonnets de coton avec leur mèche patriarcale, de mystérieuses cornettes et de chastes fontanges. Plus d'un épicier retiré gagna cette nuit-là un rhume de cerveau, plus d'une grisette oublia de faire une corne à la page du roman commencé, plus d'un chat amoureux, ébloui de ces clartés et de ces rumeurs insolites, se laissa tomber du haut d'un toit dans la rue.

A chaque entrée, c'était un hurrah frénétique ;

tous les carreaux dansaient dans les châssis, les assiettes remuaient dans les buffets, comme par un tremblement de terre.

Les honnêtes bourgeois du quartier, ne sachant à quoi attribuer ce tintamarre, s'imaginaient qu'on allait donner une seconde représentation des Immortelles au profit de la république. Les bonnes vieilles édentées descendaient à la cave, persuadées que c'était la fin du monde et que le bon Dieu nous punissait d'avoir renvoyé Charles X.

Un abonné du *Constitutionnel*, le même qui fait des remarques si ingénieuses au quatrième acte d'*Antony*, prétendit que c'était un conciliabule de jésuites, attendu que plusieurs de ces messieurs avaient des cheveux longs, ce qui est éminemment jésuitique.

Un abonné de la *Gazette* jura ses grands dieux que c'était le comité directeur qui s'assemblait secrètement pour se guillotiner lui-même et manger des petits enfants, ainsi qu'il en a contracté la vicieuse habitude.

Un lecteur de M. Jay, oui, un lecteur de M. Jay, quoiqu'au premier coup d'œil il puisse paraître fabuleux que M. Jay ait eu un lecteur, affirma que c'étaient des romantiques qui se réunissaient pour insulter aux bustes et brûler les œuvres de ces morts immortels que la pudeur m'empêche de nommer.

Chacun prit place : les balzaciens et les janinlâtres au bout aristocrate, les autres plus bas ; mais ce qu'il y avait de plaisant, c'est qu'à côté de chaque assiette était posé un volume, soit de *Barnave*, soit de *la Peau*, soit de *la Salamandre*, ou de *la Danse Macabre*, ouvert précisément à l'endroit de l'orgie, afin que chacun pût suivre ponctuellement le livre et en garder consciencieusement la tournure.

Les premiers plats se désemplirent, les premières bouteilles se vidèrent, sans qu'il se passât rien de remarquable, sans qu'il se dît rien de très-superlatif. Un cliquetis de verres et de fourchettes, un bruit de déglutition et de mastication, coupé çà et là de quelques rires stridents, était à peu près tout ce qu'on entendait.

De temps en temps une feuille du livre retombait sur une autre feuille avec un frissonnement satiné.

— Diable! je ne suis encore qu'à la description du premier service, dit un balzacien. Ce gredin de Balzac n'en finit pas; ses descriptions ont cela de commun avec les sermons de mon père.

— J'ai encore au moins dix pages pour arriver au bon endroit, cria un flambart, de l'autre côté de la salle; j'ai déjà bu deux ou trois bouteilles de vin, Frédéric en a bu autant, et aucuns des effets décrits dans *la Salamandre* n'a daigné se produire. Le nez de Rodolphe est toujours de la même couleur, il n'est que rouge, quoique M. Eugène Sue ait dit formellement que, dans une orgie caractéristique, le rouge devenait pourpre et le pourpre violet.

— Bah! bah! c'est que nous ne sommes pas encore assez gris; buvons!

— Buvons! reprit toute la troupe en chœur. Et ces messieurs, quoique déjà passablement ivres, s'entonnèrent rasades sur rasades.

C'est une chose à remarquer, les descripteurs orgiaques et les faiseurs de livres obscènes outrepassent les proportions humaines de la manière la plus invraisemblable ; les uns font tenir dans le corps d'un misérable petit héros, qui a six pieds tout au plus, dix fois plus de punch et de vin qu'il n'en tiendrait dans la tonne d'Heidelberg ; les autres font accomplir à de minces freluquets de vingt ans des travaux amoureux qui énerveraient plusieurs douzaines d'hercules. Je voudrais bien savoir quel but ont ces exagérations. Peut-être est-ce une flatterie indirecte adressée au lecteur, je penche à le croire. En tout cas, de pareils livres sont très-pernicieux ; ils nous font mépriser des marchands de vin et des petites filles, qui, en nous comparant à ces types grandioses, doivent nous trouver de tristes buveurs et de plus tristes amants.

Comme j'ai le malheur d'avoir petite poitrine et assez mauvais estomac, et que, par conséquent, je ne puis guère boire que de l'eau coupée de lait, je laisse mon verre plein à côté de moi, pendant que mes dignes camarades ne font que vider le leur, et semblent, en vérité, plutôt des pompes ou des éponges que des hommes ayant reçu le sacrement du baptême.

En attendant qu'ils soient tout à fait ivres-morts, je vais, pour passer le temps, vous faire, ami lecteur, une toute petite description qui, Dieu et les épithètes aidant, n'aura guère que cinq ou six pages. Je ne sais pas si vous vous en souvenez (pourquoi vous en souviendriez-vous? on oublie bien son chien et sa maîtresse); mais j'ai promis, quelques lignes plus haut, de vous régaler du beau style et des belles manières de dire en usage aujourd'hui.

Vous devez être las de m'entendre jargonner, dans mon grossier patois, comme un vrai paysan du Danube que je suis, et que je serai probablement jusqu'à ce qu'il plaise à Dieu de me retirer de ce monde.

Cette description sera aussi belle que celle par où commence ce conte panthéistique et palingénésique. Si toutefois (ce dont je doute) elle ne vous satisfait pas complétement, j'espère, mesdames, que vous daignerez m'excuser, vu le peu d'habitude que j'ai de ces sortes de choses.

Certes, c'était un spectacle étrange à voir que tous ces jeunes hommes réunis autour de cette table ; on eût dit un sabbat de sorciers et de démons...

Pouah! pouah! voilà un commencement fétide, c'est le poncif de 1829. Cela est aussi bête qu'un journal d'hier, aussi vieux qu'une nouvelle de ce matin. Si vous n'êtes pas difficile, lecteur, moi je le suis, et, comme Cathos ou Madelon des *Précieuses ridicules*, il n'y a pas jusqu'à mes chaussettes qui ne soient de la bonne faiseuse, il n'y a pas jusqu'à mes descriptions qui ne soient dans la dernière mode : donc je recommence.

Oh! l'orgie laissant aller au vent sa gorge folle,

toute rose de baisers ; l'orgie, secouant sa chevelure parfumée sur ses épaules nues, dansant, chantant, criant, tendant la main à celui-ci et le verre à celui-là ; l'orgie, chaude courtisane, qui fait la bonne à toutes les fantaisies, qui boit du punch et qui rit, qui tache la nappe et sa robe, qui trempe sa couronne de fleurs dans un bain de malvoisie ; l'orgie débraillée, montrant son pied et sa jambe, penchant sa tête alourdie à droite et à gauche ; l'orgie querelleuse et blasphématrice, prompte à chercher son stylet à sa jarretière ; l'orgie frémissante, qui n'a qu'à étendre sa baguette pour faire un poëte d'un idiot, et un idiot d'un poëte; l'orgie qui double notre être, qui fait couler de la flamme dans nos veines, qui met des diamants dans nos yeux, et des rubis à nos lèvres ; l'orgie, la seule poésie possible en ces temps de prosaïsme ; l'orgie...

Ouf ! voilà une phrase terriblement longue, plus longue que l'amour de ma dernière maîtresse, je vous jure. Ravalons notre salive et reprenons notre haleine. La rosse qui me sert de Pégase est tout essoufflée et renâcle comme un âne poussif.

J'aurais pu la bâtir autrement, comme ceci, par exemple : l'orgie, avec ses rires, avec ses cris, avec, etc., etc., pendant autant de pages que j'aurais voulu ; mais cette forme de phrase, qui florissait la semaine passée, n'est plus déjà de mise celle-ci, et d'ailleurs l'autre est plus échevelée et plus dithyrambique.

Je crois, lecteur, que la partie lyrique de ma description est suffisamment développée. Je vais, avec votre permission, passer à la partie technique.

Je ne dirai pas que la nappe avait l'air d'une couche de neige fraîchement tombée, attendu que je ne suis pas assez poëte pour cela, surtout en prose, mais je prendrai sur moi d'affirmer qu'elle était d'un assez beau blanc, et qu'elle avait été probablement à la lessive.

Quant aux verres, ils avaient été sérieusement rincés, et les carafes mêmement. Chaque convive avait une assiette devant lui, et une serviette pour lui tout seul; il avait aussi la jouissance d'un couteau, d'une cuiller et d'une fourchette. Je ne sais si tous ces détails sont très-utiles, mais je me ferais un scrupule d'en priver les lecteurs de cette glorieuse histoire : dans un si grand sujet il n'y a pas de petite chose.

Je voudrais bien vous raconter ici de quoi se composait le fantastique souper, mais je vous avoue, en toute humilité, que je suis d'une ignorance profonde en fait de cuisine. Je suis indigne de manger, car je n'ai jamais su distinguer l'aile gauche d'une perdrix de son aile droite, et, pourvu que du vin soit rouge et me grise, je l'avale pieusement, et je dis que c'est de bon vin. Pourtant il faut que vous sachiez, plat par plat, bouteille par bouteille, bouchée par bouchée, ce qu'ont mangé et bu les héros de cette mémorable soirée.

Je n'ai jamais de ma vie assisté à un grand dîner; ma pitance habituelle se compose de mets très-humbles et très-bourgeois, et vous ne vous figurez pas l'embarras où je suis pour trouver les noms d'une vingtaine de plats assez drôlatiques pour composer la carte de ce merveilleux festin.

Quelle soupe leur ferai-je manger? du riz au gras ou de la julienne? Fi donc! c'est un potage de rentier, de marchand de bonnets de coton retiré. Il me faut un potage fashionable, un potage transcendant. Bon, j'y suis : de la soupe à la tortue. Avez-vous mangé de la soupe à la tortue, vous? Je veux que le diable m'emporte si j'en ai mangé, moi; je n'en ai même jamais vu, ni flairé, mais ce n'en doit pas moins être une merveilleuse soupe.

— Après?

— La tortue, avec sa carapace et du persil dessous, en guise de bouilli.

— Après?

— Après, après, vous croyez, vous autres, qu'un dîner se compose aussi facilement qu'un poëme. Un cuisinier ferait plutôt une bonne tragédie qu'un auteur tragique ne ferait un bon dîner.

Mais je vois que, si je continue ainsi, je cours grand risque de faire avaler à mes héros des côtelettes de tigre, des beefsteaks de chameau et des filets de crocodile, au lieu de les régaler de mets congrus et approuvés par Carême. Que faire? Je ne sais qu'un expédient pour me tirer de ce mauvais pas.

— Mariette! Mariette!

— Plaît-il, monsieur?

— Apportez-moi votre livre de cuisine.

— Voilà, monsieur.

— Je m'en vais tout bonnement transcrire un menu de dîner de vingt-quatre couverts; au moins nous serons sûrs de ce qu'ils mangeront.

— Diable! ce n'est que *la Cuisinière bourgeoise;* je croyais que c'était *le Cuisinier royal.* Il n'y a pas de dîner de vingt-quatre couverts, et ces mets-là ne m'ont pas l'air anacréontiques. Ma foi, tant pis, vous vous en accommoderez pour cette fois-ci.

Je transcris littéralement :

TABLE DE QUATORZE COUVERTS, ET QUI PEUT SERVIR POUR VINGT A DINER.

Premier service.

Pour le milieu, un surtout qui reste pour tout le service.

(Très-bien.)

Aux deux bouts, deux potages :
    Un potage aux choux.
    Un potage aux concombres.

Quatre entrées pour les quatre coins du surtout :
    Une tourte de pigeons.
    Une de deux poulets à la reine et sauce appétissante.
    Une d'une poitrine de veau en fricassée de poulets.

(Ceci est peut-être fort simple, et me paraît néanmoins assez bouffon; je ne comprends guère comment une poitrine de veau est une fricassée de poulets.

N'importe, le livre le dit, αὐτὸς ἔφη, et il n'y a que la foi qui sauve.)

Une queue de bœuf en hoche-pot.

(Est-ce que vous mangeriez de la queue de bœuf? Il me semble qu'il faut être anthropophage pour cela.)

Six hors-d'œuvre pour les deux flancs et les quatre coins de la table :

Un de côtelettes de mouton sur le gril.

(Je comprends ceci parfaitement. Ce morceau est très-agréablement écrit, et pensé avec beaucoup de profondeur.)

Un palais de bœuf en menus droits.

(Du palais de bœuf! allons donc, autant vaudrait une empeigne de botte. Au reste, il paraît que les cuisiniers font tout servir. Le cuisinier de Sully, lui voyant jeter une vieille culotte de peau, lui dit : « Pourquoi donc jetez-vous cette culotte? Donnez-la-moi, je la ferai manger à un ambassadeur. » *En menus droits*, comprenez-vous ce que cela veut dire? c'est du haut allemand pour moi; je trouve Hegel et Kant plus clairs.)

Un de boudin de lapin.

(Par exemple, voilà un cuisinier qui est bien jovial avec son boudin de lapin; je trouve le boudin de lapin très-drôle, et je ne doute pas qu'il n'ait un très-grand succès.)

Un de choux-fleurs en pain.

(Le chou-fleur est un estimable légume, que je connais particulièrement, et que j'apprécie comme il le mérite; habituellement je le mange à l'huile, parce que je ne peux pas souffrir la sauce blanche. Je ne relèverai pas l'expression *en pain ;* ce n'est pas que je la comprenne, au contraire, mais j'ai vraiment honte d'ignorer des choses si simples, et j'espérais, en n'en parlant pas, vous faire croire que je savais parfaitement ce que c'était.)

Deux hors-d'œuvre de petits pâtés friands pour les deux flancs.

(Les petits pâtés sont bien trouvés, et l'épithète *friands* est du plus beau choix.)

Second service.

Deux relevés pour les potages :
Un de la pièce de bœuf,
Un d'une longe de veau à la broche.

. . . .

Au diable! je n'aurais jamais fini si je voulais dire tout. Figurez-vous qu'il y a encore toute une grande page écrite d'un style aussi soutenu que celui de la page précédente; il est impossible de voir une phraséologie plus substantielle, chaque mot est représentatif d'une indigestion. Et tout cet immense entassement de gibier et de viandes pour quatorze personnes! il y aurait de quoi nourrir, pendant quatorze jours, quatorze Gargantuas, toute une armée de dîneurs pantagruélistes!

Mais ceci n'est que la partie technique. Je ne vois pas en quoi vous avez mérité que je vous fasse grâce de la partie pittoresque; cependant ces messieurs continuent à boire et cherchent le caractère.

..... Des bougies blanches et transparentes comme des stalactites brûlent, en répandant une odeur parfumée, sur de grands flambeaux précieusement ciselés. Leur lumière rose et bleue danse autour de la mèche, tantôt calme, tantôt échevelée; selon les mouvements des convives et des courants d'air qui traversent la salle, elle monte droite comme un poignard, ou s'éparpille comme une crinière. Les cristaux la répercutent dans leurs mille facettes, et la renvoient à toutes les saillies de l'argenterie et de la porcelaine. Chaque ustensile a son reflet et sa paillette étincelante; tout reluit, tout miroite : le satin des chairs, le satin des robes, les diamants des colliers, les diamants des yeux, les perles des bouches et celles des boucles d'oreilles; les rayons se croisent, se confondent et se brisent; des iris prismatiques se jouent sous toutes les paupières, un brouillard chatoyant, une espèce de poussière lumineuse enveloppe les convives : c'est le beau moment. Les langues se délient, les mains se cherchent, les confidences et les propos d'amour vont leur train; on mange, on rit, on chante, les verres circulent et se choquent, les bouteilles se brisent, les bouchons du champagne vont frapper le plafond, on pille les assiettes, on se trompe de genoux; c'est un désordre ravissant, un tapage à rendre l'ouïe à un sourd.

Je crois qu'en voilà assez pour montrer qu'au

besoin je pourrais faire une description; remerciez-moi de ne mettre que cela, car je pourrais continuer sur ce ton pendant huit jours de suite — les heures de repas exceptées — sans que cela m'incommodât aucunement et m'empêchât de recevoir mes visites, de fumer mon cigare et de causer avec mes amis.

D'ailleurs, je crois que nos drôles sont à point, et que leur conversation doit commencer à être intéressante. Je reprends le dialogue.

THÉODORE. — C'est ici que je dois verser du vin dans mon gilet, et donner à boire à ma chemise. La chose est dite expressément page 171 de *la Peau de chagrin*. Voici l'endroit. Diable! c'est précisément mon plus beau gilet, un gilet de velours, avec des boutons d'or guillochés. N'importe, il faut que le caractère soit conservé; le gilet sera perdu. Bah! j'en aurai un autre. (*Il se verse un grand verre de vin dans l'estomac.*) Ouf! c'est froid comme le diable; j'aurais dû avoir la précaution de le faire tiédir. Je serai bien heureux si je n'attrape pas une pleurésie. C'est joliment commode d'avoir la poitrine toute mouillée comme je l'ai!

RODERICK, *à l'autre bout de la table*. — Allons, voyons, ne fais pas la bête, mets-y un peu de bonne volonté. Tu vois bien, puisque c'est toi qui fais Bénard, qu'il faut que je te fourre une serviette dans la bouche; il n'y a pas à alléguer que tu n'en manges pas et que c'est une viande trop filandreuse pour ton estomac. Je ne puis pas entrer dans tous ces détails : le texte est formel, voilà ton affaire, page 152. Allons, flambart, ouvre le bec et avale; tu ne voudrais pas faire manquer la scène pour si peu, et chagriner le plus tendre de tes amis. Après tout, ce n'est pas si mauvais une serviette; quand une fois tu t'y seras mis, tu en redemanderas toi-même, et tu ne voudras plus manger autre chose.

(*Voyant qu'il sème en vain les fleurs de sa rhétorique, il passe de la parole à l'action. Rodolphe crie et se débat.*)

RODOLPHE. — Que quatre-vingts diables te sautent au corps! mille tonnerres! sacré nom de Dieu! (*Ici Roderick, profitant de l'hiatus occasionné par l'émission de cet horrible jurement, lui fourre subtilement une demi-aune de serviette dans le gosier.*)

L'UN. — Il étouffe; laisse-le tranquille.

L'AUTRE. — Qu'il tienne seulement le bout de la serviette dans sa bouche, cela suffira pour conserver le caractère.

PHILADELPHE. — Il a manqué d'avaler sa langue avec la serviette; il n'y aurait pas eu grand mal.

THÉODORE. — Pardieu! c'est ici et non autre part que je dois jeter en l'air une pièce de cent sous, pour savoir s'il y a un Dieu. (*Il fouille dans sa poche.*) Je ne trouverai pas une scélérate de pièce. Je m'en vais rater ma scène. O mon Dieu! (*Il fouille dans son gilet.*) Rien, je n'ai pas seulement sur moi un gredin de sou marqué pour empêcher que le Diable m'emporte.

ALBERT. — Qu'est-ce que tu cherches donc comme

cela? et pourquoi retournes-tu toutes tes poches comme un avare qui veut trouver ses pièces fausses pour faire l'aumône avec?

THÉODORE. — Mon ami, si tu pouvais me prêter cinq francs, je t'en serais reconnaissant jusqu'à la mort, et même après.

ALBERT. — Les voilà, tâche de me les rendre, et je te tiens quitte de la reconnaissance.

THÉODORE. — Pile ou face.

ALBERT. — Face pour Dieu.

THÉODORE, *jetant la pièce, qui casse un verre en retombant.* — C'est face.

ALBERT. — Diable! voilà une pièce de cent sous qui est plus catholique que nous; elle ira en paradis après sa mort : avantage que j'espère ne pas avoir. Pièce de cent sous, mon amie, tu n'es qu'une menteuse : il n'y a pas de Dieu; s'il y avait un Dieu, comme tu le dis, il ne laisserait pas vivre M. Delrieu, qui a fait *Artaxerce*.

ROSETTE. — Non, non, je ne le veux pas, c'est une horreur! Monsieur, messieurs, finissez; a-t-on jamais vu pareille chose! Allez donc, vous êtes ivres comme la soupe.

PHILADELPHE. — Voyons, Rosette, soyons raisonnable.

ROSETTE. — Je le suis; c'est vous qui ne l'êtes pas.

PHILADELPHE. — Au contraire.

PLUSIEURS VOIX. — Qu'est-ce? qu'est-ce? Rosette qui fait la bégueule pour la première fois de sa vie. C'est scandaleux!

ROSETTE. — Embrassez-moi et caressez-moi tant que vous voudrez, cela m'est égal; je suis ici pour cela; mais, pour ce que vous dites, je n'y consentirai pas.

PHILADELPHE, *se dressant tant mal que bien sur ses pieds de derrière.* — Messieurs, ne croyez pas que j'exige de cette auguste princesse quelque chose de monstrueux; ne prenez pas, je vous en prie, une si mauvaise idée de mes mœurs. Je lui demande une petite faveur toute pastorale, et qui ne tire nullement à conséquence. Rien, moins que rien; il ne s'agit que d'une bagatelle, c'est de me laisser mettre mes bottes sur sa gorge; j'ai une autorité pour cela, et je suis dans mon droit : c'est moi qui fais Raphaël, et Rosette, Aquilina. Voici le passage dont je m'appuie; vous jugerez vous-mêmes si j'ai tort : — *Si tu n'avais pas les deux pieds sur cette ravissante Aquilina...* C'est Émile qui parle à Raphaël; il n'y a pas à sourciller, c'est on ne peut plus formel.

DIFFÉRENTES VOIX. — Il a raison, il a raison. Allons, Rosette, exécute-toi de bonne grâce.

ROSETTE. — Me faire meurtrir la gorge et tacher ma robe pour satisfaire un pareil caprice, jamais!

UN OFFICIEUX. — Il ôtera ses bottes.

(*Philadelphe ôte ses bottes : deux ou trois de ses camarades prennent Rosette et la couchent par terre. Philadelphe pose légèrement son pied dessus. Rosette crie, se débat, et finit par rire : c'est par où elle aurait dû commencer.*)

voix de femmes, *à l'autre bout de la table.* — Au secours! au secours!

un flambart. — Eh bien! quoi? qu'avez-vous à crier? On veut vous jeter par les fenêtres, c'est bachique, c'est échevelé, et cela a une belle tournure; rien au monde n'est moins bourgeois.

laure. — Mais c'est un vrai coupe-gorge ici.

celui-ci. — On sait vivre, on a des égards pour les dames, on les ouvrira auparavant, non pas les dames, mais les fenêtres; il faut éviter l'amphibologie. Le Français est essentiellement troubadour.

celui-là, *qui est un peu moins ivre que celui-ci.* — N'ayez pas peur, mes mignonnes, nous sommes au rez-de-chaussée, et l'on a eu soin, crainte d'accident, de mettre des matelas au dehors.

voix de femmes et autres. — Aie! aie! morbleu! oh! ah! mille sabords! etc.

(*Ici l'on jette les femmes par les fenêtres. L'économie de quelques jupons est un peu dérangée, et si les assistants avaient été en état de voir, ils auraient vu plusieurs choses et beaucoup d'autres.*)

théodore. — Heuh! heuh!

une ame charitable. — Tenez-lui la tête.

théodore. — Ouf!

seconde ame charitable. — Rangez-le dans un coin, qu'on ne lui marche pas dessus.

un farceur. — Portons-le au tas avec les autres. Quand il y en aura assez, nous les fumerons pour les conserver à leurs respectables parents, selon la recette de *la Salamandre*.

ALBERT. — Combien suis-je? Il me semble que je suis plusieurs, et que je pourrais faire un régiment à moi tout seul.

RODERICK. — Tu n'es pas même un : la partie la plus noble de toi n'existe plus ; elle s'est noyée dans la mer de vin dont tu t'es rempli l'estomac. Ainsi, l'on peut parler de toi au prétérit défini: Albert fut.

ALBERT. — Mon verre doit être à gauche ou à droite, à moins qu'il ne soit dans le milieu, et cependant je ne le vois nulle part. Qu'est-ce qui a mangé mon verre?... Ah çà ! il y a donc des filous ici? Fermez les portes et fouillez tout le monde, on le retrouvera. Un honnête homme ne peut pourtant pas se laisser périr faute de boire quand il a soif. Voilà un saladier qui remplacera merveilleusement le verre. (*Il verse une bouteille tout entière et l'avale d'un seul trait.*) Certainement, Dieu est un très-bon enfant d'avoir donné le vin à l'homme. Si j'avais été Dieu, j'en aurais gardé la recette pour moi seul. O divine bouteille ! Quant à moi, j'ai toujours regretté de ne pas être entonnoir au lieu d'être homme.

RODERICK. — En vérité, je crois que tu es plus près de l'un que de l'autre.

ALBERT. —

Entonnoir! entonnoir! être entonnoir!... O rage!
Ne pas l'être!

GUILLEMETTE. — Malaquet, mon doux ami, mon gentil ladre, tu n'es mie dans l'esprit de ton rôle :

tu as omis un très-beau et très-mirifique passage :
« Ils léchaient le plancher couvert d'un enduit gastronomique. »

MALAQUET. — Cuides-tu, ribaude, que j'aie envie de faire un balai de ma langue?

HOURRA GÉNÉRAL. — Le bol de punch! le bol de punch!

Un bol de puch, grand comme le cratère du Vésuve, fut déposé sur la table par deux des moins avinés de la troupe.

Sa flamme montait au moins à trois ou quatre pieds de haut, bleue, rouge, orangée, violette, verte, blanche, éblouissante à voir. Un courant d'air, venant d'une fenêtre ouverte, la faisait vaciller et trembler ; on eût dit une chevelure de salamandre ou une queue de comète.

— Éteignons les lumières! cria la bande.

Les lumières furent éteintes ; on n'y voyait pas moins clair.

La lueur du bol se répandait dans toute la chambre, et pénétrait jusque dans les moindres recoins. L'on se serait cru au cinquième acte d'un drame moderne, quand le héros monte au ciel, ou à la potence au milieu des feux de Bengale.

Des reflets verdâtres et faux couraient sur ces figures déjà pâlies, hébétées par l'ivresse, et leur donnaient un air morbide et cadavéreux. Vous les eussiez pris pour des noyés à la Morgue, en partie de plaisir.

Ce fut l'instant le plus triomphal de la soirée.

Le punch fut versé tout brûlant dans les verres, qui se fendaient et claquaient avec un ton sec. En moins d'un quart d'heure il n'en restait pas une goutte, et l'obscurité la plus complète régna dans la salle.

Au reste, le tapage continuait de plus belle ; c'était un bruit unique composé de cent bruits, et dont on ne rendrait compte que très-imparfaitement, même avec le secours des onomatopées. Des jurements, des soupirs, des cris, des grognements, des bruits de robes froissées, d'assiettes cassées, et mille autres.

>Pan, pan!   Frou, frou.
>Glin, glin! Clac!
>Brr...   Aie, aie!
>Hamph!   Ah!
>Fi!   Oh!
>Euh, heu... Paf!
>Pouah!   Ouf!

Tous ces bruits finirent par s'absorber et se confondre dans un seul, un ronflement magistral qui aurait couvert les pédales d'un orgue.

Phœbus, ayant fait sa nuit, ôta son bonnet de coton à rosette jonquille, donna un coup de peigne à sa perruque blonde, monta dans un fiacre, et vint éclairer l'univers. La première chose qu'il vit, ce fut nos drôles dormant comme des morts. Tout indigné, il leur décoche un magnifique rayon très-bien doré, afin de les réveiller et de leur faire honte de leur paresse ; il y perdit son latin.

Il fit ainsi le tour du quartier; il trouva tout le monde dormant. Il eut beau tirer l'oreille à celui-là, donner une chiquenaude à celui-ci, personne ne se leva que lorsqu'il s'en fut coucher.

Le train de l'orgie avait tenu tous les bourgeois d'alentour éveillés jusqu'au matin. Les maris s'en plaignirent plus que les femmes, et, quelque neuf mois après, la population de l'arrondissement fut augmentée de plusieurs petits épiciers futurs extrêmement intéressants.

Pour nos drôles, ils furent bien surpris de se trouver la figure bleue ou verte ; ils eurent beau se laver, ils ne purent se débarrasser de cette étrange teinte. Le reflet du punch s'était collé à leur peau, et en était devenu inséparable ; ils étaient comme *l'Homme-Vert* de la Porte-Saint-Martin. Dieu avait permis cela pour les punir d'avoir voulu se rendre autrement qu'il ne les avait faits.

Cela démontre aux jeunes hommes le danger qu'il y a de mettre en action les romans modernes.

J'oubliais de dire que l'estimable société, au sortir de la salle du banquet, fut interceptée par les sergents de ville, et conduite en prison comme prévenue de tapage nocturne.

Bénissons les décrets de la Providence !

FIN DES JEUNES-FRANCE.

CONTES HUMORISTIQUES

LA CAFETIÈRE

CONTE FANTASTIQUE

> J'ai vu sous de sombres voiles
> Onze étoiles,
> La lune, aussi le soleil,
> Me faisant la révérence,
> En silence,
> Tout le long de mon sommeil.
> *La Vision de Joseph.*

I

L'année dernière, je fus invité, ainsi que deux de mes camarades d'atelier, Arrigo Cohic et Pedrino Borgnioli, à passer quelques jours dans une terre au fond de la Normandie.

Le temps, qui, à notre départ, promettait d'être superbe, s'avisa de changer tout à coup, et il tomba tant de pluie, que les chemins creux où nous marchions étaient comme le lit d'un torrent.

Nous enfoncions dans la bourbe jusqu'aux genoux, une couche épaisse de terre grasse s'était attachée aux semelles de nos bottes, et par sa pesanteur ralentissait tellement nos pas, que nous n'arrivâmes au lieu de notre destination qu'une heure après le coucher du soleil.

Nous étions harassés; aussi, notre hôte, voyant les efforts que nous faisions pour comprimer nos bâillements et tenir les yeux ouverts, aussitôt que nous eûmes soupé, nous fit conduire chacun dans notre chambre.

La mienne était vaste; je sentis, en y entrant, comme un frisson de fièvre, car il me sembla que j'entrais dans un monde nouveau.

En effet, l'on aurait pu se croire au temps de la Régence, à voir les dessus de porte de Boucher représentant les quatre Saisons, les meubles surchargés d'ornements de rocaille du plus mauvais goût, et les trumeaux des glaces sculptés lourdement.

Rien n'était dérangé. La toilette couverte de boîtes à peignes, de houppes à poudrer, paraissait avoir servi la veille. Deux ou trois robes de couleurs changeantes, un éventail semé de paillettes d'argent, jonchaient le parquet bien ciré, et, à mon grand étonnement, une tabatière d'écaille ouverte sur la cheminée était pleine de tabac encore frais.

Je ne remarquai ces choses qu'après que le domestique, déposant son bougeoir sur la table de nuit, m'eut souhaité un bon somme, et, je l'avoue, je commençai à trembler comme la feuille. Je me déshabillai promptement, je me couchai, et, pour en finir avec ces sottes frayeurs, je fermai bientôt les yeux en me tournant du côté de la muraille.

Mais il me fut impossible de rester dans cette position : le lit s'agitait sous moi comme une vague, mes paupières se retiraient violemment en arrière. Force me fut de me retourner et de voir.

Le feu qui flambait jetait des reflets rougeâtres dans l'appartement, de sorte qu'on pouvait sans peine distinguer les personnages de la tapisserie et les figures des portraits enfumés pendus à la muraille.

C'étaient les aïeux de notre hôte, des chevaliers bardés de fer, des conseillers en perruque, et de belles dames au visage fardé et aux cheveux poudrés à blanc, tenant une rose à la main.

Tout à coup le feu prit un étrange degré d'activité ; une lueur blafarde illumina la chambre, et je vis clairement que ce que j'avais pris pour de vaines peintures était la réalité ; car les prunelles de ces êtres encadrés remuaient, scintillaient d'une façon singulière ; leurs lèvres s'ouvraient et se fermaient comme des lèvres de gens qui parlent, mais je n'entendais rien que le tic-tac de la pendule et le sifflement de la bise d'automne.

Une terreur insurmontable s'empara de moi, mes cheveux se hérissèrent sur mon front, mes dents s'entre-choquèrent à se briser, une sueur froide inonda tout mon corps.

La pendule sonna onze heures. Le vibrement du

dernier coup retentit longtemps, et, lorsqu'il fut éteint tout à fait...

Oh! non, je n'ose pas dire ce qui arriva, personne ne me croirait, et l'on me prendrait pour un fou.

Les bougies s'allumèrent toutes seules; le soufflet, sans qu'aucun être visible lui imprimât le mouvement, se prit à souffler le feu, en râlant comme un vieillard asthmatique, pendant que les pincettes fourgonnaient dans les tisons et que la pelle relevait les cendres.

Ensuite une cafetière se jeta en bas d'une table où elle était posée, et se dirigea, clopin-clopant, vers le foyer, où elle se plaça entre les tisons.

Quelques instants après, les fauteuils commencèrent à s'ébranler, et, agitant leurs pieds tortillés d'une manière surprenante, vinrent se ranger autour de la cheminée.

II

Je ne savais que penser de ce que je voyais; mais ce qui me restait à voir était encore bien plus extraordinaire.

Un des portraits, le plus ancien de tous, celui d'un gros joufflu à barbe grise, ressemblant, à s'y méprendre, à l'idée que je me suis faite du vieux sir John Falstaff, sortit, en grimaçant, la tête de son cadre, et, après de grands efforts, ayant fait passer ses épaules et son ventre rebondi entre les ais étroits de la bordure, sauta lourdement par terre.

Il n'eut pas plutôt pris haleine, qu'il tira de la poche de son pourpoint une clef d'une petitesse remarquable; il souffla dedans pour s'assurer si la forure était bien nette, et il l'appliqua à tous les cadres les uns après les autres.

Et tous les cadres s'élargirent de façon à laisser passer aisément les figures qu'ils renfermaient.

Petits abbés poupins, douairières sèches et jaunes, magistrats à l'air grave ensevelis dans de grandes robes noires, petits-maîtres en bas de soie, en culotte de prunelle, la pointe de l'épée en haut, tous ces personnages présentaient un spectacle si bizarre, que, malgré ma frayeur, je ne pus m'empêcher de rire.

Ces dignes personnages s'assirent; la cafetière sauta légèrement sur la table. Ils prirent le café dans des tasses du Japon blanches et bleues, qui accoururent spontanément de dessus un secrétaire, chacune d'elles munie d'un morceau de sucre et d'une petite cuiller d'argent.

Quand le café fut pris, tasses, cafetières et cuillers disparurent à la fois, et la conversation commença, certes la plus curieuse que j'aie jamais ouïe, car aucun de ces étranges causeurs ne regardait l'autre en parlant : ils avaient tous les yeux fixés sur la pendule.

Je ne pouvais moi-même en détourner mes regards et m'empêcher de suivre l'aiguille, qui marchait vers minuit à pas imperceptibles.

Enfin, minuit sonna; une voix, dont le timbre était exactement celui de la pendule, se fit entendre et dit :

— Voici l'heure, il faut danser.

Toute l'assemblée se leva. Les fauteuils se reculèrent de leur propre mouvement; alors, chaque cavalier prit la main d'une dame, et la même voix dit :

— Allons, messieurs de l'orchestre, commencez!

J'ai oublié de dire que le sujet de la tapisserie était un concerto italien d'un côté, et de l'autre une chasse au cerf où plusieurs valets donnaient du cor. Les piqueurs et les musiciens, qui, jusque-là, n'avaient fait aucun geste, inclinèrent la tête en signe d'adhésion.

Le maestro leva sa baguette, et une harmonie vive et dansante s'élança des deux bouts de la salle. On dansa d'abord le menuet.

Mais les notes rapides de la partition exécutée par les musiciens s'accordaient mal avec ces graves révérences : aussi chaque couple de danseurs, au bout de quelques minutes, se mit à pirouetter comme une toupie d'Allemagne. Les robes de soie des femmes, froissées dans ce tourbillon dansant, rendaient des sons d'une nature particulière; on aurait dit le bruit d'ailes d'un vol de pigeons. Le vent qui s'engouffrait par-dessous les gonflait prodigieusement, de sorte qu'elles avaient l'air de cloches en branle.

L'archet des virtuoses passait si rapidement sur les cordes, qu'il en jaillissait des étincelles électriques. Les doigts des flûteurs se haussaient et se baissaient comme s'ils eussent été de vif-argent; les joues des piqueurs étaient enflées comme des ballons, et tout cela formait un déluge de notes et de trilles si pressés et de gammes ascendantes et descendantes si entortillées, si inconcevables, que les démons eux-mêmes n'auraient pu deux minutes suivre une pareille mesure.

Aussi, c'était pitié de voir tous les efforts de ces danseurs pour rattraper la cadence. Ils sautaient, cabriolaient, faisaient des ronds de jambe, des jetés battus et des entrechats de trois pieds de haut, tant que la sueur, leur coulant du front sur les yeux, leur emportait les mouches et le fard. Mais ils avaient beau faire, l'orchestre les devançait toujours de trois ou quatre notes.

La pendule sonna une heure; ils s'arrêtèrent. Je vis quelque chose qui m'était échappé : une femme qui ne dansait pas.

Elle était assise dans une bergère au coin de la cheminée, et ne paraissait pas le moins du monde prendre part à ce qui se passait autour d'elle.

Jamais, même en rêve, rien d'aussi parfait ne s'était présenté à mes yeux; une peau d'une blancheur éblouissante, des cheveux d'un blond cendré, de longs cils et des prunelles bleues, si claires et si transparentes, que je voyais son âme à travers aussi distinctement qu'un caillou au fond d'un ruisseau.

Et je sentis que, si jamais il m'arrivait d'aimer quelqu'un, ce serait elle. Je me précipitai hors du lit, d'où jusque-là je n'avais pu bouger, et je me dirigeai vers elle, conduit par quelque chose qui agissait en moi sans que je pusse m'en rendre compte; et je me trouvai à ses genoux, une de ses mains dans les miennes, causant avec elle comme si je l'eusse connue depuis vingt ans.

Mais, par un prodige bien étrange, tout en lui parlant, je marquais d'une oscillation de tête la musique qui n'avait pas cessé de jouer ; et, quoique je fusse au comble du bonheur d'entretenir une aussi belle personne, les pieds me brûlaient de danser avec elle.

Cependant je n'osais lui en faire la proposition. Il paraît qu'elle comprit ce que je voulais, car, levant vers le cadran de l'horloge la main que je ne tenais pas :

— Quand l'aiguille sera là, nous verrons, mon cher Théodore.

Je ne sais comment cela se fit, je ne fus nullement surpris de m'entendre ainsi appeler par mon nom, et nous continuâmes à causer. Enfin, l'heure indiquée sonna, la voix au timbre d'argent vibra encore dans la chambre et dit :

— Angéla, vous pouvez danser avec monsieur, si cela vous fait plaisir, mais vous savez ce qui en résultera.

— N'importe, répondit Angéla d'un ton boudeur.

Et elle passa son bras d'ivoire autour de mon cou.

— *Prestissimo !* cria la voix.

Et nous commençâmes à valser. Le sein de la jeune fille touchait ma poitrine, sa joue veloutée effleurait la mienne, et son haleine suave flottait sur ma bouche.

Jamais de la vie je n'avais éprouvé une pareille émotion ; mes nerfs tressaillaient comme des ressorts d'acier, mon sang coulait dans mes artères en torrent de lave, et j'entendais battre mon cœur comme une montre accrochée à mes oreilles.

Pourtant cet état n'avait rien de pénible. J'étais inondé d'une joie ineffable et j'aurais toujours voulu demeurer ainsi, et, chose remarquable, quoique l'orchestre cût triplé de vitesse, nous n'avions besoin de faire aucun effort pour le suivre.

Les assistants, émerveillés de notre agilité, criaient bravo, et frappaient de toutes leurs forces dans leurs mains, qui ne rendaient aucun son.

Angéla, qui jusqu'alors avait valsé avec une énergie et une justesse surprenantes, parut tout à coup se fatiguer ; elle pesait sur mon épaule comme si les jambes lui eussent manqué ; ses petits pieds, qui, une minute auparavant, effleuraient le plancher, ne s'en détachaient que lentement, comme s'ils eussent été chargés d'une masse de plomb.

— Angéla, vous êtes lasse, lui dis-je, reposons-nous.

— Je le veux bien, répondit-elle en s'essuyant le front avec son mouchoir. Mais, pendant que nous valsions, ils se sont tous assis ; il n'y a plus qu'un fauteuil, et nous sommes deux.

— Qu'est-ce que cela fait, mon bel ange ? Je vous prendrai sur mes genoux.

III

Sans faire la moindre objection, Angéla s'assit, m'entourant de ses bras comme d'une écharpe blanche, cachant sa tête dans mon sein pour se réchauffer un peu, car elle était devenue froide comme un marbre.

Je ne sais pas combien de temps nous restâmes dans cette position, car tous mes sens étaient absorbés dans la contemplation de cette mystérieuse et fantastique créature.

Je n'avais plus aucune idée de l'heure ni du lieu ; le monde réel n'existait plus pour moi, et tous les liens qui m'y attachent étaient rompus ; mon âme, dégagée de sa prison de boue, nageait dans le vague et l'infini ; je comprenais ce que nul homme ne peut comprendre, les pensées d'Angéla se révélant à moi sans qu'elle eût besoin de parler ; car son âme brillait dans son corps comme une lampe d'albâtre, et les rayons partis de sa poitrine perçaient la mienne de part en part.

L'alouette chanta, une lueur pâle se joua sur les rideaux.

Aussitôt qu'Angéla l'aperçut, elle se leva précipitamment, me fit un geste d'adieu, et, après quelques pas, poussa un cri et tomba de sa hauteur.

Saisi d'effroi, je m'élançai pour la relever... Mon sang se fige rien que d'y penser : je ne trouvai rien que la cafetière brisée en mille morceaux.

A cette vue, persuadé que j'avais été le jouet de quelque illusion diabolique, une telle frayeur s'empara de moi, que je m'évanouis.

IV

Lorsque je repris connaissance, j'étais dans mon lit; Arrigo Cohic et Pedrino Borgnioli se tenaient debout à mon chevet.

Aussitôt que j'eus ouvert les yeux, Arrigo s'écria :

— Ah! ce n'est pas dommage! voilà bientôt une heure que je te frotte les tempes d'eau de Cologne. Que diable as-tu fait cette nuit? Ce matin, voyant que tu ne descendais pas, je suis entré dans ta chambre, et je t'ai trouvé tout du long étendu par terre, en habit à la française, serrant dans tes bras un morceau de porcelaine brisée, comme si c'eût été une jeune et jolie fille.

— Pardieu! c'est l'habit de noce de mon grand-père, dit l'autre en soulevant une des basques de soie fond rose à ramages verts. Voilà les boutons de strass et de filigrane qu'il nous vantait tant. Théodore l'aura trouvé dans quelque coin et l'aura mis pour s'amuser. Mais à propos de quoi t'es-tu trouvé mal? ajouta Borgnioli. Cela est bon pour une petite-maîtresse qui a des épaules blanches; on la délace, on lui ôte ses colliers, son écharpe, et c'est une belle occasion de faire des minauderies.

— Ce n'est qu'une faiblesse qui m'a pris; je suis sujet à cela, répondis-je sèchement.

Je me levai, je me dépouillai de mon ridicule accoutrement.

Et puis l'on déjeuna.

Mes trois camarades mangèrent beaucoup et burent encore plus; moi, je ne mangeais presque pas, le souvenir de ce qui s'était passé me causait d'étranges distractions.

Le déjeuner fini, comme il pleuvait à verse, il n'y eut pas moyen de sortir; chacun s'occupa comme il put. Borgnioli tambourina des marches guerrières sur les vitres; Arrigo et l'hôte firent une partie de dames; moi, je tirai de mon album un carré de vélin, et je me mis à dessiner.

Les linéaments presque imperceptibles tracés par mon crayon, sans que j'y eusse songé le moins du monde, se trouvèrent représenter avec la plus merveilleuse exactitude la cafetière qui avait joué un rôle si important dans les scènes de la nuit.

— C'est étonnant comme cette tête ressemble à

ma sœur Angéla, dit l'hôte, qui, ayant terminé sa partie, me regardait travailler par-dessus mon épaule.

En effet, ce qui m'avait semblé tout à l'heure une cafetière était bien réellement le profil doux et mélancolique d'Angéla.

— De par tous les saints du paradis! est-elle morte ou vivante? m'écriai-je d'un ton de voix tremblant, comme si ma vie eût dépendu de sa réponse.

— Elle est morte, il y a deux ans, d'une fluxion de poitrine à la suite d'un bal.

— Hélas! répondis-je douloureusement.

Et, retenant une larme qui était près de tomber, je replaçai le papier dans l'album.

Je venais de comprendre qu'il n'y avait plus pour moi de bonheur sur la terre!

1831.

LAQUELLE DES DEUX

HISTOIRE PERPLEXE

L'hiver dernier, je rencontrais assez souvent dans le monde deux sœurs, deux Anglaises; quand on voyait l'une, on pouvait être sûr que l'autre n'était pas loin; aussi les avait-on nommées les belles inséparables.

Il y en avait une brune et une blonde, et, quoique sœurs jumelles, elles n'avaient de commun qu'une seule chose : c'est qu'on ne pouvait les connaître sans les aimer, car c'étaient bien les deux plus charmantes et, en même temps, les deux plus dissemblables créatures qui se soient jamais rencontrées ensemble. Cependant elles paraissaient s'accorder le mieux du monde.

Je ne sais pas si, par un pur instinct de jeunes filles, elles avaient compris les avantages du contraste, ou bien s'il existait entre elles une véritable amitié ; toujours est-il qu'elles se faisaient valoir l'une l'autre merveilleusement bien, et je pense qu'au fond, c'était le motif de leur union apparente ; car il me semble bien difficile que deux sœurs du même âge, d'une beauté égale quoique différente, ne se haïssent pas cordialement. Il n'en était pas ainsi, et les deux adorables filles étaient toujours côte à côte dans le même coin du salon, s'épaulant l'une à l'autre avec une gracieuse familiarité, ou à demi couchées sur les coussins de la même causeuse ; elles se servaient d'ombre, et ne se quittaient pas une seule minute.

Cela me paraissait bien étrange et faisait le désespoir de tous les fashionables du cercle ; car il était impossible de dire un mot à Musidora que Clary ne l'entendit ; il était impossible de glisser un billet dans la petite main de Clary sans que Musidora s'en aperçût : c'était vraiment insoutenable. Les deux petites s'amusaient comme deux folles qu'elles étaient de toutes ces tentatives infructueuses, et prenaient un malin plaisir à les provoquer et à les détruire ensuite par quelque saillie enfantine ou quelque boutade inattendue. Il faisait beau voir, je vous jure, la mine piteuse et décontenancée des pauvres dandys, forcés de rengaîner leur madrigal ou leur épître. Mon ami Ferdinand fut tellement étourdi de la déconvenue, qu'il en mit huit jours sa cravate aussi mal qu'un homme marié.

Moi, je faisais comme les autres, j'allais papillonner autour des deux sœurs, m'en prenant tantôt à

Clary, tantôt à Musidora, et toujours sans succès. Je m'étais tellement dépité, qu'un certain soir j'eus une sérieuse envie de me faire sauter ce qui me restait de cervelle. Ce qui m'empêcha de le faire, ce fut l'idée que je laisserais la place libre au gilet de Ferdinand, et cette réflexion judicieuse que je ne pourrais pas essayer l'habit que mon tailleur devait m'apporter le lendemain. Je remis mes projets de suicide à une autre fois ; mais, en vérité, je ne sais pas encore aujourd'hui si j'ai bien fait ou mal fait.

En examinant bien mon cœur, je fis cette horrible découverte que j'aimais à la fois les deux sœurs. Oui, madame, cela est vrai, quoique ce soit abominable, et peut-être même parce que c'est abominable ; toutes les deux ! Je vous entends d'ici dire, en faisant votre jolie petite moue : « Le monstre ! » Je vous assure que je suis pourtant le plus inoffensif garçon du monde ; mais le cœur de l'homme, quoiqu'il ne soit pas à beaucoup près aussi singulier que celui de la femme, est encore une bien singulière chose, et nul ne peut répondre de ce qui lui arrivera, pas même vous, madame. Il est probable que, si je vous avais connue plus tôt, je n'aurais aimé que vous : mais je ne vous connaissais pas.

Clary était grande et svelte comme une Diane antique : elle avait les plus beaux yeux du monde, des sourcils qu'on aurait pu croire tracés au pinceau, un nez fin et hardiment profilé, un teint d'une pâleur chaude et transparente, les mains fines et correctes, le bras charmant quoiqu'un peu maigre, et les épaules aussi parfaites que peut les avoir une toute jeune fille (car les belles épaules ne naissent qu'à trente ans) : bref, c'était une vraie péri!

Avais-je tort?»

Musidora avait des chairs diaphanes, une tête blonde et blanche, et des yeux d'une limpidité angélique, des cheveux si fins et si soyeux, qu'un souffle les éparpillait et semblait en doubler le volume, avec cela un tout petit pied et un corsage de guêpe : on l'aurait prise pour une fée.

N'avais-je pas raison?

Après un second examen, je fis une découverte bien plus horrible encore que la première, c'est que je n'aimais ni Clary ni Musidora : Clary seule ne me plaisait qu'à moitié; Musidora, séparée de sa sœur, perdait presque tout son charme; quand elles étaient ensemble, mon amour revenait, et je les trouvais toutes deux également adorables. Ce n'était pas de la brune ou la blonde que j'étais épris, c'était de la réunion de ces deux types de beauté que les deux sœurs résumaient si parfaitement; j'aimais une espèce d'être abstrait qui n'était pas Musidora, qui n'était pas Clary, mais qui tenait également de toutes deux; un fantôme gracieux né du rapprochement de ces deux belles filles, et qui allait voltigeant de la première à la seconde, empruntant à celle-ci son doux sourire, à celle-là son regard de feu; corrigeant la mélancolie de la blonde par la vivacité de la brune, en prenant à chacune ce qu'elle avait de plus choisi, et complétant l'une par l'autre; quelque chose de charmant et d'indescriptible qui venait de toutes les deux, et qui s'envolait dès qu'elles étaient séparées. Je les avais fondues dans mon amour, et je n'en faisais véritablement qu'une seule et même personne.

Dès que les deux sœurs eurent compris que c'était ainsi et pas autrement que je les aimais, — elles eurent compris cela bien vite, — elles me reçurent mieux et me témoignèrent à plusieurs reprises une préférence marquée sur tous mes rivaux.

Ayant eu l'occasion de rendre quelques services assez importants à la mère, je fus admis dans la maison et bientôt compté au nombre des amis intimes. On y était toujours pour moi; j'allais, je venais; on ne m'appelait plus que par mon nom de baptême; je retouchais les dessins des petites; j'assistais à leurs leçons de musique, on ne se gênait pas devant moi. C'était une position horrible et délicieuse, j'étais aux anges et je souffrais le martyre. Pendant que je dessinais, les deux sœurs se penchaient sur mon épaule; je sentais leur cœur battre et leur haleine voltiger dans mes cheveux : ce sont, en vérité, les plus mauvais dessins que j'aie faits de ma vie; n'importe, on les trouvait admirables. Quand nous étions au salon, nous nous reposions tous les trois dans l'embrasure d'une croisée, et le rideau qui retombait sur nous à longs plis nous faisait comme une espèce de chambre dans la chambre, et nous étions là aussi libres que dans un cabinet; Musidora était à ma gauche, Clary à droite, et je tenais une de leurs mains dans chacune des miennes; nous caquetions comme des pies, c'était un ramage à ne pas s'entendre : les petites parlaient à la fois, et il m'arrivait souvent de donner à Clary la réponse de Musidora, et ainsi de suite; et quelquefois cela donnait lieu à des à-propos si charmants, à des quiproquos si comiques, que nous nous en tenions les côtes de rire. Pendant ce temps-là, la mère faisait du filet, lisait quelque vieux journal, ou sommeillait à demi dans sa bergère.

Certainement, ma position était digne d'envie et je n'aurais pu en rêver une plus désirable; cependant je n'étais heureux qu'à moitié : si en jouant j'embrassais Clary, je sentais qu'il me manquait quelque chose et que ce n'était pas un baiser complet; alors, je courais embrasser Musidora, et le même effet se répétait en sens inverse : avec l'une je regrettais l'autre, et ma volupté n'eût été entière que si j'eusse pu les embrasser toutes deux à la fois : ce n'était pas une chose fort aisée.

Une chose singulière, c'est que les deux charmantes *misses* n'étaient pas jalouses l'une de l'autre : il est vrai que j'avais soin de répartir mes caresses et mes attentions avec la plus exacte impartialité : malgré cela, ma situation était des plus difficiles, et j'étais dans des transes perpétuelles. Je ne sais pas si l'effet qu'elles produisaient sur moi, elles se le produisaient réciproquement sur elles; mais je ne puis attribuer à un autre motif la bonne intelligence qui régnait entre nous. Elles se sentaient dépareillées quand elles n'étaient pas ensemble, et comprenaient intérieurement que l'une n'était que la moitié de l'autre, et qu'il fallait qu'elles fussent réunies pour former un tout. A la bienheureuse nuit où elles furent conçues, il est probable que l'Ange qui n'avait apporté qu'une âme, ne comptant pas sur deux jumelles, n'avait pas eu le temps de remonter en chercher une seconde, et l'avait divisée entre les deux petites créatures. Cette folle idée s'était tellement enracinée dans mon esprit, que je les avais débaptisées, et leur avais donné un seul nom pour toutes les deux.

Musidora et Clary étaient en proie au même supplice que moi. Un jour, je ne sais si cela se fit de concert ou par un mouvement naturel, elles arrivèrent en courant à ma rencontre, et se jetèrent tout essoufflées contre ma poitrine. Je penchai la tête pour les embrasser comme c'était ma coutume, elles me prévinrent et me baisèrent à la fois chacune sur une joue; leurs beaux yeux brillaient d'un éclat extraordinaire, leurs petits cœurs battaient, battaient : peut-être était-ce parce qu'elles avaient couru; mais dans l'instant je ne l'attribuai pas à cela; elles avaient un air ému et satisfait qu'elles n'avaient pas lorsque je les embrassais séparément. C'est que la sensation était simultanée et que ces deux baisers n'étaient effectivement qu'un seul et même baiser, non pas le baiser de Musidora et de Clary, mais celui de la femme complète qu'elles formaient à elles deux, qui était l'une et l'autre et n'était ni l'une ni l'autre, le baiser de la sylphide idéale à qui j'avais donné le nom d'Adorata. Cela était charmant, et je fus heureux au moins trois secondes. Mais cette idée me vint, qu'avec cette manière, j'étais passif et non actif, et qu'il était de ma dignité d'homme de ne pas laisser intervertir les rôles. Je réunis dans une seule de mes mains les doigts effilés de Musidora et de Clary, et je les attirai en faisceau jusque sur mes lèvres; ainsi je leur rendis leur caresse comme elles me l'avaient donnée, et ma bouche toucha la main de Clary en même temps que celle de sa sœur. Elles entrèrent tout de suite dans mon idée, toute subtile qu'elle était, et me jetèrent pour récompense le regard le plus enchanteur que jamais deux femmes en présence aient laissé tomber sur un même homme.

Vous rirez, vous direz que j'étais fou, et que c'est un très-petit malheur que d'être aimé à la fois de deux charmantes personnes; mais la vérité est que je n'avais jamais été aussi tourmenté de ma vie; j'aurais possédé Clary, j'aurais possédé Musidora, je n'en aurais certes pas été plus heureux : ce que je voulais était impossible, c'était de les avoir toutes deux en même temps, à la même place. Vous voyez bien que j'avais totalement perdu la tête.

En ce temps-là, il me tomba entre les mains un certain roman chinois de feu le chinois M. Abel Rémusat; il était intitulé : *Yu-Kiao-Li, ou les Deux Cousines*. Je ne pris pas d'abord un grand plaisir à la description des tasses de thé, et aux improvisations sur la fleur de pêcher et les branches de saule, qui remplissent les premiers volumes; mais, quand je vins à l'endroit où le bachelier ès lettres See-Yeoupe, déjà amoureux de la première cousine, devient derechef amoureux de l'autre cousine, la belle Yo-Mu-Li, je commençai à prendre intérêt au livre, à cause de ce double amour qui me rappelait ma position, tant il est vrai que nous sommes profondément égoïstes et que nous n'approuvons que ce qui parle de nous. J'attendais le dénoûment avec anxiété, et, quand je vis que le bachelier See-Yeoupe épousait les deux cousines, je vous assure que je me suis surpris à désirer d'être Chinois, rien que pour pouvoir être bigame, et cela, sans être pendu. Il est vrai que je n'aurais pas promené, comme l'honnête Chinois, mon amour alternatif du pavillon de l'est au pavillon de l'ouest; n'importe, je me pris, dès ce jour, d'une singulière admiration pour *Yu-Kialo-Li*, et je le prônai partout comme le plus beau roman du monde.

Excédé d'une situation aussi fausse, je résolus, faute de mieux, de demander une des deux sœurs en mariage, Musidora ou Clary, Clary ou Musidora. Je laissai aller quelques phrases sur le besoin de se fixer, sur le bonheur d'être en ménage, si bien que la mère fit retirer les deux petites et la conversation s'engagea :

— Madame, vous allez me trouver bien étrange, lui dis-je; mon intention formelle est certainement d'épouser une de vos demoiselles, si vous me l'accordez; mais elles me paraissent si aimables toutes deux, que je ne sais laquelle prendre.

Elle sourit et me dit :

— Je suis comme vous, je ne sais laquelle j'aime le mieux; mais avec le temps vous vous déciderez; mes filles sont jeunes, elles peuvent attendre.

Nous en restâmes là.

Trois, quatre mois se passèrent; j'étais aussi incertain que le premier jour : c'était affreux. Je ne pouvais rester plus longtemps dans la maison sans prendre un parti, je ne pouvais le prendre; je prétextai un voyage. Les deux petites pleurèrent beaucoup; la mère me dit adieu avec un air de pitié bienveillante et douce que je n'oublierai jamais; elle avait compris combien était grand mon malheur. Les deux sœurs m'accompagnèrent jusqu'au bas de l'escalier, et, là, sentant bien que nous ne devions plus nous revoir, me donnèrent chacune une boucle de leurs cheveux. Je n'ai pleuré dans ma vie que cette fois-là et puis une autre; mais c'est une histoire que je ne vous conterai pas. Je fis tresser les deux mèches ensemble et je les portai sentimentalement sur mon cœur pendant mes six mois d'absence.

A mon retour, j'appris que les deux sœurs étaient mariées, l'une à un gros major qui était toujours ivre et qui la battait; l'autre à un juge, ou quelque chose comme cela, qui avait les yeux et le nez rouges; toutes deux étaient enceintes. On peut bien croire que je n'épargnai pas les malédictions à ces deux brutaux, qui n'avaient pas craint de dédoubler cette individualité charmante, faite de deux corps et d'une seule âme, et que je me répandis en invectives furibondes sur le prosaïsme du siècle et l'immoralité du mariage.

La tresse passa de mon cœur dans mon tiroir. Un mois après, je pris une maîtresse.

L'autre jour, Mariette a trouvé ce gage de tendresse en mettant de l'ordre dans mes papiers, et, voyant ces deux boucles, l'une blonde et l'autre brune, elle m'a cru coupable d'une double infidélité, et peu s'en est fallu qu'elle ne m'arrachât les yeux; cela aurait été dommage, car c'est à peu près tout ce que j'ai de beau dans la figure, et les dames prétendent que j'ai un joli regard. J'ai eu toutes les peines du monde à la convaincre de mon innocence, et je crois qu'elle me garde encore rancune.

Ceci est l'histoire de mes amours de l'hiver dernier, et la raison pourquoi je suis admirateur des romans chinois.

1853.

L'AME DE LA MAISON

CONTE

I

Lorsque je suis seul, et que je n'ai rien à faire, ce qui m'arrive souvent, je me jette dans un fauteuil, je croise les bras ; puis, les yeux au plafond, je passe ma vie en revue.

Ma mémoire, pittoresque magicienne, prend la palette, trace, à grands traits et à larges touches, une suite de tableaux diaprés des couleurs les plus étincelantes et les plus diverses ; car, bien que mon existence extérieure ait été presque nulle, au dedans j'ai beaucoup vécu.

Ce qui me plaît surtout dans ce panorama, ce sont les derniers plans, la bande qui bleuit et touche à l'horizon, les lointains ébauchés dans la vapeur, vague comme le souvenir d'un rêve, doux à l'œil et au cœur.

Mon enfance est là, joueuse et candide, belle de la beauté d'une matinée d'avril, vierge de corps et d'âme, souriant à la vie comme à une bonne chose. Hélas! mon regard s'arrête complaisamment à cette représentation de mon moi d'alors, qui n'est plus mon moi d'aujourd'hui! J'éprouve, en me voyant, une espèce d'hésitation; comme lorsqu'on rencontre par hasard un ami ou un parent, après une si longue absence qu'on a eu le temps d'oublier ses traits, j'ai quelquefois toutes les peines du monde à me reconnaître. A dire vrai, je ne me ressemble guère.

Depuis, tant de choses ont passé par ma pauvre tête! Ma physionomie physique et morale est totalement changée.

Au souffle glacial du prosaïsme, j'ai perdu une à une toutes mes illusions; elles sont tombées de mon âme, comme les fleurs de l'amandier par une bise froide, et les hommes ont marché dessus avec leurs pieds de fange; ma pensée adolescente, touchée et polluée par leurs mains grossières, n'a rien conservé de sa fraîcheur et de sa pureté primitives; sa fleur, son velouté, son éclat, tout a disparu; comme l'aile de papillon qui laisse aux doigts une poussière d'or, d'azur et de carmin, elle a laissé son principe odorant sur l'index et le pouce de ceux qui voulaient la saisir dans son vol de sylphide.

Avec la jeunesse de ma pensée, celle de mon corps s'en est allée aussi; mes joues, rebondies et roses comme des pommes, se sont profondément creusées; ma bouche, qui riait toujours, et que l'on eût prise pour un coquelicot noyé dans une jatte de lait, est devenue horizontale et pâle; mon profil se dessine en méplats fortement accusés; une ride précoce commence à se dessiner sur mon front; mes yeux n'ont plus cette humidité limpide qui les faisait briller comme deux sources où le soleil donne : les veilles, les chagrins les ont fatigués et rougis, leur orbite s'est cavée, de sorte qu'on peut déjà comprendre les os sous la chair, c'est-à-dire le cadavre sous l'homme, le néant sous la vie.

Oh! s'il m'était donné de revenir sur moi-même! Mais ce qui est fait est fait, n'y pensons plus.

Parmi tous ces tableaux, un surtout se détache nettement, de même qu'au bout d'une plaine uniforme, un bouquet de bois, une flèche d'église dorée par le couchant.

C'est le prieuré de mon oncle le chanoine; je le vois encore d'ici, au revers de la colline, entre les grands châtaigniers, à deux pas de la chapelle de Saint-Caribert.

Il me semble être en ce moment dans la cuisine : je reconnais le plafond rayé de solives de chêne noircies par la fumée; la lourde table aux pieds massifs; la fenêtre étroite taillée à vitraux qui ne laissent passer qu'un demi-jour vague et mystérieux, digne d'un intérieur de Rembrandt; les tablettes disposées par étages qui soutiennent une grande quantité d'ustensiles de cuivre jaune et rouge, de formes bizarres, les unes fondues dans l'ombre, les autres se détachant du fond, une paillette saillante sur la partie lumineuse et des reflets sur le bord; rien n'est changé! Les assiettes, les plats d'étain, clairs comme de l'argent; les pots de faïence à fleurs, les bouteilles à large ventre, les fioles grêles à goulot allongé, ainsi qu'on les trouve dans les tableaux de vieux maîtres flamands; tout est à la même place, le petit détail est minutieusement conservé. A l'angle du mur, irisée par un rayon de soleil, j'aperçois la toile de l'araignée à qui, tout enfant, je donnais des mouches après leur avoir coupé les ailes, et le profil grotesque de Jacobus Pragmater, sur une porte condamnée où le plâtre est plus blanc. Le feu brille dans la cheminée; la fumée monte en tourbillonnant le long de la plaque armoriée aux armes de France; des gerbes d'étincelles s'échappent des tisons qui craquent; la fine poularde, préparée pour le dîner de mon oncle, tourne lentement devant la flamme. J'entends le tic-tac du tourne-broche, le pétillement des charbons, et le grésillement de la graisse qui tombe goutte à goutte dans la lèchefrite brûlante. Berthe, son tablier blanc retroussé sur la hanche, l'arrose, de temps en temps, avec une cuiller de bois et veille sur elle, comme une mère sur sa fille.

Et la porte du jardin s'ouvre. Jacobus Pragmater, le maître d'école, entre à pas mesurés, tenant d'une main un bâton de houx, et de l'autre main la petite Maria, qui rit et chante...

Pauvre enfant! en écrivant ton nom, une larme tremble au bout de mes cils humides. Mon cœur se serre.

Dieu te mette parmi ses anges, douce et bonne créature! tu le mérites, car tu m'aimais bien, et, depuis que tu ne m'accompagnes plus dans la vie, il me semble qu'il n'y a rien autour de moi.

L'herbe doit croître bien haute sur ta fosse, car tu es morte là-bas, et personne n'y est allé : pas même moi, que tu préférais à tout autre, et que tu appelais ton petit mari.

Pardonne, ô Maria! je n'ai pu, jusqu'à présent, faire le voyage; mais j'irai, je chercherai la place; pour la découvrir, j'interrogerai les inscriptions de toutes les croix, et quand je l'aurai trouvée, je me mettrai à genou, je prierai longtemps, bien longtemps, afin que ton ombre soit consolée; je jetterai sur la pierre, verte de mousse, tant de guirlandes blanches et de fleurs d'oranger, que ta fosse semblera une corbeille de mariage.

Hélas! la vie est faite ainsi. C'est un chemin âpre et montueux : avant que d'être au but, beaucoup se lassent; les pieds endoloris et sanglants, beaucoup s'asseyent sur le bord d'un fossé, et ferment leurs yeux pour ne plus les rouvrir. A mesure que l'on marche, le cortége diminue : l'on était parti vingt, on arrive seul à cette dernière hôtellerie de l'homme, le cercueil; car il n'est pas donné à tous de mourir jeunes... et tu n'es pas, ô Maria, la seule perte que j'aie à déplorer.

Jacobus Pragmater est mort, Berthe est morte; ils reposent oubliés au fond d'un cimetière de campagne. Tom, le chat favori de Berthe, n'a pas survécu à sa maîtresse : il est mort de douleur sur la chaise vide où elle s'asseyait pour filer, et personne ne l'a enterré, car qui s'intéressait au pauvre Tom, excepté Jacobus Pragmater et la vieille Berthe?

Moi seul, je suis resté pour me souvenir d'eux et écrire leur histoire, afin que la mémoire ne s'en perde pas.

II

C'était un soir d'hiver; le vent, en s'engouffrant dans la cheminée, en faisait sortir des lamentations et des gémissements étranges : on eût dit ces soupirs vagues et inarticulés qu'envoie l'orgue aux échos de la cathédrale. Les gouttes de pluie cinglaient les vitres avec un son clair et argenté.

Moi et Maria, nous étions seuls. Assis tous les deux sur la même chaise, paresseusement appuyés l'un sur l'autre, mon bras autour d'elle, le sien autour de moi, nos joues se touchant presque, les boucles de nos cheveux mêlées ensemble : si tranquilles, si reposés, si détachés du monde, si oublieux de toute chose, que nous entendions notre chair vivre, nos artères battre et nos nerfs tressaillir. Notre respiration venait se briser à temps égaux sur nos lèvres, comme la vague sur le sable, avec un bruit doux et monotone; nos cœurs palpitaient à l'unisson, nos paupières s'élevaient et s'abaissaient simultanément; tout dans nos âmes et dans nos corps était en harmonie et vivait de concert, ou plutôt nous n'avions qu'une âme à deux, tant la sympathie avait fondu nos existences dans une seule et même individualité.

Un fluide magnétique entrelaçait autour de nous, comme une résille de soie aux mille couleurs, ses filaments magiques; il en partait un de chaque atome de mon être, qui allait se nouer à un atome de Maria; nous étions si puissamment, si intimement liés, que je suis sûr que la balle qui aurait frappé l'un aurait tué l'autre sans le toucher.

Oh! qui pourrait, au prix de ce qui me reste à vivre, me rendre une de ces minutes si courtes et si longues, dont chaque seconde renferme tout un roman intérieur, tout un drame complet, tout une existence entière, non pas d'homme, mais d'ange! Age fortuné des premières émotions, où la vie nous apparaît comme à travers un prisme, fleurie, pailletée, chatoyante, avec les couleurs de l'arc-en-ciel, où le passé et l'avenir sont rattachés à un présent sans chagrin, par de douces souvenances et un espoir qui n'a pas été trompé, âge de poésie et d'amour, où l'on n'est pas encore méchant, parce qu'on n'a pas été malheureux, pourquoi faut-il que tu passes si vite, et que tous nos regrets ne puissent te faire revenir une fois passé!

Sans doute, il faut que cela soit ainsi, car qui voudrait mourir et faire place aux autres, s'il nous était donné de ne pas perdre cette virginité d'âme et les riantes illusions qui l'accompagnent? L'enfant est un ange descendu de là-haut, à qui Dieu a coupé les ailes en le posant sur le monde, mais qui se souvient encore de sa première patrie. Il s'avance d'un pas timide dans les chemins des hommes, et tout seul; son innocence se déflore à leur contact, et bientôt il a tout à fait oublié qu'il vient du ciel et qu'il doit y retourner.

Abîmés dans la contemplation l'un et l'autre, nous ne pensions pas à notre propre vie; spectateurs d'une existence en dehors de nous, nous avions oublié la nôtre.

Cependant cette espèce d'extase ne nous empêchait pas de saisir jusqu'aux moindres bruits intérieurs, jusqu'aux moindres jeux de lumière dans les recoins obscurs de la cuisine et les interstices des poutres : les ombres, découpées en atomes baroques, se dessinaient nettement au fond de notre prunelle; les reflets étincelants des chaudrons, les diamants phosphoriques, allumés aux reflets des cafetières argentées, jetaient des rayons prismatiques dans chacun de nos cils. Le son monotone du coucou juché dans son armoire de chêne, le craquement des vitrages de plomb, les jérémiades du vent, le caquetage des fagots flambants dans l'âtre, toutes les harmonies domestiques parvenaient distinctement à notre oreille, chacune avec sa signification particulière. Jamais nous n'avions aussi bien compris le bonheur de la maison et les voluptés indéfinissables du foyer!

Nous étions si heureux d'être là, cois et chauds, dans une chambre bien close, devant un feu clair, seuls et libres de toute gêne, tandis qu'il pleuvait, ventait et grêlait au dehors; jouissant d'une tiède atmosphère d'été, tandis que l'hiver, faisant craqueter ses doigts blancs de givre, mugissait à deux pas, séparé de nous par une vitre et une planche. A chaque sifflement aigu de la bise, à chaque redoublement de pluie, nous nous serrions l'un contre l'autre, pour être plus forts, et nos lèvres, lentement déjointes, laissaient aller un *Ah! mon Dieu!* profond et sourd.

— Ah! mon Dieu! qu'ils sont à plaindre, les pauvres gens qui sont en route!

Et puis nous nous taisions, pour écouter les abois du chien de la ferme, le galop heurté d'un cheval sur le grand chemin, le criaillement de la girouette enrouée; et, par-dessus tout, le cri du grillon tapi entre les briques de l'âtre, vernissées et bistrées par une fumée séculaire.

— J'aimerais bien être grillon, dit la petite Maria en mettant ses mains roses et potelées dans les miennes, surtout en hiver : je choisirais une crevasse aussi près du feu que possible, et j'y passerais le temps à me chauffer les pattes. Je tapisserais bien ma cellule avec de la barbe de chardon et de pissenlit; je ramasserais les duvets qui flottent en l'air, je m'en ferais un matelas et un oreiller bien souples, bien moelleux, et je me coucherais dessus. Du matin jusqu'au soir, je chanterais ma petite chanson de grillon, et je ferais *cri cri;* et puis je ne travaillerais pas, je n'irais pas à l'école. Oh! quel bonheur!... Mais je ne voudrais pas être noir comme ils sont... N'est-ce pas, Théophile, que c'est vilain d'être noir?...

Et, en prononçant ces mots, elle jeta une œillade coquette sur la main que je tenais.

— Tu es une folle! lui dis-je en l'embrassant. Toi qui ne peux rester un seul instant tranquille, tu t'ennuierais bien vite de cette vie égale et dormante. Ce pauvre reclus de grillon ne doit guère s'amuser dans son ermitage; il ne voit jamais le soleil, le beau soleil aux cheveux d'or, ni le ciel de saphir, avec ses beaux nuages de toutes couleurs; il n'a pour perspective que la plaque noircie de l'âtre, les chenets et les tisons; il n'entend d'autre musique que la bise et le tic-tac du tournebroche...

« Quel ennui!...

« Si je voulais être quelque chose, j'aimerais bien mieux être demoiselle; parle-moi de cela, à la bonne heure, c'est si joli!... On a un corset d'émeraude, un diamant pour œil, de grandes ailes de gaze d'argent, de petites pattes frêles, veloutées. Oh! si j'étais demoiselle!... comme je volerais par la campagne, à droite, à gauche, selon ma fantaisie... au long des haies d'aubépine, des mûriers sauvages et des églantiers épanouis! Effleurant du bout de l'aile un bouton d'or, une pâquerette ployée au vent, j'irais, je courrais du brin d'herbe au bouleau, du bouleau au chêne, tantôt dans la nue, tantôt rasant le sol, égratignant les eaux transparentes de la rivière, dérangeant dans les feuilles de nénufar les criocères écarlates, effrayant de mon ombre les petits goujons qui s'agitent frétillards et peureux...

« Au lieu d'un trou dans la cheminée, j'aurais pour logis la coupe d'albâtre d'un lis, ou la campanule d'azur de quelque volubilis, tapissée à l'intérieur de perles de rosée. J'y vivrais de parfums et de soleil, loin des hommes, loin des villes, dans une paix profonde, ne m'inquiétant de rien, que de jouer autour des roseaux panachés de l'étang, et de me mêler en bourdonnant aux quadrilles et aux valses des moucherons... »

J'allais commencer une autre phrase, quand Maria m'interrompit.

— Ne te semble-t-il pas, dit-elle, que le cri du grillon a tout à fait changé de nature? J'ai cru plusieurs fois, pendant que tu parlais, saisir, parmi ses notes, des mots clairement articulés; j'ai d'abord pensé que c'était l'écho de ta voix, mais je suis à présent bien certaine du contraire. Écoute, le voici qui recommence.

En effet, une voix grêle et métallique partait de la loge du grillon :

— Enfant, si tu crois que je m'ennuie, tu te trompes étrangement : j'ai mille sujets de distraction que tu ne connais pas ; mes heures, qui te paraissent être si longues, coulent comme des minutes. La bouilloire me chante à demi-voix sa chanson ; la séve qui sort en écumant par l'extrémité des bûches me siffle des airs de chasse ; les braises qui craquent, les étincelles qui petillent me jouent des duos dont la mélodie échappe à vos oreilles terrestres. Le vent qui s'engouffre dans la cheminée me fredonne des ballades fantastiques, et me raconte de mystérieuses histoires.

« Puis les paillettes de feu, dirigées en l'air par des salamandres de mes amies, forment, pour me récréer, des gerbes éblouissantes, des globes lumineux rouges et jaunes, des pluies d'argent qui retombent en réseaux bleuâtres ; des flammes de mille nuances, vêtues de robes de pourpre, dansent le fandango sur les tisons ardents, et moi, penché au bord de mon palais, je me chauffe, je me chauffe jusqu'à faire rougir mon corset noir, et je savoure à mon aise toutes les voluptés du nonchaloir et le bien-être du chez-soi.

« Quand vient le soir, je vous écoute causer et lire. L'hiver dernier, Berthe vous répétait, tout en filant, de beaux contes de fées : *l'Oiseau bleu, Riquet à la houpe, Maguelonne* et *Pierre de Provence*. J'y prenais un singulier plaisir, et je les sais presque tous par cœur. J'espère que, cette année, elle en aura appris d'autres, et que nous passerons encore de joyeuses soirées.

« Eh bien, cela ne vaut-il pas mieux que d'être

demoiselle et de vagabonder par les champs?

« Passe pour l'été ; mais, quand arrive l'automne, que les feuilles, couleur de safran, tourbillonnent dans les bois, qu'il commence à geler blanc; quand la brume, froide et piquante, raye le ciel gris de ses innombrables filaments, que le givre enveloppe les branches dépouillées d'une peluche scintillante; quand on n'a plus de fleurs pour se gîter le soir, que devenir, où réchauffer ses membres engourdis, où sécher son aile trempée de pluie? Le soleil n'est plus assez fort pour percer les brouillards; on ne peut plus voler, et, d'ailleurs, quand on le pourrait, où irait-on?

« Adieu, les haies d'aubépine, les boutons d'or et les pâquerettes! La neige a tout couvert; les eaux qu'on égratignait en passant ne forment plus qu'un cristal solide; les roses sont mortes, les parfums évaporés; les oiseaux gourmands vous prennent dans leur bec, et vous portent dans leur nid pour se repaître de vos chairs. Affaiblis par le jeûne et le froid, comment fuir? les petits polissons du village vous attrapent sous leur mouchoir, et vous piquent à leur chapeau avec une longue épingle. Là, vivante cocarde, vous souffrez mille morts avant de mourir. Vous avez beau agiter vos pattes suppliantes, on n'y fait pas attention, car les enfants sont, comme les vieillards, cruels : les uns, parce qu'ils ne sentent pas encore; les autres, parce qu'ils ne sentent plus. »

III

Comme vous n'avez probablement pas vu la caricature de Jacobus Pragmater, dessinée au charbon sur la porte de la cuisine de mon oncle le chanoine, et qu'il est peu probable que vous alliez à *** pour la voir, vous vous contenterez d'un portrait à la plume.

Jacobus Pragmater, qui joue en cette histoire le rôle de la fatalité antique, avait toujours eu soixante ans : il était né avec des rides, la nature l'avait jeté en moule tout exprès pour faire un bedeau ou un maître d'école de village ; en nourrice, il était déjà pédant.

Étant jeune, il avait écrit en petite bâtarde l'*Ave* et le *Credo* dans un rond de parchemin de la grandeur d'un petit écu. Il l'avait présenté à M. le marquis de ***, dont il était le filleul ; celui-ci, après l'avoir considéré attentivement, s'était écrié à plusieurs reprises :

— Voilà un garçon qui n'est pas manchot !

Il se plaisait à nous raconter cette anecdote, ou, comme il l'appelait, cet apophthegme ; le dimanche, quand il avait bu deux doigts de vin, et qu'il était en belle humeur, il ajoutait, par manière de réflexion, que M. le marquis de *** était bien le gentilhomme de France le plus spirituel et le mieux appris qu'il eût jamais connu.

Quoique aux importantes fonctions de maître d'école il ajoutât celles non moins importantes de bedeau, de chantre, de sonneur, il n'en était pas plus fier. A ses heures de relâche, il soignait le jardin de mon oncle, et, l'hiver, il lisait une page ou deux de Voltaire ou de Rousseau en cachette; car, étant plus d'à moitié prêtre, comme il le disait, une pareille lecture n'eût pas été convenable en public.

C'était un esprit sec, exact cependant, mais sans rien d'onctueux. Il ne comprenait rien à la poésie, il n'avait jamais été amoureux, et n'avait pas pleuré une seule fois dans sa vie. Il n'avait aucune des charmantes superstitions de campagne, et il grondait toujours Berthe quand elle nous racontait une histoire de fée ou de revenant. Je crois qu'au fond il pensait que la religion n'était bonne que pour le peuple. En un mot, c'était la prose incarnée, la prose dans toute son étroitesse, la prose de Barême et de Lhomond.

Son extérieur répondait parfaitement à son intérieur. Il avait quelque chose de pauvre, d'étriqué, d'incomplet, qui faisait peine à voir et donnait envie de rire en même temps. Sa tête, bizarrement bossuée, luisait à travers quelques cheveux gris; ses sourcils blancs se hérissaient en buisson sur deux petits yeux vert de mer, clignotants et enfouis dans une patte d'oie de rides horizontales. Son nez, long comme une flûte d'alambic, tout diapré de verrues tout barbouillé de tabac, se penchait amoureusement sur son menton.

Aussi, lorsqu'on jouait aux petits jeux, et qu'il fallait embrasser quelqu'un par pénitence, c'était toujours lui que les jeunes filles choisissaient en présence de leur mère ou de leur amant.

Ces avantages naturels étaient merveilleusement rehaussés par le costume de leur propriétaire : il portait d'habitude un habit noir râpé, avec des boutons larges comme des tabatières, les bas et la culotte de couleur incertaine; des souliers à boucles et un chapeau à trois cornes que mon oncle avait porté deux ans avant de lui en faire cadeau.

O digne Jacobus Pragmater, qui aurait pu s'empêcher de rire en te voyant arriver par la porte du jardin, le nez au vent, les manches pendantes de ton grand habit flottant au long de ton corps, comme si elles eussent été un rouleau de papier sortant à demi de ta poche! Tu aurais déridé le front du spleen en personne.

Il nous embrassa selon sa coutume, piqua les joues potelées de Maria à la brosse de sa barbe, me donna un petit coup sur l'épaule, et tira de sa poche un cœur de pain d'épice enveloppé d'un papier chamarré d'or et de paillon qu'il partagea entre Maria et moi.

Il nous demanda si nous avions été bien sages. La réponse, sans hésiter, fut affirmative, comme on peut le croire.

Pour nous récompenser, il nous promit à chacun une image coloriée.

Les galoches de Berthe sonnèrent dans le haut de

l'escalier, le service de mon oncle ne la retenait plus, elle vint s'asseoir au coin du feu avec nous.

Maria quitta aussitôt le genou où Pragmater la retenait presque malgré elle; car, en dépit de toutes ses caresses, elle ne le pouvait souffrir, et courut se mettre sur les genoux de Berthe.

Elle lui raconta ce que nous avions entendu, et lui répéta même quelques couplets de la ballade qu'elle avait retenus.

Berthe l'écouta gravement et avec bonté, et dit, quand elle eut fini, qu'il n'y avait rien d'impossible à Dieu; que les grillons étaient le bonheur de la maison, et qu'elle se croirait perdue si elle en tuait un, même par mégarde.

Pragmater la tança vivement d'une croyance aussi absurde, et lui dit que c'était pitié d'inculquer des superstitions de bonne femme à des enfants, et que, s'il pouvait attraper celui de la cheminée, il le tuerait, pour nous montrer que la vie ou la mort d'une méchante bête était parfaitement insignifiante.

J'aimais assez Pragmater, parce qu'il me donnait toujours quelque chose; mais, en ce moment, il me parut d'une férocité de cannibale, et je l'aurais volontiers dévisagé. Même à présent que l'habitude de la vie et le train des choses m'ont usé l'âme et durci le cœur, je me reprocherais comme un crime le meurtre d'une mouche, trouvant, comme le bon Tobie, que le monde est assez large pour deux.

Pendant cette conversation, le grillon jetait imperturbablement ses notes aiguës et vibrantes à travers la voix sourde et cassée de Pragmater, la couvrant quelquefois et l'empêchant d'être entendue.

Pragmater, impatienté, donna un coup de pied si violent du côté d'où le chant paraissait venir, que plusieurs flocons de suie se détachèrent et avec eux la cellule du grillon, qui se mit à courir sur la cendre aussi vite que possible pour regagner un autre trou.

Par malheur pour lui, le rancunier maître d'école l'aperçut, et, malgré nos cris, le saisit par une patte au moment où il entrait dans l'interstice de deux briques. Le grillon, se voyant perdu, abandonna bravement sa patte, qui resta entre les doigts de Pragmater comme un trophée, et s'enfonça profondément dans le trou.

Pragmater jeta froidement au feu la patte toute frémissante encore.

Berthe leva les yeux au ciel avec inquiétude, en joignant les mains. Maria se mit à pleurer; moi, je lançai à Pragmater le meilleur coup de poing que j'eusse donné de ma vie; il n'y prit seulement pas garde.

Cependant la figure triste et sérieuse de Berthe lui donna un moment d'inquiétude sur ce qu'il avait fait : il eut une lueur de doute; mais le voltairianisme reprit bientôt le dessus, et un *bah!* fortement accentué résuma son plaidoyer intérieur.

Il resta encore quelques minutes; mais, ne sachant trop quelle contenance faire, il prit le parti de se retirer.

Nous nous en allâmes coucher, le cœur gros de pressentiments funestes.

IV

Plusieurs jours s'écoulèrent tristement; mais rien d'extraordinaire n'était venu réaliser les appréhensions de Berthe.

Elle s'attendait à quelque catastrophe : le mal fait à un grillon porte toujours malheur.

— Vous verrez, disait-elle, Pragmater, qu'il nous arrivera quelque chose à quoi nous ne nous attendons pas.

Dans le courant du mois, mon oncle reçut une lettre venant de loin, toute constellée de timbres, toute noire à force d'avoir roulé. Cette lettre lui annonçait que la maison du banquier T***, sur laquelle son argent était placé, venait de faire banqueroute, et était dans l'impossibilité de solder ses créanciers.

Mon oncle était ruiné, il ne lui restait plus rien que sa modique prébende.

Pragmater, à demi ébranlé dans sa conviction, se faisait, à part lui, de cruels reproches. Berthe pleurait, tout en filant avec une activité triple pour aider en quelque chose.

Le grillon, malade ou irrité, n'avait pas fait entendre sa voix depuis la soirée fatale. Le tournebroche avait inutilement essayé de lier conversation avec lui, il restait muet au fond de son trou.

La cuisine se ressentit bientôt de ce revers de fortune. Elle fut réduite à une simplicité évangélique. Adieu les poulardes blondes, si appétissantes dans leur lit de cresson, la fine perdrix au corset de lard, la truite à la robe de nacre semée d'étoiles rouges ! Adieu, les mille gourmandises dont les religieuses et les gouvernantes des prêtres connaissent seules le secret ! Le bouilli filandreux avec sa couronne de persil, les choux et les légumes du jardin, quelques quartiers aigus de fromage, composaient le modeste dîner de mon oncle.

Le cœur saignait à Berthe quand il lui fallait servir ces plats simples et grossiers ; elle les posait dédaigneusement sur le bord de la table, et en détournait les yeux. Elle se cachait presque pour les apprêter, comme un artiste de haut talent qui fait une enseigne pour dîner. La cuisine, jadis si gaie et si vivante, avait un air de tristesse et de mélancolie.

Le brave Tom lui-même semblait comprendre le malheur qui était arrivé : il restait des journées entières assis sur son derrière, sans se permettre la moindre gambade ; le coucou retenait sa voix d'argent et sonnait bien bas ; les casseroles, inoccupées, avaient l'air de s'ennuyer à périr ; le gril étendait ses bras noirs comme un grand désœuvré ; les cafetières ne venaient plus faire la causette auprès du feu : la flamme était toute pâle, et un maigre filet de fumée rampait tristement au long de la plaque.

Mon oncle, malgré toute sa philosophie, ne put venir à bout de vaincre son chagrin. Ce beau vieillard, si gras, si vermeil, si épanoui, avec ses trois mentons et son mollet encore ferme ; ce gai convive qui chantait après boire la petite chanson, vous ne l'auriez certainement pas reconnu.

Il avait plus vieilli dans un mois que dans trente ans. Il n'avait plus de goût à rien. Les livres qui lui faisaient le plus de plaisir dormaient oubliés sur les rayons de la bibliothèque. Le magnifique exemplaire (Elzévir) des *Confessions de saint Augustin*, exemplaire auquel il tenait tant et qu'il montrait avec orgueil aux curés des environs, n'était pas remué plus souvent que les autres ; une araignée avait eu le temps de tisser sa toile sur son dos.

Il restait des journées entières dans son fauteuil de tapisserie à regarder passer les nuages par les losanges de sa fenêtre, plongé dans une mer de douloureuses réflexions ; il songeait avec amertume qu'il ne pourrait plus, les jours de Pâques et de Noël, réunir ses vieux camarades d'école qui avaient mangé avec lui la maigre soupe du séminaire, et se réjouir d'être encore si vert et si gaillard après tant d'anniversaires célébrés ensemble.

Il fallait devenir ménager de ces bonnes bouteilles de vin vieux, toutes blanches de poussière, qu'il tenait sous le sable, au profond de sa cave, et qu'il réservait pour les grandes occasions ; celles-là bues, il n'y avait plus d'argent pour en acheter d'autres. Ce qui le chagrinait surtout, c'était de ne pouvoir continuer ses aumônes, et de mettre ses pauvres dehors avec un *Dieu vous garde!*

Ce n'était qu'à de rares intervalles qu'il descendait au jardin; il ne prenait plus aucun intérêt aux plantations de Pragmater, et l'on aurait marché sur les tournesols sans lui faire dire : *Ah!*

Le printemps vint. Ses fleurs avaient beau pencher la tête pour lui dire bonjour, il ne leur rendait pas leur salut, et la gaieté de la saison semblait même augmenter sa mélancolie.

Ses affaires ne s'arrangeant pas, il crut que sa présence serait nécessaire pour les vider entièrement.

Un voyage à *** était pour lui une entreprise aussi terrible que la découverte de l'Amérique : il le différa autant qu'il put; car il n'avait jamais quitté, depuis sa sortie du séminaire, son village, enfoui au milieu des bois comme un nid d'oiseau, et il lui en coûtait beaucoup pour se séparer de son presbytère aux murailles blanches, aux contrevents verts, où il avait si longtemps caché sa vie aux yeux méchants des hommes.

En partant, il remit entre les mains de Berthe une petite bourse assez plate pour subvenir aux besoins de la maison pendant son absence, et promit de revenir bientôt.

Il n'y avait là rien que de fort naturel sans doute ; pourtant nous étions profondément émus, et je ne sais pourquoi il me semblait que nous ne le reverrions plus, et que c'était pour la dernière fois qu'il nous parlait. Aussi, Maria et moi, nous l'accompagnâmes jusqu'au pied de la colline, trottant, de toutes nos forces, de chaque côté de son cheval, pour être plus longtemps avec lui.

— Assez, mes petits, nous dit-il; je ne veux pas que vous alliez plus loin, Berthe serait inquiète de vous.

Puis il nous hissa sur son étrier, nous appuya un baiser bien tendre sur les joues, et piqua des deux : nous le suivîmes de l'œil pendant quelques minutes.

Étant parvenu au haut de l'éminence, il retourna la tête pour voir encore une fois, avant qu'il s'enfonçât tout à fait sous l'horizon, le clocher de l'église paroissiale et le toit d'ardoise de sa petite maison.

Nous ayant aperçus à la même place, il nous fit un geste amical de la main, comme pour nous dire qu'il était content; puis il continua sa route.

Un angle du chemin l'eut bientôt dérobé à nos yeux.

Alors, un frisson me prit, et les pleurs tombèrent de mes yeux. Il me parut qu'on venait de fermer sur lui le couvercle de la bière, et d'y planter le dernier clou.

— Oh! mon Dieu! dit Maria avec un grand soupir, mon pauvre oncle! il était si bon!

Et elle tourna vers moi ses yeux purs nageant dans un fluide abondant et clair.

Une pie, perchée sur un arbre, au bord de la route, déploya, à notre aspect, ses ailes bigarrées, s'envola en poussant des cris discordants, et s'alla reposer sur un autre arbre.

— Je n'aime pas à entendre les pies, dit Maria, en se serrant contre moi, d'un air de doute et de crainte.

— Bah! répliquai-je, je vais lui jeter une pierre, il faudra bien qu'elle se taise, la vilaine bête.

Je quittai le bras de Maria, je ramassai un caillou, et je le jetai à la pie ; la pierre atteignit une branche au-dessus, dont elle écorcha l'écorce : l'oiseau sautilla, et continua ses criailleries moqueuses et enrouées.

— Ah! c'est trop fort! m'écriai-je ; tu me veux donc narguer ?

Et une seconde pierre se dirigea, en sifflant, vers l'oiseau ; mais j'avais mal visé, elle passa entre les premières feuilles et alla tomber, de l'autre côté, dans un champ de luzerne.

— Laisse-la tranquille, dit la petite en posant sa main délicate sur mon épaule, nous ne pouvons l'empêcher.

— Soit, répondis-je.

Et nous continuâmes notre chemin.

Le temps était gris terne, et, quoiqu'on fût au printemps, il soufflait une bise assez piquante; il y avait de la tristesse dans l'air comme aux derniers jours d'automne. Maria était pâle, une légère auréole bleuâtre cernait ses yeux languissants : elle avait l'air fatigué, et s'appuyait plus fortement que d'habitude; j'étais fier de la soutenir, et, quoique je fusse presque aussi las qu'elle, j'aurais marché encore deux heures.

Nous rentrâmes.

Le prieuré n'avait plus le même aspect : lui, naguère si gai, si vivant, il était silencieux et mort; l'âme de la maison était partie, ce n'était plus que le cadavre.

Pragmater, malgré son incrédulité, hochait soucieusement la tête. Berthe filait toujours, et Tom, assis en face d'elle, et agitant gravement sa queue, suivait les mouvements du rouet.

Je me serais mortellement ennuyé sans les promenades que nous allions faire, avec Maria, dans les grands bois, le long des champs, pour prendre des hannetons et des demoiselles.

V

Le grillon ne chantait que rarement, et nous n'entendions plus rien à son chant; nous en vînmes à croire que nous étions le jouet d'une illusion.

Cependant, un soir, nous nous retrouvâmes seuls dans la cuisine, assis tous deux sur la même chaise, comme au jour où il nous avait parlé. Le feu flambait à peine. Le grillon éleva la voix, et nous pûmes parfaitement comprendre ce qu'il disait : il se plaignait du froid. Pendant qu'il chantait, le feu s'était éteint presque tout à fait.

Maria, touchée de la plainte du grillon, s'agenouilla, et se mit à souffler avec sa bouche; le soufflet était accroché à un clou, hors de notre portée.

C'était un plaisir de la voir, les joues gonflées, illuminées des reflets de la flamme, tout le reste du corps était plongé dans l'ombre : elle ressemblait à ces têtes de chérubin, cravatées d'une paire d'ailes, que l'on voit dans les tableaux d'église, dansant en rond autour des gloires mystiques de la Vierge et des saints.

Au bout de quelques minutes, moyennant une poignée de branches sèches que j'y jetai, l'âtre se trouva vivement éclairé, et nous pûmes voir, sur le bord de son trou, notre ami le grillon tendant ses pattes de devant au feu, comme deux petites mains, et ayant l'air de prendre un singulier plaisir à se chauffer; ses yeux, gros comme une tête d'épingle, rayonnaient de satisfaction; il chantait avec une vivacité surprenante, et sur un air très-gai, des paroles sans suite que je n'entendais pas bien, et que je n'ai pas retenues.

Quelques mois se passèrent, pas plus de nouvelles de mon oncle que s'il était mort!

Un soir, Pragmater, ne sachant à quoi tuer le temps, monta dans la bibliothèque pour prendre un livre; quand il ouvrit la porte, un violent courant d'air éteignit sa chandelle; mais, comme il faisait clair de lune, et qu'il connaissait les êtres de la maison, il ne jugea pas à propos de redescendre chercher de la lumière.

Il alla du côté où il savait qu'était placée la bibliothèque. La porte se ferma violemment, comme si quelqu'un l'eût poussée. Un rayon de lune, plus vif et plus chatoyant, traversa les vitres jaunes de la fenê re.

A sa grande stupéfaction, Pragmater vit descendre sur ce filet de lumière, comme un acrobate sur une corde tendue, un fantôme d'une espèce singulière : c'était le fantôme de mon oncle, c'est-à-dire le fantôme de ses habits; car lui-même était absent : son habit tombait à longs plis, et, au bout des manches vides, une paire de gants moulait ses mains; une perruque tenait la place de sa tête, et à l'endroit des yeux scintillait, comme des vers phosphoriques, une énorme paire de besicles. Cet étrange personnage entra droit dans la chambre, et se dirigea droit à la bibliothèque; on eût dit que les semelles de ses souliers étaient doublées de velours, car il glissait sur les dalles sans que le moindre craquement, le son le plus fugitif pût faire croire qu'il les eût effleurées.

Après avoir touché et déplacé quelques volumes, il enleva de sa planche le Saint Augustin (Elzévir) et le porta sur la table; puis il s'assit dans le grand fauteuil à ramages, éleva un de ses gants à la hauteur où son menton aurait dû être, ouvrit le livre à un passage marqué par un signet de faveur bleue, comme quelqu'un que l'on aurait interrompu, et se prit à lire en tournant les feuillets avec vivacité.

La lune se cacha; Pragmater crut qu'il ne pourrait point continuer. Mais les verres de ses lunettes, semblables aux yeux des chats et des hiboux, étaient lumineux par eux-mêmes, et reluisaient dans l'ombre comme des escarboucles. Il en partait des lueurs jaunes qui éclairaient les pages du livre, aussi bien qu'une bougie l'eût pu faire. L'activité qu'il mettait à sa lecture était telle, qu'il tira de sa poche un mouchoir blanc, qu'il passa à plusieurs reprises sur la place vide qui représentait son front, comme s'il eût sué à grosses gouttes...

L'horloge sonna successivement, avec sa voix fêlée, dix heures, onze heures, minuit... Au dernier coup de minuit, le fantôme se leva, remit le précieux bouquin à sa place.

Le ciel était gris, les nues, échevelées, couraient rapidement de l'est à l'ouest; la lune remontra sa face blanche par une déchirure, un rayon parti de ses yeux bleus plongea dans la chambre. Le mystérieux lecteur monta dessus en s'appuyant sur sa canne, et sortit de la même manière qu'il était entré.

Abasourdi de tant de prodiges, mourant de peur, claquant des dents, ses genoux cagneux se heurtant en rendant un son sec comme une crécelle, le digne maître d'école ne put se tenir plus longtemps sur ses pieds : un frisson de fièvre le prit aux cheveux, et il tomba tout de son long à la renverse. Berthe, ayant entendu la chute, accourut tout effrayée; elle le trouva gisant sur le carreau, sans connaissance, sa main étreignant la chandelle éteinte.

Pragmater, malgré ses idées voltairiennes, eut beaucoup de peine à s'expliquer la vision étrange qu'il venait d'avoir; sa physionomie en était toute troublée. Cependant le doute ne lui était pas permis, il était lui-même son propre garant, il n'y avait pas de supercherie possible; aussi tomba-t-il dans une profonde rêverie, et restait-il des heures entières sur sa chaise, dans l'attitude d'un homme singulièrement perplexe.

Vainement Tom, le brave matou, venait-il frotter sa moustache contre sa main pendante, et Berthe lui demandait-elle, du ton le plus engageant :

— Pragmater, croyez-vous que la vendange sera bonne?

VI

On n'avait aucune nouvelle de mon oncle.

Un matin Pragmater le vit raser, comme un oiseau, le sable de l'allée du jardin, sur le bord de laquelle ses soleils favoris penchaient mélancoliquement leurs disques d'or pleins de graines noires; avec sa main d'ombre, ou son ombre de main, il essayait de relever une des fleurs que le vent avait courbée, et tâchait de réparer de son mieux la négligence des vivants.

Le ciel était clair, un gai rayon d'automne illuminait le jardin; deux ou trois pigeons, posés sur le toit, se toilettaient au soleil; une bise nonchalante jouait avec quelques feuilles jaunes, et deux ou trois plumes blanches, tombées de l'aile des colombes, tournoyaient mollement dans la tiède atmosphère. Ce n'était guère la mise en scène d'une apparition, et un fantôme un peu adroit ne se serait pas montré dans un lieu si positif et à une heure aussi peu fantastique.

Une plate-bande de soleils, un carré de choux, des oignons montés, du persil et de l'oseille, à onze heures du matin, rien n'est moins allemand.

Jacobus Pragmater fut convaincu, cette fois, qu'il n'y avait pas moyen de mettre l'apparition sur le dos d'un effet de lune et d'un jeu de lumière.

Il entra dans la cuisine, tout pâle et tout tremblant, et raconta à Berthe ce qui venait de lui arriver.

— Notre bon maître est mort, dit Berthe en sanglotant : mettons-nous à genoux, et prions pour le repos de son âme!

Nous récitâmes ensemble les prières funèbres. Tom, inquiet, rôdait autour de notre groupe, en nous jetant avec ses prunelles vertes des regards intelligents et presque surhumains ; il semblait nous demander le secret de notre douleur subite, et poussait, pour attirer l'attention sur lui, de petits miaulements plaintifs et suppliants.

— Hélas! pauvre Tom, dit Berthe en lui flattant le dos de la main, tu ne te chaufferas plus, l'hiver, sur le genou de monsieur, dans la belle chambre rouge, et tu ne mangeras plus les têtes de poisson sur le coin de son assiette!

Le grillon ne chantait que bien rarement. La maison semblait morte, le jour avait des teintes blafardes, et ne pénétrait qu'avec peine les vitres jaunes, la poussière s'entassait dans les chambres inoccupées, les araignées jetaient sans façon leur toile d'un angle à l'autre, et provoquaient inutilement le plumeau; l'ardoise du toit, autrefois d'un bleu si vif et si gai, prenait des teintes plombées, les murailles verdissaient comme des cadavres, les volets se déjetaient, les portes ne joignaient plus; la cendre grise de l'abandon descendait fine et tamisée sur tout cet intérieur naguère si riant et d'une si curieuse propreté.

La saison avançait; les collines frileuses avaient déjà sur leurs épaules les rousses fourrures de l'automne, de larges bancs de brouillard montaient du fond de la vallée, et la bruine rayait de ses grêles hachures un ciel couleur de plomb.

Il fallait rester des journées entières à la maison, car les prairies mouillées, les chemins défoncés ne nous permettaient plus que rarement le plaisir de la promenade.

Maria dépérissait à vue d'œil, et devenait d'une beauté étrange; ses yeux s'agrandissaient et s'illuminaient de l'aurore de la vie céleste; le ciel prochain y rayonnait déjà. Ils roulaient moelleusement sur leurs longues paupières comme deux globes d'argent bruni, avec des langueurs de clair de lune et des rayons d'un bleu velouté que nul peintre ne saurait rendre : les couleurs de ses joues, concentrées sur le haut des pommettes en petit nuage rose, ajoutaient encore à l'éclat divin de ces yeux surnaturels où se concentrait une vie près de s'envoler; les anges du ciel semblaient regarder la terre par ces yeux-là.

A l'exception de ces deux taches vermeilles, elle était pâle comme de la cire vierge; ses tempes et ses mains transparentes laissaient voir un délicat lacis de veines azurées; ses lèvres décolorées s'exfoliaient en petites pellicules lamelleuses : elle était poitrinaire.

Comme j'avais l'âge d'entrer au collége, mes parents me firent revenir à la ville, d'autant plus qu'ils avaient appris la mort de mon oncle, qui avait fait une chute de cheval dans un chemin difficile, et s'était fendu la tête.

Un testament trouvé dans sa poche instituait Berthe et Pragmater ses uniques héritiers, à l'exception de sa bibliothèque, qui devait me revenir, et d'une bague en diamants de sa mère, destinée à Maria.

Mes adieux à Maria furent des plus tristes; nous sentions que nous ne nous reverrions plus. Elle m'embrassa sur le seuil de la porte, et me dit à l'oreille :

— C'est ce vilain Pragmater qui est cause de tout; il a voulu tuer le grillon. Nous nous reverrons chez le bon Dieu. Voilà une petite croix en perles de couleur que j'ai faite pour toi; garde-la toujours.

Un mois après, Maria s'éteignit. Le grillon ne chanta plus à dater de ce jour-là : l'âme de la maison s'en était allée. Berthe et Pragmater ne lui survécurent pas longtemps; Tom mourut, bientôt après, de langueur et d'ennui.

J'ai toujours la croix de perles de Maria. Par une délicatesse charmante dont je ne me suis aperçu que plus tard, elle avait mis quelques-uns de ses beaux cheveux blonds pour enfiler les grains de verre qui la composent; chaste amour enfantin si pur, qu'il pouvait confier son secret à une croix!

VII

Ces scènes de ma première enfance m'ont fait une impression qui ne s'est pas effacée; j'ai encore au plus haut degré le sentiment du foyer et des voluptés domestiques.

Comme celle du grillon, ma vie s'est écoulée, près de l'âtre, à regarder les tisons flamber. Mon ciel a été le manteau de la cheminée; mon horizon, la plaque noire de suie et blanche de fumée; un espace de quatre pieds où il faisait moins froid qu'ailleurs, mon univers.

J'ai passé de longues années avec la pelle et la pincette; leurs têtes de cuivre ont acquis sous mes mains un éclat pareil à celui de l'or, si bien que j'en suis venu à les considérer comme une partie intégrante de mon être. La pomme de mes chenets a été usée par mes pieds, et la semelle de mes pantoufles s'est couverte d'un vernis métallique dans ses fréquents rapports avec elle. Tous les effets de lumière, tous les jeux de la flamme, je les sais par cœur; tous les édifices fantastiques que produit l'écroulement d'une bûche ou le déplacement d'un tison, je pourrais les dessiner sans les voir.

Je ne suis jamais sorti de ce microcosme.

Aussi, je suis de première force pour tout ce qui regarde l'intérieur de la cheminée; aucun poëte, aucun peintre n'est capable d'en tracer un tableau plus exact et plus complet. J'ai pénétré tout ce que le foyer a d'intime et de mystérieux, je puis le dire sans orgueil, car c'est l'étude de toute mon existence.

Pour cela, je suis resté étranger aux passions de l'homme, je n'ai vu du monde que ce qu'on en pouvait voir par la fenêtre. Je me suis replié en moi; cependant j'ai vécu heureux, sans regret d'hier, sans désir de demain. Mes heures tombent une à une dans l'éternité, comme des plumes d'oiseau au fond d'un puits, doucement, doucement; et si l'horloge de bois, placée à l'angle de la muraille, ne m'avertissait de leur chute avec sa voix criarde et éraillée comme celle d'une vieille femme, certes je ne m'en apercevrais pas.

Quelquefois seulement, au mois de juin, par un de ces jours chauds et clairs où le ciel est bleu comme la prunelle d'une Anglaise, où le soleil caresse d'un baiser d'or les façades sales et noires des maisons de la ville; lorsque chacun se retire au plus profond de son appartement, abat ses jalousies, ferme ses rideaux, et reste étendu sur sa molle ottomane, le front perlé de gouttes de sueur, je me hasarde à sortir.

Je m'en vais me promener, habillé comme à mon ordinaire, c'est-à-dire en drap, ganté, cravaté et boutonné jusqu'au cou.

Je prends alors dans la rue le côté où il n'y a pas d'ombre, et je marche les mains dans mes poches, le chapeau sur l'oreille et penché comme la tour de Pise, les yeux à demi fermés, mes lèvres comprimant avec force une cigarette dont la blonde fumée se roule, autour de ma tête, en manière de turban ; tout droit devant moi, sans savoir où ; insoucieux de l'heure ou de toute autre pensée que celle du présent; dans un état parfait de quiétude morale et physique.

Ainsi je vais... vivant pour vivre, ni plus ni moins qu'un dogue qui se vautre dans la poussière, ou que ce bambin qui fait des ronds sur le sable.

Lorsque mes pieds m'ont porté longtemps, et que je suis las, alors je m'assois au bord du chemin, le dos appuyé contre un tronc d'arbre, et je laisse flotter mes regards à droite, à gauche, tantôt au ciel, tantôt sur la terre.

Je demeure là des demi-journées, ne faisant aucun mouvement, les jambes croisées, les bras pendants, le menton dans la poitrine, ayant l'air d'une idole chinoise ou indienne, oubliée dans le chemin par un bonze ou un bramine.

Pourtant, n'allez pas croire que le temps ainsi passé soit du temps perdu. Cette mort apparente est ma vie.

Cette solitude et cette inaction, insupportables pour tout autre, sont pour moi une source de voluptés indéfinissables.

Mon âme ne s'éparpille pas au dehors, mes idées ne s'en vont pas à l'aventure parmi les choses du monde, sautant d'un objet à un autre; toute ma puissance d'animation, toute ma force intellectuelle se concentrent en moi; je fais des vers, excellente occupation d'oisif, ou je pense à la petite Maria, qui avait des taches roses sur les joues.

1859.

LE

GARDE NATIONAL RÉFRACTAIRE

Le garde national réfractaire est un homme de bon sens, cosmopolite par goût, qui se soucie peu d'être national, et encore moins garde; il aime mieux être réfractaire.

Les baïonnettes intelligentes le séduisent médiocrement; car il trouve qu'il ne faut pas une grande intelligence pour planter un morceau de fer dans le ventre de n'importe qui.

Le soldat citoyen lui paraît une invention assez pauvre; c'est bien assez d'être l'un sans être l'autre.

L'épicier enté sur le Tamerlan, ou, si vous aimez mieux, le Tamerlan enté sur l'épicier n'a pas le don de le ravir.

Le réfractaire allègue que c'est une mauvaise manière de garder sa maison que de s'en aller dans un quartier fort éloigné, pour donner toute facilité aux amants et aux voleurs, en faveur de qui la milice urbaine a été certainement inventée; il dit aussi que ce n'est pas la peine de payer quatre cent mille fainéants, qui n'ont d'autre occupation que de regarder sur les boulevards les confrères de Bilboquet, et de courtiser les bonnes d'enfants dans les jardins publics, si l'on doit faire leur besogne soi-même.

Il prétend que jamais on ne lui a envoyé de tourlourous pour écrire son feuilleton, et qu'alors il ne doit pas faire la faction des susdits tourlourous.

Nous ne voyons pas trop ce que l'on pourrait répondre à ce raisonnement.

Un autre motif qu'il donne, et qui est assez plausible, c'est que, s'il avait les trois cents francs qu'il faut pour s'équiper, il s'empresserait d'acheter un habit noir pour remplacer le sien, dont les coutures blanchissent, dont les boutons s'éraillent. Il se procurerait des bottes sérieuses, car les siennes rient aux éclats, et *rien n'est plus sot qu'un sot rire*, s'il faut en croire le proverbe grec; il commanderait aussi un pantalon à son tailleur, afin de restaurer un peu son élégance, qui périclite visiblement.

Ensuite, il lui répugne de paraître déguisé dans les rues en dehors des jours de carnaval, surtout quand le déguisement consiste en un bonnet de sauvage, un habit indigo, relevé d'agréments sang de bœuf, écartelé de buffleteries badigeonnées au blanc d'Espagne, avec une giberne qui vous bat l'opposé du devant, un briquet et une baïonnette, gigantesques breloques placées à l'envers, qui vous tambourinent odieusement sur les mollets, ou sur les tibias, si vous n'avez pas de mollets.

Mais, hélas! tout n'est pas rose dans le métier de réfractaire; au contraire!

Autant vaudrait être caniche d'aveugle, femme galante, cheval de fiacre, servante de vieille fille, acteur à la banlieue, souffleur au Cirque-Olympique pendant les représentations de Carter, culotteur de pipes, retourneur d'invalides, promeneur de chiens convalescents, journaliste même, si la pudeur permet de s'exprimer ainsi!

Le voleur à la tire, le rinceur de cambriole, ceux qui font la grande soulasse sur les trimards, mènent une vie charmante en comparaison.

Le réfractaire qui avait pris son logement sous le nom d'une femme ou d'une personne partie pour Tombouctou, au risque de voir son prête-nom, femelle ou mâle, lui dérober son acajou, a été dénoncé par un ami de cœur qui mériterait de s'appeler Goulatromba, comme celui du bohème Zafari, dans la pièce de *Ruy Blas*, ou par son propriétaire, avec lequel il s'est querellé sous prétexte de terme à ne pas payer, ou de réparations à faire.

En vain il s'est intitulé madame Durand, mademoiselle Zinzoline, ou même madame Mitoufflet; en vain il a essayé d'entrer dans la peau des septuagénaires les plus notoires; en vain il a tâché de s'escamoter, de s'annihiler, de se supprimer, de se rayer du nombre des vivants, de devenir une ombre impalpable; le conseil de recensement a les yeux ouverts sur lui, il le connaît, sait son nom véritable, ses prénoms et son état. Rien n'a servi.

Pourtant ce malheureux ne recevait ses lettres que par une main tierce, quatre jours après les rendez-vous ou les invitations qu'elles indiquaient ; il lisait les journaux de la semaine passée ; il sortait avant le jour et ne rentrait qu'à la nuit tombante pour ne pas être connu dans son quartier, et ne pas faire naître à quelque droguiste, assis sur le pas de sa porte entre une caisse de pruneaux et un tonneau de jus de réglisse, cette idée sournoise et dangereuse :

— Mais ce monsieur n'est pas de notre compagnie?

Avant cette terrible dénonciation, le réfractaire n'existait qu'à l'état d'utopie, de rêve, de fiction, ou plutôt il n'existait pas, ce qui vaut bien mieux; il était parvenu à se faire un petit néant très-confortable, dans lequel il vivait comme un rat dans un fromage. Tout ce bonheur n'est plus ; il est constaté maintenant et prouvé aussi clairement qu'une règle d'arithmétique, il est forcé d'être lui-même.

A dater de ce jour, il tombe chez son portier, qui a beau prétendre ne pas le connaître, une neige de papiers plus ou moins incongrus (la comparaison serait plus juste si les papiers étaient propres), tels que billets de garde, citations au conseil de discipline, condamnations *en* vingt-quatre heures de prison, et autres balivernes en français civique.

Ces papiers alimentent pendant longtemps le cabinet intime du réfractaire, ou lui servent à allumer sa pipe quand il fume; il fume toujours. Les vingt-quatre heures se changent en quarante-huit heures. Les soixante-douze heures ne vont pas tarder à paraître.

Pour ne pas être pris, le réfractaire laisse pousser ses cheveux s'il les avait courts, les coupe s'il les avait longs; met un faux nez de cire vierge comme Edmond du Cirque-Olympique, quand il jouait l'empereur; se colle des favoris postiches et se grime en sexagénaire pour dérober son signalement aux mouchards, aux argousins et aux gardes municipaux.

Comme il sait que le renard est bientôt pris s'il n'a qu'un terrier, il en a cinq : trois à la ville et deux à la campagne; un cabriolet de régie stationne perpétuellement à la porte de derrière du logement qu'il habite ce jour-là; car, à l'exemple de Cromwell, il ne couche jamais deux fois dans la même chambre, et, comme les chats, ne dort jamais que d'un œil.

La nuit, il a des cauchemars affreux; la patte de crabe d'un mouchard lui serre la gorge et l'étouffe, il voit les spectres de Dubois, de Ripon, de Duminil, de Werther, déguisés en hommes et vêtus d'effroyables redingotes vertes; ils agitent de fulgurantes condamnations à soixante-douze heures, et ricanent affreusement en montrant leurs crocs et leurs défenses de sanglier. Des portes doublées de fer se referment sur lui ; il entend grincer des verrous, glapir des gonds mal graissés; des geôliers avec des bonnets de peau d'ours, comme ceux des mélodrames, traînent des paquets de chaînes et de ferrailles; il descend des escaliers, parcourt des corridors sans fin, dont les rougeâtres reflets éclairent la profondeur; ces corridors deviennent de plus en plus étroits, les murailles se rapprochent, les voûtes se baissent, les planchers s'élèvent; il se trouve pris dans un entonnoir de pierre, incapable de faire un mouvement, enchâssé comme une pomme dans un ruisseau gelé; après des efforts inouïs, il parvient à jeter de côté sa couverture et s'éveille.

O ciel! il est déjà quatre heures et demie, un pâle rayon du jour pénètre à travers les côtes des persiennes, toujours fermées pour faire croire à une absence; le soleil va se lever, et avec lui le garde municipal.

Le réfractaire se précipite à bas du lit, chausse à la hâte des bottes non cirées, un habit peu brossé, un pantalon crotté de la veille, et, sans s'être ni lavé, ni peigné, ni rasé, se glisse dans la rue en longeant les maisons, comme une hirondelle qui veut prendre des mouches.

La lueur bleue du matin lutte péniblement avec les jaunes clartés des réverbères qui grésillent dans le brouillard; la ville dort encore d'un profond sommeil; à peine si les laitières, entourées d'amphores de fer-blanc, commencent à déboucher au coin des rues avec leurs petites charrettes; il n'y a que les rogomistes dont les boutiques soient ouvertes; les vidangeurs y boivent le *blanc* du matin. Le réfractaire, malgré son goût pour les parfums, est bien forcé, transi de froid et las de battre l'antiffe (c'est le terme), d'entrer aussi chez le rogomiste, et, sous peine d'être assommé, il se voit obligé de trinquer avec ces messieurs.

Enfin, un cabriolet paraît! le réfractaire le hèle, et il part pour la cachette campagnarde; il n'a pas encore été pris! Werther arrive et trouve l'oiseau déniché.

Ordinairement, le réfractaire est un homme de construction athlétique, qui broierait d'un coup de poing l'Hercule de marbre des Tuileries; il a cinq pieds et demi de haut, six de tour, et porte cinquante livres à bras tendu; ce qui fait qu'il n'a pas besoin, pour se rassurer sur son aptitude physique, de jouer au militaire comme les petits bourgeois rachitiques et bossus, qui n'ont pas d'autre moyen de prouver à leur femme qu'ils sont très-forts et très-redoutables. Sa prétention est d'être malade; au besoin, il vous soutiendrait qu'il est mort et déjà *très-avancé*, sentez-le.

Il faut le voir devant le conseil de révision; il se fait apporter en brancard; quatre estafiers le soutiennent sous les bras; avant de partir, il a fait son testament; il va passer tout à l'heure, et retourner aux cieux, d'où il n'aurait pas dû descendre; il s'est fardé avec du bleu de billard et du karis à l'indienne; il a la fièvre jaune ou le choléra bleu de ciel, un choléra des plus asiatiques. Sauvez-vous, ces maladies sont contagieuses !

Le chirurgien de la légion, qui est le vrai médecin Tant-Mieux de la fable, et ne croit à aucune maladie, l'envoie se débarbouiller, et le déclare apte au service.

Le réfractaire, battu sur ce point, s'avoue timidement phthisique au troisième degré; sa vaste poitrine, où les soufflets d'une forge joueraient à l'aise, lui inspire cette prétention qui heureusement ne fut jamais plus mal fondée; la phthisie ne réussit pas mieux que le choléra-morbus, et la fièvre jaune. Alors, le réfractaire désespéré, acculé dans ses derniers retranchements, comme le sanglier de Calydon, prétend être atteint d'une endocardite très-perfectionnée.

L'endocardite est la dernière maladie inventée par les médecins à la mode; elle consiste dans un certain épaississement de la membrane interne du cœur, qui n'est pas des plus aisés à constater; les symptômes en sont très-agréables : vous n'aviez pas l'endocardite, vous étiez maigre, jaune, mal portant; dès que vous en êtes atteint, votre figure se remplit, se colore; vous avez l'œil d'un éclat admirable, l'embonpoint satine votre peau, vos bras se développent, vous devenez ce que les portières appellent un bel homme.

Le chirurgien, étonné d'une si belle maladie, déclare que l'endocardite existe en effet, mais que l'endocardite est plus propre que tout autre au service de la garde nationale.

Le réfractaire se retire après avoir grommelé quelque injure contre les membres du conseil de révision, qui sont de vénérables marchands de suif, d'augustes menuisiers, de magnanimes fabricants de bas de filoselle et de petits avocats chafouins, à l'œil vairon, au teint bilieux, qui débitent de grands réquisitoires et s'exercent à demander des têtes en mouchant la chandelle avec leurs doigts.

C'est alors que commence une effroyable persécution; l'orgueil des charcutiers, blessé au vif, se soulage par des poursuites furibondes. Jamais assassin, jamais voleur, jamais accusé politique ne fut traqué aussi rudement.

Lorsque ses terriers sont éventés, l'infortuné n'a d'autre ressource que d'avoir quelques bonnes fortunes. C'est là le plus triste : il déploie ses grâces les plus exquises; il est adorable, il est charmant, et fait si bien qu'on oublie de le renvoyer; voilà un gîte de plus.

Mais les municipaux connaissent les affaires de cœur : Werther paraît; mieux vaudrait l'amant ou le mari même, un pistolet dans chaque main.

— Monsieur, je viens pour vous arrêter.

— Ah! très-bien; déployez votre commissaire et son écharpe : je ne suis pas assez lié avec vous pour ne pas faire de cérémonie.

Werther n'a pas de commissaire sur lui, et va chercher le plus voisin.

Pendant qu'il essaye d'éveiller l'auguste fonctionnaire, le réfractaire, vêtu d'un simple pantalon, se jette dans une voiture et se sauve chez des parents qu'il a dans une banlieue quelconque; ses habits ne lui parviennent que deux jours après; pendant tout ce temps, il est resté roulé dans une couverture, l'habit de son parent étant beaucoup trop étroit pour lui.

Cette vive alerte le fait redoubler de surveillance; la consigne des portiers est plus sévère que jamais : il faut, pour parvenir jusqu'à lui, un mot d'ordre, une manière cabalistique de sonner; les gens les plus connus deviennent suspects au cerbère, qui ne laisse passer personne; votre père est renvoyé comme mouchard; votre meilleur ami, comme garde municipal.

Quelques jours après, le réfractaire reçoit des lettres dans ce genre :

« Mon chéri,

« Je suis venue l'autre jour pour te voir et passer une partie de la journée avec toi; nous aurions été dîner ensemble, et ensuite au spectacle; j'étais libre jusqu'à demain...; jusqu'à demain ! pleure de rage en y songeant.

« Mais ton portier n'a pas voulu me laisser monter : il a prétendu que tu n'y étais pas, et que, d'ailleurs, je devais être un gendarme déguisé.

« Que veut dire cette folie? Ah ! si tu me trompais, je saurais me venger.

« ALIDA. »

« Mon vieux,

« Ah çà! quel diable de portier as-tu donc?

« Hier, je suis venu pour te rapporter les cinq cents livres que je te devais, il m'a reçu comme plusieurs chiens dans un jeu de quilles : il m'a dit qu'on ne te connaissait pas dans la maison.

« J'ai vu qu'il me prenait pour un créancier, alors j'ai exhibé le bienheureux sac, et je lui ai montré que j'étais précisément le contraire d'un tailleur; mais il m'a répondu qu'il connaissait ces frimes-là, et qu'il était un vieux dur-à-cuire, ayant servi sous Napoléon.

« J'ai insisté, et j'ai vu le moment où il allait me casser son balai sur la tête.

« Maxime de Boisgontier. »

Ce n'est pas tout.

La tête du malheureux réfractaire est mise à prix. Le mouchard qui l'arrêtera aura une prime de vingt francs (cinq francs de moins que pour un loup, cinq de plus que pour un noyé), car il faut que le crime de lèse-épicerie soit puni.

M. Crapouillet a déclaré que, si le délinquant ne montait pas sa garde, il vendrait son uniforme et enverrait la garde nationale à tous les diables. M. Pitois, M. Jabulot et M. Gavet sont du même avis.

Des argousins font pied de grue à toutes ses

portes, de façon qu'il est prisonnier dans la rue, et ne peut plus rentrer dans aucun de ses domiciles.

Le réfractaire passe alors à l'état de vagabond : il se promène toute la journée sur les boulevards extérieurs, couche dans les fossés ou sur les arbres; il ne demeure plus, il perche. S'il avait toujours cinq sous, il représenterait le Juif errant au naturel; sa barbe longue ajoute à l'illusion, sa mine hâve, son manteau frangé de crotte ne la détruisent pas; aussi, les gendarmes qui passent lui trouvent l'air suspect et le soupçonnent fort d'être quelque galérien échappé du bagne.

L'inquiétude visible avec laquelle le réfractaire suit leurs mouvements ne leur laisse aucun doute, car le réfractaire est comme Bertrand, *il n'est pas maître de ça*. Ils fondent sur lui la pointe haute, en lui criant d'une voix plus éclatante que le clairon du jugement dernier :

— Brigand, rends-toi, ou tu es mort!

Il se rend.

— Tes papiers, tes passe-ports, ton livret, forçat libéré!

— Je n'ai ni passe-ports ni livret; je me promène.

— Ah! ah! est-ce qu'on se promène avec une figure comme ça? Tu fais semblant de te promener, mauvais républicain! Je suis sûr que tu es marqué. Qu'avons-nous fait? avons-nous tué notre mère ou forcé la caisse à papa? avons-nous fait suer le chêne et couler le raisiné?...

Et autres gentillesses de gendarme à forçat.

Le pauvre diable se défend de son mieux; il décline ses nom, prénoms, qualité.

— Suis-nous chez le brigadier, et marche droit, Papavoine, ou nous te mettrons les poucettes.

Il suit les deux gendarmes à cheval, allongeant le pas tant qu'il peut; il sait que le fort de la gendarmerie n'est pas le raisonnement.

Les gamins s'attroupent; les femmes se montrent sur le pas des portes avec leurs marmots au bras.

— A-t-il l'air féroce!

— Il doit avoir tué bien du monde. O le gueux! ô le scélérat!

— C'te balle! oh! c'te taule!

— J'espère bien qu'on lui coupera la tronche, à celui-là.

— Je parie que je l'attrape à la sorbonne avec un trognon de chou.

Le parieur gagne : le réfractaire, furieux, veut s'élancer sur le moutard pour lui appliquer une solide correction ; mais les gendarmes le retiennent.

Au bout d'une lieue, on arrive enfin chez le brigadier, qui trouve le cas grave et renvoie le prévenu devant le commissaire. Le commissaire demeure justement une lieue plus loin, et c'est encore un demi-myriamètre à faire au derrière d'un cheval : c'est agréable.

Heureusement, le commissaire est un homme de bon sens, ou à peu près; le prisonnier se réclame de personnes connues, et le commissaire le fait mettre en liberté, non sans lui avoir débité un petit discours paternel sur les hautes vertus de l'ordre de choses et l'excellence du gouvernement actuel, à qui rien n'échappe, et qui fait arrêter même les innocents, de peur de manquer les coupables.

Le réfractaire, parfaitement édifié, se retire, et, décidé à braver tout, rentre effrontément chez lui, où il vit dans le plus profond repos pendant une semaine; car les argousins ne peuvent se figurer qu'un homme qui a dix-huit jours de prison puisse ne pas être en fuite, et le cherchent dans les quartiers les plus éloignés.

Cependant, chaque coup de sonnette lui cause un soubresaut nerveux et le fait plonger dans une armoire, où il entre en trois morceaux.

A la fin, les argousins se ravisent et reviennent se mettre de planton à sa porte.

Un beau matin, en sortant de chez lui, il sent la patte d'un garde municipal lui tomber sur le collet comme une massue; il entend tonner à son oreille cette phrase formidable :

— Au nom du roi et de la loi, je vous arrête !

Quatre argousins, munis de gourdins monstrueux, se tiennent à distance; la résistance est impossible; le commissaire est là, tout auprès dans un fiacre, avec son écharpe et sa commission, rien n'y manque.

Le réfractaire est pris. Il a fallu pour cela un an de poursuites, et cinq mouchards qui auraient beaucoup mieux fait d'appliquer leur intelligence à prendre des voleurs et des assassins.

Cette résistance a coûté au réfractaire :

Deux cents heures de cabriolet, ci 400 francs, sans compter les pourboires; deux logements à la campagne de 300 francs chacun, ci 600 francs; trois appartements en ville, ensemble 2,000 francs; pourboires donnés à la contre-police du réfractaire, 100 francs; la perte d'un ami qui devait 500 francs, ci 500 francs; la perte de mademoiselle Alida, qui ne peut s'évaluer que moralement; la perte de cent journées de travail, valant 2,000 francs au moins; achats de faux nez, moustaches et favoris postiches et autres déguisements, 150 francs; affaires manquées, billets protestés pendant des absences, 1,000 francs. Total : 6,750 francs.

Sans compter les rhumes de cerveau, les fluxions et autres incommodités attrapées dans les fuites nocturnes et matinales, et les brusques passages d'un lieu chaud dans un lieu froid.

Pendant un an, le réfractaire a connu les angoisses des voleurs et mené la vie errante des proscrits, la plus atroce vie que l'on puisse imaginer; le tout pour aboutir à ce Spielberg du quai d'Austerlitz, que l'on nomme Maison d'arrêt de la Garde Nationale, et plus familièrement, Bazancourt, ou l'Hôtel des Haricots.

Peintres, artistes, sachez-lui gré de ce magnifique entêtement à ne pas porter un costume ridicule de forme, et dont les couleurs sont d'une fausseté révoltante; car c'est pour cela même qu'il ne veut pas être garde national.

1839.

DEUX ACTEURS POUR UN ROLE

CONTE

I

UN RENDEZ-VOUS AU JARDIN IMPÉRIAL

On touchait aux derniers jours de novembre : le Jardin impérial de Vienne était désert, une bise aiguë faisait tourbillonner les feuilles couleur de safran et grillées par les premiers froids ; les rosiers des parterres, tourmentés et rompus par le vent, laissaient traîner leurs branchages dans la boue. Cependant la grande allée, grâce au sable qui la recouvre, était sèche et praticable. Quoique dévasté par les approches de l'hiver, le Jardin impérial ne manquait pas d'un certain charme mélancolique. La longue allée prolongeait fort loin ses arcades rousses, laissant deviner confusément à son extrémité un horizon de collines déjà noyées dans les vapeurs bleuâtres et le brouillard du soir; au delà, la vue s'étendait sur le Prater et le Danube : c'était une promenade faite à souhait pour un poëte.

Un jeune homme arpentait cette allée avec des signes visibles d'impatience; son costume, d'une élégance un peu théâtrale, consistait en une redingote de velours noir à brandebourgs d'or bordée de fourrure, un pantalon de tricot gris, des bottes molles à glands montant jusqu'à mi-jambes. Il pouvait avoir de vingt-sept à vingt-huit ans; ses traits pâles et réguliers étaient pleins de finesse, et l'ironie se blottissait dans les plis de ses yeux et les coins de sa bouche; à l'Université, dont il paraissait récemment sorti, car il portait encore la casquette à feuilles de chêne des étudiants, il devait avoir donné beaucoup de fil à retordre aux *philistins* et brillé au premier rang des *burschen* et des *renards*.

Le très-court espace dans lequel il circonscrivait sa promenade montrait qu'il attendait quelqu'un ou plutôt quelqu'une, car le Jardin impérial de Vienne, au mois de novembre, n'est guère propice aux rendez-vous d'affaires.

En effet, une jeune fille ne tarda pas à paraître au bout de l'allée : une coiffe de soie noire couvrait ses riches cheveux blonds, dont l'humidité du soir avait légèrement défrisé les longues boucles; son teint, ordinairement d'une blancheur de cire vierge, avait pris sous les morsures du froid des nuances de roses de Bengale. Groupée et pelotonnée comme elle était dans sa mante garnie de martre, elle ressemblait à ravir à la statuette de *la Frileuse*; un barbet noir l'accompagnait, chaperon commode, sur l'indulgence et la discrétion duquel on pouvait compter.

— Figurez-vous, Henrich, dit la jolie Viennoise en prenant le bras du jeune homme, qu'il y a plus d'une heure que je suis habillée et prête à sortir, et ma tante n'en finissait pas avec ses sermons sur les dangers de la valse, et les recettes pour les gâteaux de Noël et les carpes au bleu. Je suis sortie sous le prétexte d'acheter des brodequins gris dont je n'ai nul besoin. C'est pourtant pour vous, Henrich, que je fais tous ces petits mensonges dont je me repens et que je recommence toujours; aussi quelle idée avez-vous eue de vous livrer au théâtre; c'était bien la peine d'étudier si longtemps la théologie à Heidelberg! Mes parents vous aimaient et nous serions mariés aujourd'hui. Au lieu de nous voir à la dérobée sous les arbres chauves du Jardin impérial, nous serions assis côte à côte près d'un beau poêle de Saxe, dans un parloir bien clos, causant de l'avenir de nos enfants : ne serait-ce pas, Henrich, un sort bien heureux?

— Oui, Katy, bien heureux, répondit le jeune homme en pressant sous le satin et les fourrures le bras potelé de la jolie Viennoise; mais, que veux-tu! c'est un ascendant invincible; le théâtre m'attire; j'en rêve le jour, j'y pense la nuit; je sens le désir de vivre dans la création des poëtes, il me semble que j'ai vingt existences. Chaque rôle que je joue me fait une vie nouvelle; toutes ces passions que j'exprime, je les éprouve ; je suis Hamlet, Othello, Charles Moor : quand on est tout cela, on ne peut que difficilement se résigner à l'humble condition de pasteur de village.

—C'est fort beau ; mais vous savez bien que mes parents ne voudront jamais d'un comédien pour gendre.

— Non, certes, d'un comédien obscur, pauvre artiste ambulant, jouet des directeurs et du public ; mais d'un grand comédien couvert de gloire et d'applaudissements, plus payé qu'un ministre, si difficiles qu'ils soient, ils en voudront bien. Quand je viendrai vous demander dans une belle calèche jaune dont le vernis pourra servir de miroir aux voisins étonnés et qu'un grand laquais galonné m'abattra le marchepied, croyez-vous, Katy, qu'ils me refuseront?

— Je ne le crois pas... Mais qui dit, Henrich, que vous en arriverez jamais là?... Vous avez du talent ; mais le talent ne suffit pas, il faut encore beaucoup de bonheur. Quand vous serez ce grand comédien dont vous parlez, le plus beau temps de notre jeunesse sera passé, et alors voudrez-vous toujours épouser la vieille Katy, ayant à votre disposition les amours de toutes ces princesses de théâtre si joyeuses et si parées ?

— Cet avenir, répondit Henrich, est plus prochain que vous ne croyez ; j'ai un engagement avantageux au théâtre de la Porte de Carinthie, et le directeur a été si content de la manière dont je me suis acquitté de mon dernier rôle, qu'il m'a accordé une gratification de deux mille thalers.

— Oui, reprit la jeune fille d'un air sérieux, ce rôle de démon dans la pièce nouvelle ; je vous avoue, Henrich, que je n'aime pas voir un chrétien prendre le masque de l'ennemi du genre humain et prononcer des paroles blasphématoires. L'autre jour, j'allai vous voir au théâtre de Carinthie, et à chaque instant je craignais qu'un véritable feu d'enfer ne sortît des trappes où vous vous engloutissiez dans un tourbillon d'esprit-de-vin. Je suis revenue chez moi toute troublée et j'ai fait des rêves affreux.

— Chimères que tout cela, ma bonne Katy ; et d'ailleurs, c'est demain la dernière représentation, et je ne mettrai plus le costume noir et rouge qui te déplait tant.

— Tant mieux ! car je ne sais quelles vagues inquiétudes me travaillent l'esprit, et j'ai bien peur que ce rôle, profitable à votre gloire, ne le soit pas à votre salut ; j'ai peur aussi que vous ne preniez de mauvaises mœurs avec ces damnés comédiens. Je suis sûre que vous ne dites plus vos prières, et la petite croix que je vous avais donnée, je parierais que vous l'avez perdue.

Henrich se justifia en écartant les revers de son habit ; la petite croix brillait toujours sur sa poitrine.

Tout en devisant ainsi, les deux amants étaient parvenus à la rue du Thabor dans la Léopoldstadt, devant la boutique du cordonnier renommé pour la perfection de ses brodequins gris ; après avoir causé quelques instants sur le seuil, Katy entra suivie de son barbet noir, non sans avoir livré ses jolis doigts effilés au serrement de main d'Henrich.

Henrich tâcha de saisir encore quelques aspects de sa maîtresse, à travers les souliers mignons et les gentils brodequins symétriquement rangés sur les tringles de cuivre de la devanture; mais le brouillard avait étamé les carreaux de sa moite haleine, et il ne put démêler qu'une silhouette confuse; alors, prenant une héroïque résolution, il pirouetta sur ses talons et s'en alla d'un pas délibéré au gasthof de l'*Aigle à deux têtes*.

II

LE GASTHOF DE L'AIGLE A DEUX TÊTES

Il y avait ce soir-là compagnie nombreuse au gasthof de l'*Aigle à deux têtes;* la société était la plus mélangée du monde, et le caprice de Callot et celui de Goya, réunis, n'auraient pu produire un plus bizarre amalgame de types caractéristiques. L'*Aigle à deux têtes* était une de ces bienheureuses caves célébrées par Hoffmann, dont les marches sont si usées, si onctueuses et si glissantes, qu'on ne peut poser le pied sur la première sans se trouver tout de suite au fond, les coudes sur la table, la pipe à la bouche, entre un pot de bière et une mesure de vin nouveau.

A travers l'épais nuage de fumée qui vous prenait d'abord à la gorge et aux yeux, se dessinaient, au bout de quelques minutes, toute sorte de figures étranges.

C'étaient des Valaques avec leur cafetan et leur bonnet de peau d'Astrakan, des Serbes, des Hongrois aux longues moustaches noires, caparaçonnés de dolmans et de passementeries; des Bohêmes au teint cuivré, au front étroit, au profil busqué; d'honnêtes Allemands en redingote à brandebourgs, des Tatars aux yeux retroussés à la chinoise; toutes les populations imaginables. L'Orient y était représenté par un gros Turc accroupi dans un coin, qui fumait paisiblement du latakié dans une pipe à tuyau de cerisier de Moldavie, avec un fourneau de terre rouge et un bout d'ambre jaune.

Tout ce monde, accoudé à des tables, mangeait et buvait : la boisson se composait de bière forte et d'un mélange de vin rouge nouveau avec du vin blanc plus ancien; la nourriture, de tranches de veau froid, de jambon ou de pâtisseries.

Autour des tables tourbillonnait sans repos une de ces longues valses allemandes qui produisent sur les imaginations septentrionales le même effet que le hatchich et l'opium sur les Orientaux; les couples passaient et repassaient avec rapidité; les femmes, presque évanouies de plaisir sur le bras de leur danseur, au bruit d'une valse de Lanner, balayaient de leurs jupes les nuages de fumée de pipe et rafraîchissaient le visage des buveurs. Au comptoir, des improvisateurs morlaques, accompagnés d'un joueur de guzla, récitaient une espèce de complainte dramatique qui paraissait divertir beaucoup une douzaine de figures étranges, coiffées de tarbouchs et vêtues de peau de mouton.

Henrich se dirigea vers le fond de la cave et alla prendre place à une table où étaient déjà assis trois ou quatre personnages de joyeuse mine et de belle humeur.

— Tiens, c'est Henrich! s'écria le plus âgé de la bande; prenez garde à vous, mes amis : *fœnum habet in cornu.* Sais-tu que tu avais vraiment l'air diabolique l'autre soir : tu me faisais presque peur. Et comment s'imaginer qu'Henrich, qui boit de la bière comme nous et ne recule pas devant une tranche de jambon froid, vous prenne des airs si venimeux, si méchants et si sardoniques, et qu'il lui suffise d'un geste pour faire courir le frisson dans toute la salle?

— Eh! pardieu! c'est pour cela qu'Henrich est un grand artiste, un sublime comédien. Il n'y a pas de gloire à représenter un rôle qui serait dans votre caractère; le triomphe, pour une coquette, est de jouer supérieurement les ingénues.

Henrich s'assit modestement, se fit servir un grand verre de vin mélangé, et la conversation continua sur le même sujet. Ce n'était de toutes parts qu'admiration et compliments.

— Ah! si le grand Wolfgang de Gœthe t'avait vu! disait l'un.

— Montre-nous tes pieds, disait l'autre : je suis sûr que tu as l'ergot fourchu.

Les autres buveurs, attirés par ces exclamations, regardaient sérieusement Henrich, tout heureux d'avoir l'occasion d'examiner de près un homme si remarquable. Les jeunes gens qui avaient autrefois connu Henrich à l'Université, et dont ils savaient à peine le nom, s'approchaient de lui en lui serrant la main cordialement, comme s'ils eussent été ses intimes amis. Les plus jolies valseuses lui décochaient en passant le plus tendre regard de leurs yeux bleus et veloutés.

Seul, un homme assis à la table voisine ne paraissait pas prendre part à l'enthousiasme général; la tête renversée en arrière, il tambourinait distraitement, avec ses doigts, sur le fond de son chapeau, une marche militaire, et, de temps en temps, il poussait une espèce de *humph!* singulièrement dubitatif.

L'aspect de cet homme était des plus bizarres, quoiqu'il fût mis comme un honnête bourgeois de Vienne, jouissant d'une fortune raisonnable; ses yeux gris se nuançaient de teintes vertes et lançaient des lueurs phosphoriques comme celles des chats. Quand ses lèvres pâles et plates se desserraient, elles laissaient voir deux rangées de dents très-blanches, très-aiguës et très-séparées, de l'aspect le plus cannibale et le plus féroce; ses ongles longs, luisants et recourbés, prenaient de vagues apparences de griffes; mais cette physionomie n'apparaissait que par éclairs rapides; sous l'œil qui le regardait fixement, sa figure reprenait bien vite l'apparence bourgeoise et débonnaire d'un marchand viennois retiré du commerce, et l'on s'étonnait d'avoir pu soupçonner de scélératesse et de diablerie une face si vulgaire et si triviale.

Intérieurement Henrich était choqué de la nonchalance de cet homme; ce silence si dédaigneux ôtait de leur valeur aux éloges dont ses bruyants compagnons l'accablaient. Ce silence était celui d'un vieux connaisseur exercé, qui ne se laisse pas prendre aux apparences et qui a vu mieux que cela dans son temps.

Atmayer, le plus jeune de la troupe, le plus chaud enthousiaste d'Henrich, ne put supporter cette mine froide, et, s'adressant à l'homme singulier, comme le prenant à témoin d'une assertion qu'il avançait :

— N'est-ce pas, monsieur, qu'aucun acteur n'a mieux joué le rôle de Méphistophélès que mon camarade que voilà?

— Humph! dit l'inconnu en faisant miroiter ses prunelles glauques et craquer ses dents aiguës, M. Henrich est un garçon de talent et que j'estime fort; mais, pour jouer le rôle du diable, il lui manque encore bien des choses.

Et, se dressant tout à coup :

— Avez-vous jamais vu le diable, monsieur Henrich?

Il fit cette question d'un ton si bizarre et si moqueur, que tous les assistants se sentirent passer un frisson dans le dos.

— Cela serait pourtant bien nécessaire pour la vérité de votre jeu. L'autre soir, j'étais au théâtre de la Porte de Carinthie, et je n'ai pas été satisfait de votre rire; c'était un rire d'espiègle, tout au plus. Voici comme il faudrait rire, mon cher petit monsieur Henrich.

Et là-dessus, comme pour lui donner l'exemple, il lâcha un éclat de rire si aigu, si strident, si sardonique, que l'orchestre et les valses s'arrêtèrent à l'instant même; les vitres du gasthof tremblèrent. L'inconnu continua pendant quelques minutes ce rire impitoyable et convulsif qu'Henrich et ses compagnons, malgré leur frayeur, ne pouvaient s'empêcher d'imiter.

Quand Henrich reprit haleine, les voûtes du gasthof répétaient, comme un écho affaibli, les dernières notes de ce ricanement grêle et terrible, et l'inconnu n'était plus là.

III

LE THÉATRE DE LA PORTE DE CARINTHIE

Quelques jours après cet incident bizarre, qu'il avait presque oublié et dont il ne se souvenait plus que comme de la plaisanterie d'un bourgeois ironique, Henrich jouait son rôle de démon dans la pièce nouvelle.

Sur la première banquette de l'orchestre était assis l'inconnu du gasthof, et, à chaque mot prononcé par Henrich, il hochait la tête, clignait les yeux, faisait claquer sa langue contre son palais et donnait les signes de la plus vive impatience : « Mauvais ! mauvais ! » murmurait-il à demi-voix.

Ses voisins, étonnés et choqués de ses manières, applaudissaient et disaient :

— Voilà un monsieur bien difficile !

A la fin du premier acte, l'inconnu se leva, comme ayant pris une résolution subite, enjamba les timbales, la grosse caisse et le tamtam, et disparut par la petite porte qui conduit de l'orchestre au théâtre.

Henrich, en attendant le lever du rideau, se promenait dans la coulisse, et, arrivé au bout de sa courte promenade, quelle fut sa terreur de voir, en se retournant, debout au milieu de l'étroit corridor, un personnage mystérieux, vêtu exactement comme lui, et qui le regardait avec des yeux dont la transparence verdâtre avait dans l'obscurité une profondeur inouïe ! des dents aiguës, blanches, séparées, donnaient quelque chose de féroce à son sourire sardonique.

Henrich ne put méconnaître l'inconnu du gasthof de l'*Aigle à deux têtes*, ou plutôt le diable en personne ; car c'était lui.

— Ah ! ah ! mon petit monsieur, vous voulez jouer

le rôle du diable! Vous avez été bien médiocre dans le premier acte, et vous donneriez vraiment une trop mauvaise opinion de moi aux braves habitants de Vienne. Vous me permettrez de vous remplacer ce soir, et, comme vous me gêneriez, je vais vous envoyer au second dessous.

Henrich venait de reconnaître l'ange des ténèbres et il se sentit perdu; portant machinalement la main à la petite croix de Katy, qui ne le quittait jamais, il essaya d'appeler au secours et de murmurer sa formule d'exorcisme; mais la terreur lui serrait trop violemment la gorge : il ne put pousser qu'un faible râle. Le diable appuya ses mains griffues sur les épaules d'Henrich et le fit plonger de force dans le plancher; puis il entra en scène, sa réplique étant venue, comme un comédien consommé.

Ce jeu incisif, mordant, venimeux et vraiment diabolique, surprit d'abord les auditeurs.

— Comme Henrich est en verve aujourd'hui! s'écriait-on de toutes parts.

Ce qui produisait surtout un grand effet, c'était ce ricanement aigre comme le grincement d'une scie, ce rire de damné blasphémant les joies du paradis. Jamais acteur n'était arrivé à une telle puissance de sarcasme, à une telle profondeur de scélératesse : on riait et on tremblait. Toute la salle haletait d'émotion, des étincelles phosphoriques jaillissaient sous les doigts du redoutable acteur; des traînées de flamme étincelaient à ses pieds; les lumières du lustre pâlissaient, la rampe jetait des éclairs rougeâtres et verdâtres; je ne sais quelle odeur sulfureuse régnait dans la salle; les spectateurs étaient comme en délire, et des tonnerres d'applaudissements frénétiques ponctuaient chaque phrase du merveilleux Méphistophélès, qui souvent substituait des vers de son invention à ceux du poëte, substitution toujours heureuse et acceptée avec transport.

Katy, à qui Henrich avait envoyé un coupon de loge, était dans une inquiétude extraordinaire; elle ne reconnaissait pas son cher Henrich; elle pressentait vaguement quelque malheur avec cet esprit de divination que donne l'amour, cette seconde vue de l'âme.

La représentation s'acheva dans des transports inimaginables. Le rideau baissé, le public demanda à grands cris que Méphistophélès reparût. On le chercha vainement; mais un garçon de théâtre vint dire au directeur qu'on avait trouvé dans le second dessous M. Henrich, qui sans doute était tombé par une trappe. Henrich était sans connaissance : on l'emporta chez lui, et, en le déshabillant, l'on vit avec surprise qu'il avait aux épaules de profondes égratignures, comme si un tigre eût essayé de l'étouffer entre ses pattes. La petite croix d'argent de Katy l'avait préservé de la mort, et le diable, vaincu par cette influence, s'était contenté de le précipiter dans les caves du théâtre.

La convalescence d'Henrich fut longue : dès qu'il

se porta mieux, le directeur vint lui proposer un engagement des plus avantageux, mais Henrich le refusa; car il ne se souciait nullement de risquer son salut une seconde fois, et savait, d'ailleurs, qu'il ne pourrait jamais égaler sa redoutable doublure.

Au bout de deux ou trois ans, ayant fait un petit héritage, il épousa la belle Katy, et tous deux, assis côte à côte près d'un poêle de Saxe, dans un parloir bien clos, ils causent de l'avenir de leurs enfants.

Les amateurs de théâtre parlent encore avec admiration de cette merveilleuse soirée, et s'étonnent du caprice d'Henrich, qui a renoncé à la scène après un si grand triomphe.

1841.

UNE VISITE NOCTURNE

J'ai un ami, je pourrais en avoir deux ; son nom, je l'ignore, sa demeure, je ne la soupçonne pas. Perche-t-il sur un arbre ? se terre-t-il dans une carrière abandonnée ? Nous autres de la Bohême, nous ne sommes pas curieux, et je n'ai jamais pris le moindre renseignement sur lui. Je le rencontre de loin en loin, dans des endroits invraisemblables, par des temps impossibles. Suivant l'usage des romanciers à la mode, je devrais vous donner le signalement de cet ami inconnu ; je présume que son passe-port doit être rédigé ainsi : « Visage ovale, nez ordinaire, bouche moyenne, menton rond, yeux bruns, cheveux châtains ; signes distinctifs : aucun. » C'est cependant un homme très-singulier. Il m'aborde toujours en criant comme Archimède : « J'ai trouvé ! » car mon ami est un inventeur. Tous les jours, il fait le plan d'une machine nouvelle. Avec une demi-douzaine de gaillards pareils, l'homme deviendrait inutile dans la création. Tout se fait tout seul : les mécaniques sont produites par d'autres mécaniques, les bras et les jambes passent à l'état de pures superfluités. Mon ami, vrai puits de Grenelle de science, ne néglige rien, pas même l'alchimie. Le Dragon vert, le Serviteur rouge et la Femme blanche sont à ses ordres; il a dépassé Raymond Lulle, Paracelse, Agrippa, Cardan, Flamel et tous les hermétiques.

— Vous avez donc fait de l'or? lui dis-je un jour d'un air de doute, en regardant son chapeau presque aussi vieux que le mien.

— Oui, me répondit-il avec un parfait dédain, j'ai eu cet enfantillage; j'ai fabriqué des pièces de vingt francs qui m'en coûtaient quarante; du reste, tout le monde fait de l'or, rien n'est plus commun : Esq., d'Abad., de Ru., en ont fait; c'est ruineux. J'ai aussi composé du tissu cellulaire en faisant traverser des blancs d'œuf par un courant électrique; c'est un bifteck médiocre et qui ressemble toujours un peu à de l'omelette. J'ai obtenu le poulet à tête humaine, et la mandragore qui chante, deux petits monstres assez désagréables; comme maître Wagner, j'ai un homunculus dans un flacon de verre; mais, décidément, les femmes sont de meilleures mères que les bouteilles. Ce qui m'occupe maintenant, c'est de sortir de l'atmosphère terrestre. Peut-être Newton s'est-il trompé, la loi de la gravitation n'est vraie que pour les corps : les corps se précipitent, mais les gaz remontent. Je voudrais me jeter du haut d'une tour et tomber dans la lune. Adieu!

Et mon ami disparut si subitement, que je dus croire qu'il était entré dans le mur comme Cardillac.

Un soir, je revenais d'un théâtre lointain situé vers le pôle arctique du boulevard; il commençait à tomber une de ces pluies fines, pénétrantes, qui finissent par percer le feutre, le caoutchouc, et toutes les étoffes qui abusent du prétexte d'être imperméables pour sentir la poix et le goudron. Les voitures de place étaient partout, excepté, bien entendu, sur les places. A la douteuse clarté d'un réverbère qui faisait des tours d'acrobate sur la corde lâche, je reconnus mon ami, qui marchait à petits pas comme s'il eût fait le plus beau temps du monde.

—Que faites-vous maintenant? lui dis-je en passant mon bras sous le sien.

—Je m'exerce à voler.

— Diable! répondis-je avec un mouvement involontaire et en portant la main sur ma poche.

— Oh! je ne travaille pas à la tire, soyez tranquille, je méprise les foulards; je m'exerce à voler, mais non sur un mannequin chargé de grelots comme Gringoire dans la cour des Miracles. Je vole en l'air, j'ai loué un jardin du côté de la barrière d'Enfer, derrière le Luxembourg; et, la nuit, je me promène à cinquante ou soixante pieds d'élévation; quand je suis fatigué, je me mets à cheval sur un tuyau de cheminée. C'est commode.

— Et par quel procédé?...

— Mon Dieu, rien n'est plus simple.

Et, là-dessus, mon ami m'expliqua son invention; en effet, c'était fort simple, simple comme les deux verres qui, posés aux deux bouts d'un tube, font apercevoir des mondes inconnus, simple comme la boussole, l'imprimerie, la poudre à canon et la vapeur.

Je fus très-étonné de ne pas avoir fait moi-même cette découverte; c'est le sentiment qu'on éprouve en face des révélations du génie.

— Gardez-moi le secret, me dit mon ami en me quittant. J'ai trouvé pour ma découverte un prospectus fort efficace. Les annonces des journaux sont trop chères, et, d'ailleurs, personne ne les lit; j'irai de nuit m'asseoir sur le toit de la Madeleine, et, vers onze heures du matin, je commencerai une petite promenade d'agrément au-dessus de la zone des réverbères; promenade que je prolongerai en suivant la ligne des boulevards jusqu'à la place de la Bastille, où j'irai embrasser le génie de la liberté sur sa colonne de bronze.

Cela dit, l'homme singulier me quitta. Je ne le revis plus pendant trois ou quatre mois.

Une nuit, je venais de me coucher, je ne dormais pas encore. J'entendis frapper distinctement trois coups contre mes carreaux. J'avouerai courageusement que j'éprouvai une frayeur horrible. Au moins si ce n'était qu'un voleur, m'écriai-je dans une angoisse d'épouvante, mais ce doit être lé diable, l'inconnu, celui qui rôde la nuit, *quærens quem devoret*. On frappa encore, et je vis se dessiner à travers la vitre des traits qui ne m'étaient pas étrangers. Une voix prononça mon nom et me dit :

— Ouvrez donc, il fait un froid atroce.

Je me levai. J'ouvris la fenêtre, et mon ami sauta dans la chambre. Il était entouré d'une ceinture gonflée de gaz; des ligatures et des ressorts couraient le long de ses bras et de ses jambes; il se défit de son appareil et s'assit devant le feu, dont je ranimai les tisons. Je tirai de l'armoire deux verres et une bouteille de vieux bordeaux. Puis je remplis les verres, que mon ami avala tous deux par distraction, c'est-à-dire dont il avala le contenu. Sa figure était radieuse. Une espèce de lumière argentée brillait sur son front, ses cheveux jouaient l'auréole à s'y méprendre.

— Mon cher, me dit-il après une pause, j'ai réussi tout à fait; l'aigle n'est qu'un dindon à côté de moi. Je monte, je descends, je tourne, je fais ce que je veux, c'est moi qui suis Raimond le roi des airs. Et cela, par un moyen si facile, si peu embarrassant! mes ailes ne coûtent guère plus qu'un parapluie ou une paire de socques. Quelle étrange chose! Un petit calcul grand comme la main, griffonné par moi sur le dos d'une carte, quelques ressorts arrangés par moi d'une certaine manière, et le monde va être changé. Le vieil univers a vécu; religion, morale, gouvernement tout sera renouvelé. D'abord, revêtu d'un costume étincelant, je descendrai de ce que jusqu'à présent l'on a appelé le ciel et je promulguerai un petit décalogue de ma façon. Je *révélerai* aux hommes le secret de voler. Je les délivrerai de l'antique pesanteur; je les rendrai semblables à des anges, on serait dieu à moins. Beaucoup le sont qui n'en ont pas tant fait. Avec mon invention, plus de frontières, plus de douanes, plus d'octroi, plus de péages; l'emploi d'invalide au pont des Arts deviendra une sinécure. Allez donc saisir un contrebandier passant des cigares à trente mille pieds du niveau de la mer; car, au moyen d'un casque rempli d'air respirable que j'ai ajouté à mon appareil comme appendice, on peut s'élever à des hauteurs incommensurables. Les fleuves, les mers ne séparent plus les royaumes. L'architecture est renversée de fond en comble; les fenêtres deviennent des portes, les cheminées des corridors, les toits des places publiques. Il faudra griller les cours et les jardins comme des volières. Plus de guerre; la stratégie est inutile, l'artillerie ne peut plus servir; pointez donc les bombes contre les hommes qui passent au-dessus des nuages et essuient leurs bottes sur la tête des condors. Dans quelque temps d'ici, comme on rira des chemins de fer, de ces marmites qui courent sur des tringles en fer et font à peine dix lieues à l'heure!

Et mon ami ponctuait chaque phrase d'un verre de vin. Son enthousiasme tournait au dithyrambe, et pendant deux heures, il ne cessa de parler sur ce ton, décrivant le nouveau monde, que son invention allait nécessiter, avec une richesse de couleurs et d'images à désespérer un disciple de Fourier. Puis, voyant que le jour allait paraître, il reprit son appareil et me promit de venir bientôt me rendre une autre visite. Je lui ouvris la fenêtre, il s'élança dans les profondeurs grises du ciel, et je restai seul, doutant de moi-même et me pinçant pour savoir si je veillais ou si je dormais.

J'attends encore la seconde visite de mon ami volatile et ne l'ai plus rencontré sur aucun boulevard, même extérieur. Sa machine l'a-t-elle laissé en route? S'est-il cassé le cou ou s'est-il noyé dans un océan quelconque? A-t-il eu les yeux arrachés par l'oiseau Rock sur les cimes de l'Himalaya? C'est ce que j'ignore profondément. Je vous ferai savoir les premières nouvelles que j'aurai de lui.

1843.

FEUILLETS
DE
L'ALBUM D'UN JEUNE RAPIN

I

VOCATION

Je ne répéterai pas cette charge trop connue qui fait commencer ainsi la biographie d'un grand homme : « Il naquit à l'âge de trois ans, de parents pauvres mais malhonnêtes. » Je dois le jour (le leur rendrai-je?) à des parents cossus mais bourgeois, qui m'ont infligé un nom de famille ridicule, auquel un parrain et une marraine, non moins stupides, ont ajouté un nom de baptême tout aussi désagréable. N'est-ce pas une chose absurde que d'être obligé de répondre à un certain assemblage de syllabes qui vous déplaisent? Soyez donc un grand maître en vous appelant Lamerluche, Tartempion ou Gobillard? A vingt ans, on devrait se choisir un nom selon son goût et sa vocation. On signerait à la manière des femmes mariées, Anafesto (né Falempin), Florizel (né Barbochu), ainsi qu'on l'entendrait; de cette façon, des gens noirs comme des Abyssins ne s'appelleraient pas Leblanc, et ainsi de suite.

Mes père et mère, six semaines après que j'eus été sevré, prirent cette résolution commune à tous les parents de faire de moi un avocat, ou un médecin, ou un notaire. Ce dessein ne fit que se fortifier avec le temps. Il est évident que j'avais les plus belles dispositions pour l'un de ces trois états: j'étais bavard, je médicamentais les hannetons, et je ne cassais qu'au jour voulu les tirelires où je mettais mes sous; ce qui faisait pressentir la faconde de l'avocat, la hardiesse anatomique du médecin, et la fidélité du notaire à garder les dépôts. En conséquence, on me mit au collège, où j'appris peu de latin et encore moins de grec; il est vrai que j'y devins un parfait éleveur de vers à soie, et que mes cochons d'Inde dépassaient pour l'instruction et la grâce du maintien ceux du Savoyard le plus habile. Dès la troisième, ayant reconnu la vanité des études classiques, je m'adonnai au bel art de la natation, et j'acquis, après deux saisons de chair de poule et de coups de soleil, le grade éminent de caleçon rouge. Je piquais une tête sans faire jaillir une goutte d'eau; je tirais la coupe marinière et la coupe sèche d'une façon très-brillante; les maîtres de nage me faisaient l'honneur de m'admettre à leur payer des petits verres et des cigares ; je commençai même un poëme didactique en quatre chants, en vers latins, intitulé : *Ars natandi.* Malheureusement, la nage est un art d'été ; et, l'hiver, pour me distraire des thèmes et des versions, j'illustrais de dessins à la plume les marges de mes cahiers et de mes livres ; je ne puis évaluer à moins de six cent mille le nombre de vers à copier que cette passion m'attira ; j'avais du premier coup atteint les hauteurs de l'art primitif ; j'étais byzantin, gothique, et même, j'en ai peur, un peu chinois : je mettais des yeux de face dans des têtes de profil ; je méprisais la perspective et je faisais des poules aussi grosses que des chevaux ; si mes compositions eussent été sculptées dans la pierre au lieu d'être griffonnées sur des chiffons de papier, nul doute que quelque savant ne leur eût trouvé les sens symboliques les plus curieux et les plus profonds. Je ne me rappelle pas sans plaisir une certaine chaumière avec une cheminée dont la fumée sortait en tire-bouchon, et trois peupliers pareils à des arêtes de sole frite, qui aujourd'hui obtiendraient le plus grand succès auprès des admirateurs de l'air naïf. A coup sûr, rien n'était moins maniéré.

De là, je passai à de plus nobles exercices ; je copiai les *Quatre Saisons* au crayon noir, et les *Quatre Parties du monde* au crayon rouge. Je faisais des hachures carrées, en losange, avec un point au milieu. Ce qui me donna beaucoup de peine dans les commencements, c'est de réserver le point lumineux au milieu de la prunelle ; enfin j'en vins à bout, et je pus offrir à mes parents, le jour de leur fête, un soldat romain qui, à quelque distance, pouvait produire l'effet d'une gravure au pointillé ; la beauté du cadre les toucha, et je les vis près de s'attendrir ; mais mon père, après quelques minutes de rêverie profonde, au lieu de la phrase que j'attendais : *Tu Marcellus eris!* me dit, avec un accent qui me sembla horriblement ironique : « Tu seras avocat ! »

Il me fit prendre des inscriptions de droit qui servirent à motiver mes sorties, et me permirent d'aller assez régulièrement dans un atelier de peinture. Mon père, ayant découvert mon affreuse conduite, me lança un gros regard de menace, et me dit ces foudroyantes paroles, qui retentissent encore à mon oreille comme les trompettes du jugement dernier : « Tu périras sur l'échafaud ! » C'est ainsi que se décida ma vocation.

II

D'APRÈS LA BOSSE

Hélas ! voici bien longtemps que je reproduis à l'estompe le torse de Germanicus, le nez du Jupiter Olympien, et autres plâtras plus ou moins antiques :

à la longue, la bosse et l'estompe engendrent la mélancolie ; les yeux blancs des dieux grecs n'ont pas grande expression ; la *sauce* est peu variée en elle-même. Si ce n'était l'idée de contrarier mes parents, qui me soutient, je quitterais à l'instant cet affreux métier ! Cela n'est guère amusant, d'aller chercher des cerises à l'eau-de-vie, du tabac à fumer et des cervelas pour ces messieurs, et de s'entendre appeler toute la journée rapin et rat huppé !

III

D'APRÈS NATURE

La semaine prochaine, je peindrai d'après nature. Enfin j'ai une boîte, un chevalet et des couleurs ! Comment prendrai-je ma palette, ronde ou carrée ? Carrée, c'est plus sévère, plus primitif, plus *ingresque*; la palette d'Apelles devait être carrée ! Oh ! les belles vessies, pleines, fermes, luisantes ! avec quel plaisir vais-je donner dedans le coup d'épingle qui doit faire jaillir la couleur !... Aïe ! ouf ! quel mauvais augure ! le globule, trop fortement pressé entre les doigts, a éclaté comme une bombe, et m'a lancé à la figure une longue fusée jaune : il faudra que je me lave le nez avec du savon noir et de la cendre. Si j'étais superstitieux, je me ferais avocat.

Je vais donc peindre, non plus d'après des gravats insipides, mais d'après la belle nature vivante ! Dieux ! si c'était une femme ! ô mon cœur, contiens-toi, réprime tes battements impétueux, ou je serai forcé de te faire cercler de fer comme le cœur du prince Henri. Ce n'est pas une femme ; au contraire, c'est un vieux charpentier fort laid, qui est, au dire des experts, le plus beau torse de l'époque, et qui s'intitule « premier modèle de l'Académie royale de dessin et de peinture ; » pour moi, il me fait l'effet d'un tronc de chêne noueux ou d'un sac de noix appuyé debout contre un mur.

On distribue les places; nous sommes cinquante-trois, la plus mauvaise m'échoit. Entre les toiles et les barres des chevalets, qui font comme une forêt de mâts, j'entrevois vaguement le coude du modèle. De tous côtés j'entends mes compagnons s'écrier : « Quels dentelés ! quels pectoraux ! comme la mastoïde s'agrafe vigoureusement ! comme le biceps est soutenu ! comme le grand trochanter se dessine avec énergie ! » Moi, au lieu de toutes ces merveilles anatomiques, je n'avais pour perspective qu'un cubitus assez pointu, assez rugueux, assez violet ; je le transportai le plus fidèlement possible sur ma toile, et, quand le professeur vint jeter les yeux sur ce que j'avais fait, il me dit d'un ton rogue: « Cela est plein de chic et de ficelles; vous avez une patte d'enfer, et je vous prédis... que vous ne ferez jamais rien. »

IV

COMMENT JE DEVINS UN PEINTRE DE L'ÉCOLE ANGÉLIQUE

Ces paroles du professeur me jetèrent dans un douloureux étonnement. « Eh quoi ! m'écriai-je, j'ai déjà du chic, et c'est la première fois que je touche une brosse... Qu'est-ce donc que le chic ? » J'étais près de me laisser aller à mon désespoir et de m'enfoncer dans le cœur mon couteau à palette tout chargé de cinabre ; mais je repris courage, et j'entendis au fond de mon âme une voix qui murmurait : « Si ton maître n'était qu'un cuistre !... » Je rougis jusqu'au blanc des yeux, et je crus que tout le monde lisait sur mon visage cette coupable pensée. Mais personne ne parut s'apercevoir de cette illumination intérieure.

Petit à petit, à force de travail, j'en revins à ma manière primitive, je n'employai plus aucune ficelle, et je fis des dessins qui pouvaient rivaliser avec ceux que je griffonnais autrefois sur le dos des dictionnaires ; aussi, un jour, mon professeur, qui s'était arrêté derrière moi, laissa tomber ces paroles flatteuses : « Comme c'est bonhomme ! » A ces mots, je me troublai, et, suffoqué d'émotion, je courbai ma tête sur ses mains, que je baignai de pleurs. Le tableau qui me valut cet éloge représentait un anachorète potiron tendre dans un ciel indigo foncé, et ressemblait assez à ces images de complaintes gravées sur bois et grossièrement coloriées, que l'on fabrique à Épinal. A dater de ce jour, je me fis une raie dans le milieu des cheveux, et me vouai au culte de l'art symbolique, archaïque et gothique; les Byzantins devinrent mes modèles ; je ne peignis plus que sur fond d'or, au grand effroi de mes parents, qui trouvaient que c'étaient là des fonds mal placés. André Ricci de Candie, Barnaba, Bizzamano, qui étaient, à vrai dire, plutôt des relieurs que des peintres, et se servaient autant de fers à gaufrer que de pinceaux, avaient accaparé mon admiration : Orcagna, l'ange de Fiesole, Ghirlandaïo, Pérugin, me paraissaient déjà un peu Vanloo; et, ne trouvant plus l'école italienne assez spiritualiste, je me jetai dans l'école allemande. Les frères van Eyk, Hemling, Lucas de Leyde, Cranach, Holbein, Quintin Metsys, Albert Dürer, furent pour moi l'objet d'études prolondes, après lesquelles j'étais en état de dessiner et de colorier un jeu de cartes aussi bien que feu Jacquemin Gringoneur, imagier du roi Charles VI. A cette époque climatérique de ma vie, mon père, après avoir payé une note assez longue chez Brullon, rue de l'Arbre-Sec, me fit cette observation que je devais savoir mon métier et gagner de l'argent; je répondis que le gouvernement, par un oubli que j'avais peine à concevoir, ne m'avait pas encore donné de chapelle à peindre, mais que cela ne pouvait manquer. A quoi mon père répliqua : « Fais le portrait de M. Crapouillet et de madame son épouse, et tu auras cinq cents francs, sur lesquels je te retiendrai cent francs pour tes mois de nourrice, que tu me dois encore. »

V

HURES DE BOURGEOIS!!!...

Madame Crapouillet n'était pas jolie, mais M. Crapouillet était affreux ; elle avait l'air d'un merlan roulé dans la farine, et il ressemblait à un homard passant du bleu au rouge. Je fis le mari couleur pomme d'amour peu mûre, et la femme d'un gris perle tout à fait mélancolique, dans le genre des peintures d'Overbeck et de Cornélius. Ce teint parut peu les flatter, mais ils furent contents de ma manière de peindre, et ils dirent à l'auteur de mes jours : « Au moins monsieur votre fils étale-t-il bien sa couleur et ne laisse-t-il pas un tas de grumeaux dans son ouvrage. » Il fallut me contenter de ce compliment assez maigre ; pourtant j'avais représenté fort exactement la verrue de M. Crapouillet, et les trous de petite vérole qui criblaient son aimable visage ; on pouvait distinguer dans l'œil de madame la fenêtre d'en face avec ses portants, ses croisillons et ses rideaux à franges. La fenêtre ressemblait beaucoup.

Ces portraits eurent un véritable succès dans le monde bourgeois; on les trouvait très-unis et faciles à nettoyer avec de l'eau seconde. Le courage me manque pour énumérer toutes les caricatures sérieuses auxquelles je me livrai. Je vis des têtes init maginables, groins, mufles, rostres, empruntan des formes à tous les règnes, principalement à la famille des cucurbitacés; des nez dodécaèdres, des yeux en losange, des mentons carrés ou taillés en talon de sabot; une collection de grotesques à faire envie aux plus ridicules poussahs inventés par la fantaisie chinoise.

Je fus à même d'étudier tout ce que laisse de trivial, de laid, d'épaté et de sordide, sur un visage humain, l'habitude des pensées basses et mesquines. La nuit, je me dédommageais de ces horribles travaux, dont ceux qui les ont faits peuvent seuls soupçonner les nausées, en dessinant à la lampe des sujets ascétiques traités à la manière allemande, et entremêlés de pantalons mi-partis, de lapins blancs et de bardane.

VI

RENCONTRE

Un soir, j'entrai, près de l'Opéra, dans un divan où se réunissaient des artistes et des littérateurs; on y fumait beaucoup, on y parlait davantage. C'étaient des figures toutes particulières : il y avait là des peintres à tous crins, d'autres rasés en brosse comme des cavaliers et des têtes rondes. Ceux-ci portaient les moustaches en croc et la royale, comme les raffinés du temps de Louis XIII; ceux-là laissaient gravement descendre leur barbe jusqu'au ventre, à l'instar de feu l'empereur Barberousse : d'autres l'avaient bifurquée comme celle des christs byzantins; le même caprice régnait dans les coiffures : les chapeaux pointus, les feutres à larges bords y abondaient; on eût dit des portraits de van Dyck, sans cadre. Un surtout me frappa : il était vêtu d'une espèce de paletot en velours noir qui, pittoresquement débraillé, permettait de voir une chemise assez blanche; l'arrangement de ses cheveux et de son poil rappelait singulièrement la physionomie de Pierre-Paul Rubens; il était blond et sanguin, et parlait avec beaucoup de feu. La discussion roulait sur la peinture. J'entendis là des choses effroyables pour moi, qui avais été élevé dans l'amour de la ligne pure et dans la crainte de la couleur. Les mots dont ils se servaient pour apprécier le mérite de certains tableaux étaient vraiment bizarres. « Quelle superbe chose! s'écriait le jeune homme à tournure anversoise; comme c'est tripoté! comme c'est torché! quel ragoût! quelle pâte! quel beurre! il est impossible d'être plus chaud et plus grouillant. » Je crus d'abord qu'il s'agissait de préparations culinaires; mais je reconnus mon erreur, et je vis qu'il était question du tableau de M.***, dont le jeune peintre à barbiche blonde se posait l'admirateur passionné. On parlait avec un mépris parfait des gens que j'avais jusque-là respectés à l'égal des dieux, et mon maître en particulier était traité comme le dernier des rapins. Enfin, l'on m'aperçut dans le coin où je m'étais tapi comme un cerf acculé, tenant un coussin sous chaque bras pour me donner une contenance, et l'on me força à prendre une part active à la conversation. Je suis, je l'avoue, un médiocre orateur, et je fus battu à plate couture. On pluma sans pitié mes ailes d'ange, on contamina de punch et de sophismes ma blanche robe séraphique; et, le lendemain, le peintre à paletot de velours noir vint me prendre et me conduisit à la galerie du Louvre, dont je n'avais jamais osé dépasser la première salle : je me hasardai à jeter un regard sur les toiles de Rubens, qui m'avaient jusqu'alors été interdites avec la plus inflexible sévérité; ces cascades de chairs blanches saupoudrées de vermillon, ces dos satinés où les perles s'égrènent dans l'or des chevelures ; ces torses pétris avec une souplesse si facile et si onduleuse, toute cette nature luxuriante et sensuelle, cette fleur de vie et de beauté répandue partout, troublèrent profondément ma candeur virginale. Le cruel peintre, qui voulait ma perte, me tint une heure entière le nez contre un Paul Véronèse ; il me fit passer en revue les plus turbulentes esquisses du Tintoret et me conduisit aux Titiens les plus chauds et les plus ambrés ; puis il me ramena dans son atelier orné de buffets de la Renaissance, de potiches chinoises, de plats japonais, d'armures gothiques et circassiennes, de tapis de Perse, et autres curiosités caractéristiques ; il avait précisément un modèle de femme, et, poussant devant moi une boîte de pastel et un carton, il me dit : « Faites une pochade d'après cette gaillarde ! voilà des hanches un peu Rubens et un dos crânement flamand. » Je fis, d'après cette créature, étalée dans une pose qui n'avait rien de céleste, un croquis où je glissai timidement quelques teintes roses, en retournant à chaque fois la tête pour m'assurer que mon maître n'était pas là. La séance finie, je m'enfuis chez moi l'âme pleine de trouble et de remords, plus agité que si j'eusse tué mon père ou ma mère.

VII

CONVERSION

J'eus beaucoup de peine à m'endormir, et je fis des rêves bizarres où je voyais scintiller dans l'ombre des spectres solaires, et s'ouvrir des queues de paon ocellées de pierres précieuses et jetant le plus vif éclat, des draperies fastueuses, des brocarts épais et grenus, des brocatelles tramées d'or et magnifiquement ramagées, se déployant à larges plis; des cabinets d'ébène incrustés de nacre et de burgau ouvraient leurs portes et leurs tiroirs, et répandaient des colliers de perles, des bracelets de filigrane et des sachets brodés. De belles courtisanes vénitiennes peignaient leurs cheveux roux avec des peignes d'or, pendant que des négresses, à la bouche d'œillet épanoui, leur tenaient le miroir sous des péristyles à colonnes de marbre blanc, laissant entrevoir dans le fond un ciel d'un bleu de turquoise. Ce cauchemar hétérodoxe continua lorsque je fus éveillé, et, quand j'ouvris ma fenêtre, je m'aperçus d'une chose que je n'avais pas encore remarquée : je vis que les arbres étaient verts et non couleur de chocolat, et qu'il existait d'autres teintes que le gris et le saumon.

VIII

COUP D'ÉCLAT

Je me levai, et, ma cravate montée jusqu'au nez, mon chapeau enfoncé jusqu'aux yeux, je sortis de la maison sur la pointe du pied avec un air mystérieux et criminel; en ce moment, je regrettais fort la mode des manteaux couleur de muraille; que n'aurais-je pas donné pour avoir au doigt l'anneau de Gygès, qui rendait invisible! Je n'allais cependant pas à un rendez-vous d'amour, j'allais chez le papetier acheter quelques-unes de ces couleurs prohibées que le maître bannissait des palettes de ses élèves. J'étais devant le marchand comme un écolier de troisième qui achète *Faublas* à un bouquiniste du quai; en demandant certaines vessies, le rouge me montait à la figure, la sueur me rendait le dos moite; il me semblait dire des obscénités. Enfin, je rentrai chez moi riche de toutes les couleurs du prisme. Ma palette, qui jusque-là n'avait admis que ces quatre teintes étouffées et chastes, du blanc de plomb, de l'ocre jaune, du brun rouge et du noir de pêche, auxquelles on me permettait quelquefois d'ajouter un peu de bleu de cobalt pour les ciels, se trouva diaprée d'une foule de nuances plus brillantes les unes que les autres; le vert Véronèse, le vert de Scheele, la laque garance, la laque de Smyrne, la laque jaune, le massicot, le bitume, la momie, tous les tons chauds et transparents dont les coloristes tirent leurs plus beaux effets, s'étalaient avec une fastueuse profusion sur la modeste planchette de citronnier pâle. J'avoue que je fus d'abord assez embarrassé de toutes ces richesses, et que, contrairement au proverbe, l'abondance des biens me nuisait. Pourtant, au bout de quelques jours, j'avais assez avancé un petit tableau qui ne ressemblait pas mal à une racine de buis ou à un kaléidoscope; j'y travaillais avec acharnement, et je ne paraissais plus à l'atelier.

Un jour que j'étais penché sur mon appui-main, frottant un bout de draperie d'un scandaleux glacis de laque, mon maître, inquiet de ma disparition, entra dans ma chambre, dont j'avais imprudemment laissé la clef sur la porte; il se tint quelque temps debout derrière moi, les doigts écarquillés, les bras ouverts au-dessus de sa tête comme ceux du *Saint Symphorien*, et, après quelques minutes de contemplation désespérée, il laissa tomber ce mot, qui traversa mon âme comme une goutte de plomb fondu :

— Rubens !

Je compris alors l'énormité de ma faute; je tombai à genoux et je baisai la poussière des bottes magistrales; je répandis un sac de cendre sur ma tête, et par la sincérité de mon repentir, ayant obtenu le pardon du grand homme, j'envoyai au Salon une peinture à l'eau d'œuf représentant une Madone lilas tendre et un Enfant Jésus faisant une galiote en papier.

Mon succès fut immense; mon maître, plein de confiance dans mes talents, me fit dès lors peindre dans tous ses tableaux, c'est-à-dire donner la première couche aux *ciels* et aux *fonds*. Il m'a procuré une commande magnifique dans une cathédrale qu'on restaure. C'est moi qui colorie avec les teintes symboliques les nervures des chapelles qu'on a débarrassées de leur odieux badigeon; nul travail ne saurait convenir davantage à ma manière simple, dénuée de chic et de ficelles; les maîtres du Campo-Santo eux-mêmes n'auraient peut-être pas été assez primitifs pour une pareille besogne. Grâce à l'excellente éducation pittoresque que j'ai reçue, je suis venu à bout de m'acquitter de cette tâche délicate à la satisfaction générale, et mon père, rassuré sur mon avenir, ne me criera plus désormais : « Tu seras avocat! »

1845.

DE

L'OBÉSITÉ EN LITTÉRATURE

L'homme de génie doit-il être gras ou maigre ? chair ou poisson ? et peut-il ou non se manger les vendredis et les jours réservés ?

— C'est une question assez difficile à résoudre.

Quand j'étais jeune (ne pas confondre avec le roman du défunt Bibliophile), et il n'y a pas fort longtemps de cela, j'avais les plus étranges idées à l'endroit de l'homme de génie, et voici comment je me le représentais.

Un teint d'orange ou de citron, les cheveux en flamme de pot à feu, des sourcils paraboliques, des yeux excessifs, et la bouche dédaigneusement bouffie par une fatuité byronienne, le vêtement vague et noir, et la main nonchalamment passée dans l'hiatus de l'habit.

En vérité, je ne me figurais pas autrement un

homme de génie et je n'aurais pas admis un poëte lyrique pesant plus de quatre-vingt-dix-neuf livres; le quintal m'eût profondément répugné : il est facile de comprendre par tous ces détails que j'étais un romantique pur sang et à tous crins.

Mes études zoologiques étaient encore bien incomplètes; je n'avais vu ni rhinocéros, ni veau marin, ni tapir, ni orang-outang, ni homme de génie, et je ne prévoyais pas que par la suite je ne fréquenterais que des *génies* exclusivement, faute d'autre société.

J'avais alors la conviction intime que le génie devait être maigre comme un hareng sauret, d'après le proverbe : *La lame use le fourreau,* et le vers des Orientales : *Son âme avait brisé son corps.* Je m'étais arrangé là-dessus avec d'autant plus de sécurité que je n'étais pas fort gras à cette époque.

Depuis, en confrontant ma théorie avec la réalité, je reconnus que je m'étais grossièrement trompé, comme cela arrive toujours, et j'en vins à formuler cet axiome parfaitement antithétique à mon premier, c'est à savoir : *L'homme de génie doit être* GRAS.

Oui, l'homme de génie du dix-neuvième siècle est obèse et devient aussi gros qu'il est grand : la race du littérateur maigre a disparu, elle est devenue aussi rare que la race des petits chiens du roi Charles. le littérateur n'est plus crotté, les poëtes ne pétrissent plus les boues de la ville avec des bottes sans semelle, ils déjeunent et dînent au moins de deux jours l'un, ils ne vont plus, comme

Scudéry, manger leur pain avec un morceau de lard rance, dérobé à une souricière, dans quelque allée déserte du Luxembourg; les hommes de génie ne soupent plus comme autrefois avec la fumée des rôtisseries; ils prennent leur nourriture sur des tables et dans des assiettes qui sont à eux, ainsi que ceux qui les apportent. O progrès fabuleux! ô sort inespéré!

La poésie, au sortir de ce long jeûne, étonnée, ravie d'avoir à manger, se mit à travailler des mâchoires de si bon courage, qu'en très-peu de temps elle prit du ventre.

« Ce n'est plus Calliope longue et pure raclant du violon dans un carrefour, » c'est une femme de Rubens chantant après boire dans un banquet, une joyeuse Flamande au sourire épanoui et vermeil, que toutes les ailes d'ange dessinées par Johannot en tête des recueils de vers auraient grand'-peine à enlever au ciel.

Passons aux exemples.

M. Victor Hugo, qui, en sa qualité de prince souverain de la poésie romantique, devrait être plus vert que tout autre et avoir les cheveux noirs, a le teint coloré et les cheveux blonds. Sans être de l'avis de M. Nisard le difficile, qui trouve au bas de la figure du poëte un caractère d'animalité très-développée, nous devons à la vérité de dire qu'il n'a pas les joues convenablement creuses, et qu'il a l'air de se porter beaucoup trop bien, — comme Napoléon devenu empereur.

Le monde et la redingote de M. Hugo ne peuvent contenir sa gloire et son ventre : tous les jours un bouton saute, une boutonnière se déchire ; il ne pourrait plus entrer dans son habit des *Feuilles d'automne.*

Quant au plus fécond de nos romanciers, M. de Balzac, c'est un muid plutôt qu'un homme. Trois personnes, en se donnant la main, ne peuvent parvenir à l'embrasser, et il faut une heure pour en faire le tour ; il est obligé de se faire cercler comme une tonne, de peur d'éclater dans sa peau.

Rossini est de la plus monstrueuse grosseur, il y a six ans qu'il n'a vu ses pieds ; il porte trois toises de circonférence : on le prendrait pour un hippopotame en culottes, si l'on ne savait d'ailleurs que c'est Antonio Joachimo Rossini, le dieu de la musique.

Janin, l'aigle et le papillon du *Journal des Débats*, effondre tous les sophas du dix-huitième siècle sur lesquels il lui prend fantaisie de s'asseoir ; son menton et ses joues débordent de tous côtés et passent par-dessus ses favoris ; l'habit et la redingote trop larges sont des chimères pour lui, et tout spirituel qu'il est, l'on n'oserait pas se hasarder à dire qu'il plus d'esprit qu'il n'est gros.

L'art est aujourd'hui à un bon point, et M. Alexandre Dumas aussi ; l'africanisme de ses passions n'empêche pas l'auteur d'Antony de devenir très-dodu ; sa taille de tambour-major est cause qu'il ne paraît pas aussi gros que ses rivaux en génie, ce pendant il pèse autant qu'eux. C'est M. de Balzac passé au laminoir.

On fait toujours payer trois places à Lablache dans toutes les voitures publiques ; si l'on veut essayer la solidité d'un pont nouveau, on y fait passer le célèbre virtuose. Il défonce tous les planchers de théâtre, et ne peut jouer que sur des parquets de madriers ou des massifs de maçonnerie; son poids est celui d'un éléphant adulte.

M. Frédérick-Lemaître remplit très-exactement le pantalon rouge de Robert Macaire, et il ne paraît pas que les désagréments qu'il a éprouvés de la part des gendarmes l'aient beaucoup fait maigrir. Au contraire.

Byron, s'il n'était pas mort fort à propos, serait aujourd'hui fort gras; on sait les peines qu'il se donnait pour éviter l'obésité, qui lui venait comme à un amoureux du Gymnase, car Byron ne concevait que les poëtes maigres et les muses impalpables suçant un massepain tous les quinze jours : il buvait du vinaigre et mangeait des citrons, le naïf grand poëte et grand seigneur qu'il était.

M. Sainte-Beuve commence à voir pousser, sous le poil de chèvre mystérieux de son gilet, l'abdomen le plus rondelet et le plus satisfaisant. O Joseph Delorme du creux de la vallée, qu'êtes-vous devenu?—M. Sainte-Beuve est un grassouillet quiétiste et clérical qui promet beaucoup.

Eugène Sue, qui partage les idées de Byron, se désole de voir son génie lui tomber dans l'estomac.

Au reste, cet embonpoint n'est pas volé, car les muses de ces messieurs sont d'une voracité incroyable : il faut voir tous ces poëtes lyriques à l'heure de la nourriture. M. Hugo fait dans son assiette de fabuleux mélanges de côtelettes, de haricots à l'huile, de bœuf à la sauce tomate, d'omelette, de jambon, de café au lait relevé d'un filet de vinaigre, d'un peu de moutarde et de fromage de Brie, qu'il avale indistinctement très-vite et très-longtemps. Il lappe aussi de deux heures en deux heures de grandes terrines de consommé froid. — M. Alexandre Dumas demande régulièrement trois beefsteaks pour un, et suit cette proportion pour tout le reste. Quant à M. Théophile Gautier, il renouvellera incessamment l'exploit de Milon de Crotone de manger un bœuf en un jour (les cornes et les sabots exceptés, bien entendu) : ce que ce jeune poëte élégiaque consomme de macaroni par jour donnerait des indigestions à dix lazzarones; ce qu'il boit de bière enivrerait dix Flamands de Flandre. M. Sandeau dîne passionnément, et Rossini a toujours l'âme à la cuisine ou aux environs. Le cuivre de son orchestre montre une certaine préoccupation de casserole qui ne quitte pas le grand maestro dans ses inspirations les plus sublimes.

Nos grands hommes sont de force à lutter avec l'inspiration, leur pensée peut être aussi affilée et tranchante qu'un damas turc; ils ont un fourreau si bien matelassé et rembourré, qu'il ne sera pas usé de longtemps.

Cependant, quoique la graisse soit à l'ordre du jour, il faut avouer qu'il y a quelques génies maigres : M. de Lamartine, M. Alfred de Musset, M. Alfred de Vigny, M. Arsène Houssaye, et quelques autres; mais il est à remarquer que toutes ces gloires, dont les os percent la peau, sont des *rêveurs* de l'école de *la Nouvelle Héloïse* ou du jeune *Werther*, ce qui est peu substantiel et peu propre au développement des régions abdominales.

TABLE DES MATIÈRES

Préface.

LES JEUNES-FRANCE

Sous la table, dialogue bachique sur plusieurs questions de haute morale.	1
Onuphrius, ou les Vexations d'un admirateur d'Hoffmann.	25
Daniel Jovard, ou la Conversion d'un classique.	71
Celle-ci et Celle-là, ou la Jeune-France passionnée.	96
Elias Wildmanstadius, ou l'Homme moyen âge.	201
Le Bol de Punch.	211

CONTES HUMORISTIQUES

La Cafetière, conte fantastique.	249
Laquelle des Deux, histoire perplexe.	262
L'Ame de la Maison, conte.	273
Le Garde National réfractaire.	309
Deux Acteurs pour un rôle, conte.	324
Une Visite nocturne.	339
Feuillets de l'Album d'un jeune rapin.	346
De l'Obésité en littérature.	363

8467 80 — CORBEIL. Typ. et stér. de Crété.

www.ingramcontent.com/pod-product-compliance
Lightning Source LLC
Chambersburg PA
CBHW050428170426
43201CB00008B/586